权威·前沿·原创

皮书系列为
"十二五""十三五"国家重点图书出版规划项目

云南大学周边外交研究中心

云南大学缅甸研究院

BLUE BOOK

智 库 成 果 出 版 与 传 播 平 台

缅甸蓝皮书

BLUE BOOK OF
MYANMAR

缅甸国情报告
（2020）

ANNUAL REPORT ON MYANMAR'S NATIONAL SITUATION
(2020)

主　编／李晨阳
副主编／孔　鹏　杨祥章

社会科学文献出版社
SOCIAL SCIENCES ACADEMIC PRESS（CHINA）

图书在版编目（CIP）数据

缅甸国情报告. 2020/李晨阳主编. -- 北京：社
会科学文献出版社，2021.7
（缅甸蓝皮书）
ISBN 978 - 7 - 5201 - 8486 - 1

Ⅰ. ①缅⋯　Ⅱ. ①李⋯　Ⅲ. ①国情 - 研究报告 - 缅甸
- 2020　Ⅳ. ①D733.7

中国版本图书馆 CIP 数据核字（2021）第 103355 号

缅甸蓝皮书
缅甸国情报告（2020）

主　　编 / 李晨阳
副 主 编 / 孔　鹏　杨祥章

出 版 人 / 王利民
责任编辑 / 郭白歌
文稿编辑 / 顾　萌

出　　版 / 社会科学文献出版社·国别区域分社（010）59367078
　　　　　　地址：北京市北三环中路甲 29 号院华龙大厦　邮编：100029
　　　　　　网址：www.ssap.com.cn
发　　行 / 市场营销中心（010）59367081　59367083
印　　装 / 天津千鹤文化传播有限公司

规　　格 / 开　本：787mm×1092mm　1/16
　　　　　　印　张：16.25　字　数：243 千字
版　　次 / 2021 年 7 月第 1 版　2021 年 7 月第 1 次印刷
书　　号 / ISBN 978 - 7 - 5201 - 8486 - 1
定　　价 / 138.00 元

缅甸蓝皮书编委会

主要编撰者简介

李晨阳　史学博士，云南大学常务副校长，博士生导师，云南大学缅甸研究院、周边外交研究中心研究员，享受国务院政府特殊津贴专家，主要研究方向为当代缅甸政治和对外关系。

孔　鹏　云南大学缅甸研究院院长，云南大学周边外交研究中心副研究员，主要研究方向为缅甸政治、军事和中缅关系。

杨祥章　法学博士，云南大学缅甸研究院、周边外交研究中心助理研究员，主要研究方向为中国周边外交、当代缅甸对外关系。

摘 要

2020 年是缅甸的大选年，是中缅建交 70 周年，也见证了中缅关系翻开新的篇章。在此形势下，云南大学缅甸研究院推出《缅甸国情报告（2020）》，系统介绍和深入研究了缅甸内政外交的新变化和新趋势，以期为中缅命运共同体建设提供绵薄的学术支撑力。

政治方面，民盟政府继续尝试推进转型与改革，推动修宪和立法工作，启动 2020 年大选筹备工作，调整内阁、巩固权力；但在围绕修宪程序、内容和军队政治地位等议题上的博弈加强。然而，因军人仍在国家政治中扮演主要角色，缅甸陷入军人和文官政府二元博弈（军政博弈）的"双头政治"困局。经济方面，缅甸经济增速放缓，投资与贸易形势不容乐观。政府采取了一系列措施，大力推行改革并优化投资环境。随着新《公司法案》的实施和减税免税措施的推行，缅甸的营商环境得到改善，提高了商业信心，但货币贬值、通货膨胀压力增加、财政赤字扩大、能源价格上涨和劳动力素质较低等问题仍然制约着缅甸经济进一步发展。社会形势方面，调查数据显示，缅甸大部分民众收入增长缓慢，对生活的满意度不高。

对外关系方面，缅甸同时积极开展双边外交和多边外交，以赢得有利于自身发展的外部环境。一方面，中缅关系稳步发展，全方位合作提升到新的高度。两国政、军高层交流密切，共同表达对中缅友好关系的重视，并就深化双边关系内涵、提升交流合作质量达成共识，通过"一带一路"倡议、中缅经济走廊、"澜湄合作"等机制加快两国合作步伐。另一方面，缅甸与美欧关系发展遇冷，西方欲借"人权"问题促使缅甸转型。此外，为应对国际压力，缅甸继续稳步发展与俄罗斯、日本、印度及其他东盟国家的关

系。然而，缅甸国内的武装冲突时有发生，若开邦的安全状况有恶化之势，缅甸面临巨大的国际压力。

关键词：缅甸　国内形势　对外关系

目　录

Ⅰ　总报告

B. 1　2019年缅甸形势分析…………………李晨阳　张　添　孔　鹏 / 001

Ⅱ　分报告

B. 2　民盟执政以来的缅甸政党政治分析…………………张　添 / 032
B. 3　2019年缅甸经济发展形势…………………邹春萌　谢木兰 / 062
B. 4　2019～2020年缅甸社会形势…………………李堂英　孔建勋 / 091
B. 5　平衡与抗衡：2019年缅甸外交形势…………………朱竞熠　孔　鹏 / 105

Ⅲ　专题篇

B. 6　缅民盟政府能源政策的国际互动
　　　——以对缅能源援助为例…………………范伊伊 / 120
B. 7　民盟执政以来的缅印关系…………………胡潇文 / 145
B. 8　民盟执政四年以来的缅甸与欧盟关系：先"热"后"冷"
　　　…………………宋清润 / 171

B. 9 民盟执政以来的缅日关系……………………… 杨祥章　杨鹏超 / 192

Ⅳ　中缅关系篇

B. 10　中缅经济走廊建设的进展与前景 ……………………… 姚　颖 / 208

Abstract　…………………………………………………… / 231

Contents　…………………………………………………… / 233

皮书数据库阅读**使用指南**

总 报 告

General Report

B.1

2019年缅甸形势分析

李晨阳 张添 孔鹏*

摘 要： 2019年是缅民盟执政的第四年，缅甸形势总体趋稳。政治形
势上，民盟主导推动修宪和立法工作，启动2020年大选筹备
工作，调整内阁、巩固权力，但执政效果遭到一定的诟病。
临近大选，缅甸政党政治围绕着竞选发展，民盟的主要政治
对手为巩发党，同时也面临其他缅族政党、少数民族政党的
挑战。军政关系方面，围绕修宪程序、内容和军队政治地位
的博弈加强。经济形势上，缅甸经济增速放缓，投资与贸易
形势不容乐观，缅甸采取了一些经济发展举措，但仍然面临
一些阻碍经济发展的问题。外交方面，缅甸双边外交与多边

---

* 李晨阳，云南大学常务副校长，云南大学缅甸研究院、周边外交研究中心研究员；张添，云
南大学国际关系研究院博士研究生，云南大学缅甸研究院助理研究员；孔鹏，云南大学缅甸
研究院院长，云南大学周边外交研究中心副研究员。

外交并行,成果丰硕,其中中缅关系稳步提升,与欧美国家的外交面临一些挫折,与东盟国家则继续深化关系。由于"罗兴亚人"问题的影响,缅甸外交面临巨大压力,尤其是冈比亚向国际法院诉缅甸"种族灭绝"案,缅方不得不寻求与联合国合作的进一步解决方案。民族和解形势方面,和解进展缓慢,和平谈判虽未中断,但并没有取得实质成果。社会形势方面,缅甸面临来自宗教和民族主义方面的压力,虽然在社会文化建设、媒体发展与社会舆论等方面取得了一定成绩,但针对若开邦的严控仍然引发争议。

关键词: 缅甸 军政关系 民族和解 "罗兴亚人"问题

2019 年,缅甸国内形势总体平稳。民盟政府较好地处理了与军方和在野党的关系,并继续尝试推进政治转型与改革;经济社会发展方面亮点不多,但经济保持一定增速;全面推进多元化的外交,试图营造更加有利的外部环境。但影响缅甸发展的一些历史问题依然未能有效改善。在国内,各方围绕修宪、改革、和解问题的博弈不断,武装冲突时有发生,特别是缅甸西北部若开邦的安全状况有恶化之势;在国际,西方国家和伊斯兰世界高度关注"罗兴亚人"问题,持续向缅甸政府和军方施压,冈比亚甚至向国际法院发起针对缅甸政府和军方的诉讼。这些问题对缅甸的改革发展构成挑战,并直接影响将于 2020 年举行的大选。

一 2019年缅甸内政形势

(一)民盟主导下的议会与政府

2019 年,民盟作为议会第一大党继续执政掌权,在立法与行政机构中的表现中规中矩，但也没有突出的作为与醒目的成绩。

1. 推动修宪和立法工作

2019 年 2 月，根据民盟议员提出的议案，缅甸联邦议会成立了跨党派的修宪联合委员会，在全国范围内征集、整理并讨论修改现行宪法的意见与建议，以推进缅甸政治转型和提高"民主化"水平。修宪联合委员会成员来自多个政党和军方，其中民盟 18 人、军队 8 人、巩发党 2 人、若开民族党 2 人、掸各民族民主同盟 2 人、其他党派 13 人。5 月 24 日，国务资政府部发布声明称"联邦政府一直在不懈地努力促进缅甸社会的法治和经济发展、民族和解和内部和平，并修改宪法"，民盟借此向民众表明推动修宪的坚定意愿。① 截至 2019 年 12 月，修宪联合委员会共召开 64 次会议，征集、讨论了数千条修宪意见。联邦议会议长吴迪昆妙表示，将在 2020 年初由本届议会完成所有修宪法案的起草和投票表决。② 尽管缅甸军方在最初认为修宪联合委员会的程序违宪，但也没有采取过激的反对措施，缅军总司令敏昂莱大将在接受媒体采访时强调，军方不反对修宪，但修改宪法事关重大，必须稳妥推进。当修宪联合委员会成立并开始运作后，军方也派代表参与其中。除了推动修宪工作外，缅甸联邦议会和省、邦各级议会有序完成各类法案的立法工作，持续发挥立法机构作用。9 月 10 日，联邦议会人民院表决否定了关于缅甸加入联合国《公民权利和政治权利国际公约》的提案，尽管部分民盟议员和缅甸人权委员会支持此提案，但更多的议员投了反对票，认为"该公约可能侵犯缅甸的主权并危及国家安全"③。12 月 19 日，掸邦议会讨论了《茵莱湖地区保护法（草案）》，该法律草案中包含对茵莱地区少数民族文化、传统、古迹的保护、维护以及可持续发展等内容，④ 反映出地方议会在针对少数民族群体权益保护方面的尝试和

---

① "Republic of the Union of Myanmar Office of the State Counsellor（24 May 2019）Letter of Gratitude to the Public," *The Global New Light of Myanmar*, May 25, 2019.

② "Myanmar Parliament Will Vote on Charter Change before Election, Speaker Vows," *The Irrawaddy*, Dec. 4, 2019.

③ "Parliament Rejects Motion to Join International Civil Rights Treaty," *Myanmar Times*, Sept. 12, 2019.

④ 〔缅〕《邦议会批准茵莱湖保护法案》，《十一新闻周刊》2019 年 12 月 21 日，https://news-eleven.com/article/150474。

努力。

2. 启动2020年大选筹备工作

缅甸联邦选举委员会于 2019 年 1 月召开协调会议，制定了《筹办 2020 年大选行动计划（2019～2022）》，提出"自由、公正、透明、可信"的选举准则。① 6 月 7 日，联邦选举委员会宣布，新一届大选将于 2020 年底举行。同时规定，已登记注册的政党若计划变更名称、标识，必须在 2019 年 10 月之前提出申请；新建政党并参选的必须在 2019 年 12 月 30 日前进行政党注册；每位竞选人的选举经费最高限额仍为 1000 万缅元（约 4.6 万元人民币）。针对国内部分地区存在武装冲突，联邦选举委员会表示，相关地区的选民名册均已经编制完成，例如，掸邦有 340 万名合格选民，与 2015 年相比增加了近 40 万人。② 联邦选举委员会将积极尝试在全国范围内举行投票。针对过去两次大选军人及其家属投票站设置争议，联邦选举委员会表示将考虑修订选举细则，允许军人及其家属在军营之外进行投票，废除在军营内设置投票站的做法。

3. 调整内阁，巩固权力

一是继续开展反腐行动。2019 年 7 月，反腐委员会（ACC）启动对工业部部长吴钦貌秋及其副手的调查，逮捕了涉嫌贪腐的德林达依省前省长杜蕾蕾莫，对能源部、计划与财政部的日常工作和涉及项目审查等环节的工作进行了监督和调查。反腐委员会表示，已经注意到有 14 个政府部门里的官员容易发生腐败行为，并专门针对这些部门的官员进行了反腐培训。③ 二是合并政府部门。11 月，缅甸政府将计划与财政部和工业部合并，尽管政府声称调整是"为了国有企业的转型"，但也有人认为合并两部是为了解决工

① UEC, "Ministries Hold Coord Meeting on 2020 General Election," *The Global New Light of Myanmar*, Jan. 12, 2019.

② "UEC Completes Compilation of Voter Lists in Conflict-hit Shan, Rakhine," *Eleven Myanmar*, Oct. 7, 2019, https://elevenmyanmar.com/news/uec – completes – compilation – of – voter – lists – in – conflict – hit – shan – rakhine.

③ "Anti-corruption Commission Trains Officials at 'Problem' Ministries," *The Irrawaddy*, Feb. 5, 2019.

业部的贪腐和无人可用的问题。① 三是强化综合管理局（GAD）②的工作。2018年12月，军方控制下的内政部综合管理局调整至联邦政府办公室（部级）管辖，这是缅甸政治转型以来，军方最重要的一次放权举动，增强了民选政府的行政权力。2019年1月2日，综合管理局的调整移交宣告完成，相关工作正式转由文官控制，缅甸联邦政府办公室主任吴敏杜表示，这次调整旨在"改革政府和权力下放"，"建立一个符合缅甸政治制度的行政治理机制，加强从联邦到地方的联系"③。国务资政杜昂山素季高度重视此次调整，她到地方考察时专门接见当地综合管理局负责人，制订专项计划，以推进转隶后的综合管理局更快更好发挥作用。年内，综合管理局配合移民与人口事务部完成了选民名单汇编与核查工作，同时在人力资源培训、反腐监督、妇女权利保护等方面都发挥了重要作用。

4. 执政效果遭到诟病

2019年是民盟执政第四年，"未能兑现执政承诺""缺乏醒目成绩"成为各方指摘民盟政府的主要话柄。民盟上台时提出的三大目标：民族和解、修改宪法、经济发展，前两个已经被证实无法实现，后者从指标上看也乏善可陈。尽管民盟政府在各种场合，利用不同方式传递信息，强调自己受到军方的牵制，执政目标难以达成，并通过反腐等方式凸显廉洁执政、努力作为的决心与形象，但一些党派和人士并不买账。前政府宣传部部长吴耶图指出，民盟治下"虽然滥用权力的情况减少，但仍然无法提高人民生活水平、增加就业机会和确保信息自由流通"，缅甸战略与政策研究所助理研究员素蒙蒂辛认为，"虽然民盟将执政重心从实现和平转向解决腐败和毒品问题，但其仍然未能兑现给公众的承诺"，还有分析人士指出，"民盟根本不清楚究竟在哪些改革问题上可以和军队开展合作"。④

---

① "President Proposes Merger of Industry and Finance Ministries," *Myanamr Times*, Nov. 15, 2019.

② 综合管理局（GAD）系缅甸重要的内政公务机构，自上而下覆盖到各个行政辖区，负责为各地区提供公共服务，包括地区行政管理、预算、税收、数据统计、政府间协调、联络等。——笔者注

③ "Union Minister U Min Thu Meets GAD Staff in Kayah State," *The Global New Light of Myanmar*, Jan. 17, 2019.

④ EiEi Toe Lwin, "NLD Needs to Seize the Moment, Analysts Say," *Myanmar Times*, Jan. 11, 2019.

（二）大选前的政党政治

2019 年，缅甸各政党的工作重心逐渐转向 2020 年大选，围绕选举准备开展内外活动。

1. 民盟

作为执政党，民盟在内部大力整肃党风，启动竞争策略的制定工作。缅甸联邦选举委员会发布大选消息后，民盟随即宣布总统吴温敏和国务资政杜昂山素季以及民盟有资格的党员都将参加大选。10 月 16 日，民盟发言人表示，为了赢得 2020 年大选胜利，民盟正在制定从基层到国家层面的不同级别的竞选策略，核心议题是挑选合适的候选人，民盟将根据忠诚度、年龄、民族和教育程度对候选人进行遴选，预计 2020 年大选中民盟候选人将有一半以上的新面孔。① 10 月，在民盟仰光省党员大会上，民盟副主席佐敏貌强调，党员要竭尽全力为公众服务，以确保在 2020 年选举中取得积极成果。② 民盟中央还对不遵守党纪、不照章办事的党员或议员进行清理。3 月 31 日，民盟党员哥昂坎违反规定以独立候选人的身份参加仰光城市发展委员会选举，被民盟除名。截至 6 月下旬，受到纪律处分的民盟党员已经达到 45 人。③ 民盟还对贝达研究院执行院长吴妙严瑙登进行停职处理。10 月，民盟发言人蒙育瓦昂欣表示，民盟将严格筛选 2020 年大选候选人，避免民盟自身问题被竞争对手利用。④

2. 巩发党

作为最大的反对党和前执政党，巩发党以"民族主义政党"自居，积极吸收年轻党员，与军方协调行动，寻找机会指责政府，挑战民盟权威，削弱民盟威望，以期在 2020 年大选取得好结果。2 月初，巩发党针对部分省、

① 《缅甸舆情周报（2019 年 10 月 13 日 –2019 年 10 月 19 日）》，缅华网，2019 年 10 月 21 日，http：//www. mhwmm. com/Ch/NewsView. asp? ID = 40747。

② "NLD Rallies Party Faithful for 2020 Elections," *Myanmar Times*，Oct. 25，2019.

③ "Aung San Suu Kyi Announces Plan to Contest in 2020 Election," *The Irrawaddy*，Jun. 10，2019.

④ "Joint Committee on Amending 2008 Constitution Holds Meeting 47/2019," *The Global New Light of Myanmar*，Oct. 23，2019.

邦行政长官涉嫌贪腐对民盟展开攻击，指责民盟窃取公共财产，结果引发其对手的一致反击，这些政党以巩发党与军方的关系和此前的历史为依据，斥责巩发党才是真正的"盗贼党"①。6月初，巩发党针对治安案件频发表示谴责，认为这要归咎于民盟执政后废除了包括"紧急状态法""国家保护法"等5类军事安全法律，并呼吁每个月应召开一次国防与安全委员会会议等②。10月，巩发党批评民盟使用杜昂山素季的照片为选举宣传的行为"违宪"。

3. 其他缅族政党

前任议长杜雅吴瑞曼于4月注册成立"联邦改善党"（UBP），表示"将与少数民族合作，并且将不会在选举中与少数民族政党竞争"③。6月，联邦改善党宣布其党员人数达到10万人，已经在70个镇区建立分支机构。10月，该党宣称党员人数已经达到30万人，在200个镇区建立了分支机构。联邦改善党顾问钦貌伊再次强调，该党是全国政党，但不会谋求在所有选区参选，"无意与少数民族竞争"④。老牌政党民族团结党副主席吴罕瑞在庆祝该党成立31周年的活动上表示，与2015年选举相比，该党更有信心在2020年选举中赢得席位。⑤ 2015年，民族团结党只赢得一个议席，但其候选人众多且在全国多地参选。7月，退役军官、前政府官员吴梭貌等人注册成立的"人民民主党"（DNP）也准备参加2020年大选。此外，著名的反军政府运动人士吴哥哥基领导的人民党宣布将在全国范围内参选。⑥

4. 少数民族政党

掸邦两大政党之一的掸邦民族民主党（SNDP）表示将确保45%的党员

① "USDP Hits Back at 'Party of Thieves' Accusations," *The Irrawaddy*, Feb. 26, 2019.

② "USDP Vows to Bring Back Security-related Laws if Reelected," *The Irrawaddy*, Jun. 3, 2019.

③ "Thura U Shwe Mann Says Party Will Not Field Candidates in States," *Myanmar Times*, Apr. 10, 2019.

④ Nant Khaing, "UBP Party Claims They Will Win 50% of All Constituencies in 2020 Elections," *Mizzima*, Jan. 4, 2020.

⑤ "NLD Celebrates 31st Anniversary, Says Myanmar's Democracy Not Yet 'Genuine'," *The Irrawaddy*, Sept. 27, 2019.

⑥ Khin Su Wai, "People's Party Seeks to form Alliance with Ethnic Parties," *Myanmar Times*, Dec. 17, 2019.

为妇女和青年，掸邦另一大政党——掸邦民族民主联盟（SNLD）活动则相对低调。掸邦多个政党正尝试组成联盟参加选举，但进展并不顺利。若开民族党（ANP）于10月5日至8日召开第二次全体大会，针对若开冲突地区选举安排，对"罗兴亚人"问题提出看法，该党希望在选举中赢得更多议席，实现对若开邦的管理。① 钦邦的三个政党——钦民族民主党（CNDP）、钦进步党（CPP）和钦民主联盟（CLD）合并组建钦民族民主联盟（CNLD），共同参加2020年大选。此外，克钦邦三个政党也合并组建克钦邦人民党（KSPP），克耶邦两个政党合并组建克耶邦民主党（KSDP），克伦邦三个政党合并组建克伦民族民主党（KNDP），茵族两个政党合并为茵民族发展党（INDP），都是为了整合力量，凝聚民意，争取更多议席。

（三）军政博弈加剧

1. 围绕修宪程序的博弈

修宪一直是民盟政府与军方博弈的焦点，民盟希望通过修宪推动更加彻底、完整的政治转型，并实现杜昂山素季出任国家领导人的政治追求，而军方则坚持反对修宪，维护自身既得利益。从民盟年初推动修宪起，军方坚持认为组建修宪联合委员会的程序违宪，也不提出修宪建议，但派遣军人代表列席相关会议。8月23日，联邦议会讨论修宪时，军队议员代表提出反对议案，并要求对修宪联合委员会成员进行审查，军队议员代表表示，"修宪联合委员会的存在本身就是违宪的"②。在军方的反对和阻挠下，民盟方面也深知修改宪法的难度，10月，杜昂山素季在访问日本期间公开承认，"2020年大选前可能无法完成修宪"③。

---

① "Leading Rakhine Party Calls on Myanmar Govt to Provide IDP Aid，" *The Irrawaddy*，Oct. 8，2019.

② "Parliamentary Debate on Myanmar Constitutional Reform Gears Up，" *The Irrawaddy*，Aug. 23，2019.

③ Nan Lwin, "Daw Aung San Suu Kyi Acknowledges Myanmar Military's Unwillingness to Reform Charter，" *The Irrawaddy*，Oct. 23，2019.

2. 围绕修宪内容的斗争

到 7 月 15 日，修宪联合委员会向联邦议会提交了包括 3765 条建议的修宪报告，多数为少数民族政党提出的建议，民盟的修宪建议仅有 113 条，但内容备受关注。最关键的是，民盟提议逐步削减议会中军队议员的比例，将现在 25% 的军队议员比例在第三届议会（2021～2026）降低到 15%，第四届议会（2026～2031）降低到 10%，第五届议会（2031～2036）降低到 5%。同时还提出降低修宪门槛等建议。① 针对民盟的修宪行动，军队虽然没有直接提出相应议案，但由巩发党提出修宪建议来削弱和反击民盟。巩发党议员提议修改宪法第 261 条，即将各省邦行政长官的任命权从现行的总统任命改为地方议会任命，② 此提案得到军队议员支持，最终提交联邦议会讨论，巩发党还利用此条修宪建议争取少数民族的支持，巩发党总书记吴梭登公开声称"如果 2020 年大选获胜，巩发党将推动行政长官产生办法的改革，扩大少数民族权利"。③ 巩发党还在军队议员的支持下推出一系列提案，包括限制总统权力、强化选举委员会独立性等。9 月 20 日，巩发党和军队议员提出"关于每隔一个月召开一次国防与安全委员会会议"的宪法修正案。④ 根据宪法组成的国安委中军方成员占多数，如果召开会议讨论决策，民盟无法主导，因此民盟执政以来没有召开过国安委会议。巩发党的这个提案被认为是对民盟执政权威的挑战与试探，意在让民盟难堪。

3. 围绕军队政治地位的博弈

面对民盟和其他政党对军队参与政治的指责，缅军方利用多种场合和方式表明立场。2 月 23 日，缅军方发言人梭乃乌在新闻发布会上重申，"只有

---

① "Military Lawmakers to Outnumber Others in Charter Amendment Debate," *The Irrawaddy*, July 25，2019.

② "USDP Proposes Single Amendment to Constitution," *The Irrawaddy*, Feb. 14，2019.

③ 〔缅〕《如果在2020年大选获胜，他将推选最适合的少数民族成员做省邦行政长官》，2019 年 5 月 15 日，https://www.rfa.org/burmese/news/usdp - myitkyina - meeting -05152019093310.html。

④ "Myanmar Military Eyes More Powers for National Security Council," *The Irrawaddy*, Sept. 20, 2019.

在没有民族武装组织并且国家处于和平状态时，军方才会退出政治"①，强调军方将继续保持政治权力的必要性和重要性。9 月 15 日，缅军方代表在"国际民主日"活动上发表演讲，表示缅军方必须在国家民主化进程中继续发挥作用。缅军总司令敏昂莱不断强化个人影响力。9 月 11 日，敏昂莱分别向曼德勒的基督教会、穆斯林团体和佛教团体捐赠了价值近 1000 万缅元（约合 6300 美元）的现金和物资。敏昂莱在与克钦邦浸信会领导人会面时，讨论了难民安置、和平进程和宗教自由等问题。军队发言人表示，敏昂莱接触不同宗教群体是为了增进团结，但有评论人士指出，敏昂莱的行为是为了其将来"当总统做准备"②。军方和民盟议员还围绕军费预算展开辩论。2019 年军费预算为 1.2 万亿缅元，上半年实际仅使用了 37%。民盟议员提议要求归还部分未使用的国防预算，此提议遭到军人议员的反对和指责，最终该议案未获得通过。③

二 2019 年缅甸经济发展与困难

（一）宏观经济形势

受世界经济持续下行、增长放缓的影响，2019 年缅甸经济也面临多重问题。

1. 经济增速放缓，下行风险增加

2019 年，缅甸国内生产总值增速从上一年的 6.8% 降至 6.5%。④ 实际支出比半年支出目标低近 20%，资本支出仅略高于本财年半年目标的一半（执行率为 55.2%）。尽管总体支出执行面临挑战，但电力补贴支出继续增

---

① "Military Vows to Remain in Politics as Long as EAOs Exist," *The Irrawaddy*, Feb. 26, 2019.

② "Military Seeks National Defence and Security Council Meeting," *Myanmar Times*, Sept. 30, 2019.

③ "Military Rejects Call to Return Unused Funds," *The Irrawaddy*, July 31, 2019.

④ 《2019 年影响缅甸经济的十大事件》，中华人民共和国驻缅甸联邦共和国大使馆经济商务处，2019 年 12 月 31 日，http://mm.mofcom.gov.cn/article/jmxw/201912/20191202927060.shtml。

加，给缅甸财政预算带来压力。世界银行估计，在2019～2020财年，额外的能源补贴支出可能会使总支出增长6%，而在2021～2022财年将增长到11%。由于汇率稳定且燃料价格下跌，2019年1月，缅甸通胀率从2018年10月的8.8%降至6.1%。然而，由于油价和食品价格上涨，到了2019年中，通胀率再次上升至7.9%，同时，核心通胀（不包括波动的食品和能源价格）保持在6.5%左右。① 受到全球经济增长放缓和中美贸易摩擦带来的不确定性影响，缅甸中期宏观经济增速比预想的缓慢，并且面临更大的下行风险。

2. 政府加大投资力度，但仍面临投资不足

世界银行在发布的《2020年营商环境报告》中将缅甸评为前20大改进者之一。缅甸政府实施五项举措，改善商业环境。2019年1月，杜昂山素季出席缅甸投资峰会，大力推介"缅甸可持续发展计划"，强调缅甸正在"从根本上改善投资环境"②，积极邀请外商前往缅甸投资。但世界银行数据显示，2018～2019财年对缅甸的净外国直接投资占缅甸国内生产总值的比例从2017年的6%降至1.8%。③ 9月10日，缅甸计划与财政部部长吴梭温在"2019缅甸全球投资论坛"上表示，"缅甸必须营造宏观经济环境，以抵御全球经济投资负面效应"④。2019年外国直接投资仅达到缅甸官方预期目标的70%。⑤ 国际货币基金组织认为，初步数据显示，政府支出不足、投资者信心减弱以及全球需求放缓导致缅甸投资增长速度或增长率下降。

---

① "World Bank's Economic Outlook for Myanmar in 6 Points," *The Irrawaddy*, Jun. 18, 2019.

② "State Counsellor Opens Invest Myanmar Summit 2019 with Keynote Speech Summarizing Myanmar's Economic, Investment Progress," *The Global New Light of Myanmar*, Jan. 29, 2019.

③ Khine Lin Kyaw, "Myanmar Expects Factory Investment to Jump on U. S. – China Tension," *Bloomberg News*, Nov. 11, 2019, https：//www. bnnbloomberg. ca/myanmar – expects – factory – investment – to – jump – on – u – s – china – tension – 1. 1345807.

④ Thompson Chau, "Brace for Trade War Impact on Myanmar, Finance Minister Warns, *Myanmar Times*, Sept. 13, 2019.

⑤ 《2019年影响缅甸经济的十大事件》，中华人民共和国驻缅甸联邦共和国大使馆经济商务处，2019年12月31日，http：// mm. mofcom. gov. cn/article/jmxw/201912/20191202927060. shtml。

3. 贸易形势不容乐观

世界银行报告称，由于天然气以及服装出口下降，2018～2019 财年第一季度缅甸贸易出现赤字。[①] 2019 年，缅甸实现了年内对外贸易逆差的缩小，对外贸易逆差从 30 多亿美元减少至 11 亿美元。出口增长和进口下降是贸易逆差下降的原因，但进口下降从另一方面也反映出缅甸经济增放缓，消费者支出减少，企业投资减少的趋势。边境贸易表现依旧夺目，根据缅甸商务部的统计，2018～2019 财年，缅甸边境贸易额达到约 95 亿美元，较上年同期相比增加了 10.3 亿美元，其中出口 66.2 亿美元，进口 28.5 亿美元。[②]

（二）产业经济形势

1. 农业

2018～2019 财年，缅甸农业增加值占总增加值的 24%，比上年同期下降 1 个百分点，产出增长则维持在 1.6%，虽然受到洪涝和需求波动的影响，但是出口产品和目标地多元化也带动了相关发展。[③] 大米产量从上一年度的 2950 万吨增加到 3040 万吨，按价值计算占缅甸农业总产量的 53.4%。在强劲的外部需求和新兴出口市场刺激下，渔业生产的增长超过了种植业生产增长。2018～2019 财年前 8 个月，缅甸渔业出口年增长率从 10% 增长至 44%，主要出口市场为欧盟和沙特阿拉伯。国外对农业的投资增加，而国内对农业的信贷增长放缓。2019 年，缅甸政府重点开展了土地补助工作，农业部门与综合管理局合作分配了 2.8 亿缅元用以实施 98 个农村开发项目，向 275 个村庄提供 23017 笔土地补助金，将此前曾经审查和没收的 18.7 万英亩土地归还给 6118 名原所有人。[④]

---

① "World Bank's Economic Outlook for Myanmar in 6 Points," *The Irrawaddy*, Jun. 18, 2019.

② "Border Trade Value," *The Global New Light of Myanmar*, Sept. 5, 2019.

③ "Myanmar Economic Monitor," World Bank Group, Dec. 2019.

④ "'Transition Starts with GAD': Securing Rule of Law, Community Peace and Tranquility, Regional Development, Serving the Public Interest," *The Global New Light of Myanmar*, Apr. 19, 2019.

2. 工业

2018～2019财年工业增加值占总增加值的37%，比上年同期增长5个百分点，产出增长则达到6.4%，虽然建筑业增长缓慢，但制造业快速扩张。其中，制造业增长达到8%，总体采购经理人指数（PMI）和就业指数均保持在50以上，说明制造业产出和就业也有所增加。以出口为导向的服装业、电子制造业以及以国内为重点的子行业如食品生产，占制造业总增加值的三分之二。2018～2019上半财年，服装出口平均增速为60%，高于上年的55%。供应链的改善以及批发和零售活动的扩大支持了食品和饮料子行业的增长。制造业占2018～2019财年前三季度获批外国投资总额的32%，占实际投资的36%，以及占信贷增长的95%。与制造业相比，建筑业有所疲软，占GDP的7%，在2018～2019财年仅增长了0.1%，原因是住宅项目发展停滞。2018～2019财年批准外国直接投资的房地产项目同比下降56%，为2.1亿美元。在工业部正式并入计划与财政部之前，时任工业部部长吴钦貌秋曾于5月提出"创建包容性数字经济——工业4.0"计划，但随着工业部反腐重组，相关计划也被搁置。

3. 服务业

2018～2019财年缅甸服务业增加值占总增加值的39%，比上年同期下降4个百分点，产出增长则达8.4%，服务业的发展主要取决于旅游业的复苏发展和批发零售贸易的强势增长。随着亚洲游客大量到来，缅甸入境游客人数同比增长近40%。来自中国的游客从2018年占总入境人数的20%上升到2019年的38%。尽管游客人数增长，但缅甸与旅游相关的服务增长缓慢。世界旅游工作委员会（WTTC）2019年在缅甸调查显示，缅甸就业率中仅有5.9%属于旅游业，旅游业为缅甸创造了135.18万个就业岗位。旅游业还带动了相关行业，如租赁、交通运输业的发展。第三产业的其他领域，批发和零售业增长较快，2019年该行业占GDP的21%。得益于数字化转型和金融服务业，缅甸金融业发展势头较好，移动支付、银行卡服务和保险业都促使金融服务现代化程度不断加深，2018～2019财年其预计增长6.5%。缅甸政府重视发展以旅游业为重点的服务业，认为缅甸与世界旅游大国相比

还有相当的距离，因此致力于开展"负责任的旅游工作"，希望以旅游业促进本地区各行各业的发展，增加就业机会。缅甸还颁行新的《赌博法》，允许外国人在缅甸开设赌场。

（三）促进经济发展举措

2019 年，缅甸政府继续采取诸多措施，提振国内经济，以期改善民生、争取民意。

1. 降低税收和贷款利率

2019 年 10 月，缅甸新的税法生效，政府将税率从最高的 30% 降至最低 3%。根据该计划，未申报的收入必须直接用于资本资产投资或商业。缅甸是东盟税收最低的国家之一，税收仅占 GDP 的 8%，而全球平均水平为 15%。缅甸政府每年的财政收入有限，难以为基础设施建设提供资金，以吸引外国投资。因此，此次减税背后的原因在于帮助弥补基础设施融资缺口的同时，寻求大量资金重新注入经济领域。在降低税收的同时，支持和促进小微企业的发展。2019 年，缅甸还降低了小额贷款和储蓄利率，最高贷款利率从 30% 降至 28%，存款利率从 15% 降至 14%。

2. 部门调整

2018 年 11 月 19 日政府组建了投资和对外经济关系部。该部于 2019 年 1 月举办 "2019 缅甸投资论坛"，杜昂山素季亲自到会，为新的部门做宣传，她表示投资和对外经济关系部是为了满足国家和人民的需求，促进营造有利于投资的环境，推动区域合作，提高缅甸与发展伙伴和国际组织的合作与协调的质量和效率①。2019 年 11 月 26 日，缅甸工业部和计划与财政部的合并方案得到议会批准，缅甸政府表示此举旨在加快缅甸向完全市场经济转型，同时加速国有亏损企业的私有化，这些企业此前隶属于工业部。计划与财政部部长吴梭温将领导合并后的计划、财政与工业部，整个合并调整过程

---

① "State Counsellor Opens Invest Myanmar Summit 2019 with Keynote Speech Summarizing Myanmar's Economic, Investment Progress," *The Global New Light of Myanmar*, Jan. 29, 2019.

预计需要半年时间。①

3. 调整电价

2019 年 7 月，缅甸政府近五年来首次将电价上调了两倍多。此次电价上调解决了缅甸电力和能源部长期以来亏本供应电力的问题，同时有助于吸引更多的投资进入能源领域。当地居民和小型企业表示，希望下一个干旱季节能有稳定的电力供应，以证明电价上调是合理的。根据世界银行数据，随着缅甸电力需求以每年约 16% 的速度增长，政府在 2019 年底匆匆通过了 5 个紧急电力项目建设计划以满足 2020 年的需求。

4. 发放新一轮外资银行牌照

2019 年 11 月，缅甸央行宣布向 45 家在缅设立代表处的外资银行发放新一轮牌照，但具体发放时间尚未确定。缅甸 5000 多万人口中，有多达 70% 的人没有银行账户，而上届政府制定的"2015 年普惠金融路线图"提出了一个愿景，即到 2020 年将金融服务普及率从 2014 年的 30% 提高到 40%。银行领域进一步自由化是否有助于推进缅甸的普惠金融仍有待观察。

（四）阻碍经济发展的主要问题

1. 武装冲突影响经济发展

若开邦的冲突导致若开北部地区的重建工作直接终止，包括交通等基础设施陷入瘫痪，而冲突双方毫无先兆的绑架、射杀和袭击行为，使得参与经济建设的人员也大量逃离。若开议员坦言"没人会冒着生命危险完成项目。如果冲突继续，已经不发达的若开邦将进一步落后"②。国际货币基金组织的报告指出，"若开军和若开罗兴亚救世军"双冲突带来的"若开邦人道主义危机"导致投资者望而却步，只有更快解决人道主义危机才能促进更多的外部融资，从而实现更多与可持续发展目标相关的支出和重建国际

---

① "Parliament Approves Merger of Industry, Finance Ministries," *Myanmar Times*, Nov. 27, 2019.

② "Road, Bridge Construction Halted by Fighting in N. Rakhine," *The Irrawaddy*, May 20, 2019.

储备。① 缅军与缅北地区少数民族武装（以下简称"民地武"）的冲突也极大影响了这一地区经济发展。由于曼德勒—木姐联邦公路受到袭击，缅甸与中国的边境贸易受到严重冲击，从事边贸的缅甸商人表示，"恢复贸易十分困难。贸易停顿不仅影响出口，也给所有人带来困难。如果公路关闭一周，部分地区的商品价格也会上涨"②。

2. 市场经济管理与自由化程度不匹配

2019 年，缅甸制造业投入成本的上升加剧了市场竞争，特别对于以制造业为基础的中小企业。原材料供应的限制使制造业的生产成本逐渐增加，只有一部分成本增加被转嫁给了消费者。采购经理人指数显示，缅甸企业利润率一直在下降，尤其是中小企业。同时，中小企业信贷供应几乎没有改善，只有3%的中小企业报告指出从金融机构获得资金，大多数中小企业依靠自己的内部资金为投资融资。③ 定价不公平、滥用市场支配地位等违反竞争法的行为屡见不鲜，偷税漏税行为严重。对此，缅甸商务部部长丹敏博士表示，缅甸竞争委员会将与商界人士合作，消除公平竞争的障碍，敦促企业遵守竞争法。④

3. 腐败与裙带利益集团影响市场经济顺畅运行

军方支持的电信运营商 Mytel 因违反定价和关税监管框架，提供免费SIM 卡，被处罚款 3 亿缅元（约合 197800 美元）。9 月下旬，电力和能源部下属的水电司的两名官员被捕，原因是他们滥用权力并接受了投标人的贿赂。缅甸反腐败委员会表示，从 2018 年到 2019 年，反腐败委员会依法对122 名公务员、高级官员和其他工作人员采取了行动。⑤ 此外，澳大利亚—

---

① Khin Maung Nyo, "Myanmar's Fiscal Policy Should Aim at Promoting Sustainable Development Goals（SDG）- Related Spending：IMF," *The Global New Light of Myanmar*, May 23, 2019.

② "Myanmar's Cross-border Trade with China Halted by Clashes," *The Irrawaddy*, Aug. 19, 2019.

③ "Myanmar Economic Monitor," World Bank Group, Dec. 2019.

④ "Myanmar Competition Commission Promises to Level Playing Field for Businesses," *The Global New Light of Myanmar*, June 11, 2019.

⑤ "ACC Takes Action against 122 under Anti-corruption Law," *Eleven Myanmar*, Sept. 22, 2019, https：//elevenmyanmar. com/news/acc - takes - action - against - 122 - under - anti - corruption - law.

东盟商会的一项调查显示，行政程序复杂和熟练劳动力不足是缅甸企业发展面临的重大制约因素。①

三 2019年缅甸外交成果与困境

（一）双边外交与多边外交并行，成果丰硕

2019年，缅甸政府双边与多边外交并行，积极参与国际事务，积极发展与大国双边关系，改善自身国际形象，提升国际影响力，对外交往各领域取得丰硕成果。

1. 中缅关系稳步提升

2019年，中缅关系继续向好发展，高层交流密切，双方就"一带一路"倡议、中缅经济走廊、"澜湄合作"等加快两国合作步伐。两国政、军高层保持了密切的交往，共同表达对中缅友好关系的重视，并就深化双边关系内涵，提升交流合作质量达成共识。杜昂山素季赴北京出席了"一带一路"高峰论坛，围绕"一带一路"倡议、中缅经济走廊建设等与中方签署两份谅解备忘录和一份协议书。杜昂山素季表示，"我们长期以来一直重视与中国特殊的胞波关系和全方位合作"，"缅甸和中国已经完成了经济走廊联合建设谅解备忘录的签署，并同意在选定的边境站设立经济合作区，以促进贸易和投资"。② 4月24日，中国国家主席习近平在人民大会堂会见缅甸国务资政昂山素季时指出，中缅"胞波"情谊深厚，共饮一江水，是命运共同体。中方愿同缅方弘扬传统友谊，密切互利合作，推动中缅关系不断向前发展。昂山素季表示，中国是缅甸的亲密友邦，感谢中国支持缅甸实现和平稳

---

① "Aussie Survey Finds Private Firms Face Hurdles in Doing Business," *Myanmar Times*, Mar. 5, 2019.

② "Myanmar Signs 3 Agreements at Belt and Road Forum," *The Global New Light of Myanmar*, Apr. 26, 2019.

定发展的努力。① 2019 年中缅贸易总额达 1289.1 亿元人民币，同比增长 28.5%，其中中国向缅甸出口 849 亿元人民币，同比增长 22.1%；中国从缅甸进口 440.1 亿元人民币，同比增长 42.8%。② 在中缅高层领导的共同倡导、推动下，两国人文交流日益紧密，各领域的交往更加频繁，为深化"胞波"情谊和提升中缅关系层次提供了坚实支撑。

2. 与美国关系在起伏中前行

尽管特朗普政府并没有把工作重心放在缅甸，美缅关系不如奥巴马时期，但美国基于"印太战略"考量和缅甸新兴的市场机遇，美缅双方关系仍在缓慢发展。美国与缅甸政府和各方政治力量保持接触。5 月 3 日，杜昂山素季会见了到访的美国副国务卿大卫·黑尔，就加强美缅双边关系和合作以及美国向缅甸提供援助等问题交换了意见，讨论了如何克服缅甸在民主转型中所面临的挑战。③ 同时，美国借"人权"议题介入缅甸内政，宣布就若开问题向缅甸和孟加拉国提供 1.27 亿美元的额外援助，这笔资金中的 70% 以上提供给孟加拉国，并且美国在表态中明显透露出对缅甸不满、对孟加拉国同情的态度。④ 9 月 2 日至 6 日，美国和东盟国家海军举行了首次联合海上演习，缅甸海军也受邀参加了此次演习。⑤ 9 月 24 日，美国国会众议院通过了《缅甸法案》，推动追究缅甸军事领导人在克钦邦、若开邦和掸邦对"罗兴亚人"和其他少数民族"犯下的罪行"并使其承担责任。⑥ 11

---

① 《习近平会见缅甸国务资政昂山素季》，新华网，2019 年 4 月 24 日，http：//www. xinhuanet. com/ politics/2019 - 04/24/c_ 1124411563. htm。

② 《2019 年中国和缅甸进出口总值大幅增长 28.5%》，央视网，2020 年 1 月 14 日，http：// news. cctv. com/2020/01/14/ARTI5jpNylsBt6fYhQmzQWbh200114. shtml。

③ "State Counsellor Receives under Secretary of State for Political Affairs of United States of America," *The Global New Light of Myanmar*, May 4, 2019.

④ "U. S. Announces More Aid for Rohingya," Editorials VOA, Oct. 15, 2019, https：// editorials. voa. gov/a/u - s - announces - more - aid - for - rohingya/5124898. html.

⑤ "The US-ASEAN Maritime Exercise：Why Myanmar Matters," *The Irrawaddy*, Sept. 9, 2019.

⑥ "U. S. House Passes Burma Act-Senate Majority Leader Mcconnell should Advance Myanmar Accountability," Amnesty International, Sept. 24, 2019, https：//www. amnestyusa. org/press - releases/ u - s - house - passes - burma - act - senate - majority - leader - mcconnell - should - advance - myanmar - accountability/.

月 14 日，美国驻联合国使团、美国驻联合国经社理事会代理代表向联合国各国使团发表了《缅甸罗兴亚穆斯林和其他少数民族的人权状况》的决议，"谴责缅甸各地，包括若开邦、克钦邦和掸邦，持续存在严重的侵犯和践踏人权的行为"①。与此同时，美国和缅甸的民间交流、贸易往来在持续发展。

3. 与欧洲经贸合作面临考验

2019 年缅甸与欧盟及其成员国关系仍保持合作的势头。德国是缅甸在欧盟最大的贸易伙伴，其次是英国和法国。缅甸主要向德国出口大米、豆类、茶叶、咖啡，以及服装和渔业产品。缅甸进口机械、数据处理设备、电气和光学产品、化学产品、汽车和零件、医药产品、化妆品、食品和饮料以及消费品。② 在政治领域，缅甸与欧洲的合作也在持续推进。6 月 14 日，第五次缅甸 – 欧盟人权对话在内比都举行，双方就涉及劳工权利，妇女、儿童、移民和残疾人权利的广泛人权问题，若开邦、克钦邦和掸邦的局势，基本人权，经济和社会问题，言论自由，反对仇恨言论，多边论坛中的人权合作，国际人权公约的实施和族群的基本权利，以及缅甸与欧盟之间普惠制等进行讨论。③ 欧洲与缅甸的关系也受到"罗兴亚人"问题的影响，欧盟拒绝与缅甸签署关于若开邦问题的投资保护协议，还考虑撤销根据"一般特权计划"和"除武器以外的一切"协议给予缅甸的贸易优惠。④ 英国驻孟加拉国高级专员提出了"永久解决罗兴亚危机的三点计划"，即"自愿、安全和

---

① "United States Statement on Agenda Item 70c 'Situation of Human Rights of the Rohingya Muslims and Other Minorities in Myanmar'," USUN, Nov. 14, 2019, https：//usun. usmission. gov/ united – states – statement – on – the – situation – of – human – rights – of – the – rohingya – muslims – and – other – minorities – in – myanmar/.

② "Myanmar's Bilateral Trade with Germany Exceeds $ 240 mln," *The Global New Light of Myanmar*, Mar. 16, 2019.

③ "Fifth Myanmar-EU Human Rights Dialogue Held in Nay Pyi Taw," *The Global New Light of Myanmar*, Jun. 15, 2019.

④ "Chinese, Japanese Investors Show Interest in Rakhine," *Myanmar Times*, Mar. 3, 2019.

有尊严"的回归。①

4. 与其他大国关系稳定发展

民盟政府积极发展与俄罗斯、印度、日本等国关系。缅甸与俄罗斯关系已经从传统的防务安全合作向其他更广泛的领域拓展。与日本和韩国的关系持续深化，年内，杜昂山素季赴日本出席德仁天皇即位庆典，并参加了在明治纪念馆举行的第二届缅甸投资会议开幕式并致辞。韩国总统文在寅9月3日访问缅甸，就两国经贸合作与交流交往达成一系列共识和协议。缅甸与印度继续保持较为紧密的高层交往。5月30日，缅甸总统吴温敏赴新德里参加印度总理莫迪的就职典礼，7月29日，缅军总司令敏昂莱访问印度。11月3日，印度总理莫迪在参加东盟－印度峰会期间与缅甸国务资政杜昂山素季举行会谈，莫迪表示，印度高度重视与缅甸的关系，缅甸是印度"东进政策"和"睦邻优先政策"的重要对象之一。

5. 与东盟国家关系继续深化

缅甸积极参与东盟多边机制，并不断深化与东盟成员国的关系。5月10日至14日，缅甸总统吴温敏及其夫人访问越南，12月16日至18日，越南政府总理阮春福对缅甸进行正式访问。缅越两军领导人也实现了互访。国务资政杜昂山素季于4月29日访问柬埔寨，这也是杜昂山素季首次对柬埔寨进行正式访问，旨在加强两国的双边关系。9月3日，第7届泰缅高层委员会会议召开，缅军总司令敏昂莱和泰国总理兼国防部部长巴育会面并同意两国将共同努力解决泰缅边境问题。但是，缅甸与东盟国家关系也因"罗兴亚人"问题出现一些困难，马来西亚总理谴责缅甸"存在种族灭绝"行为，而缅方则予以强硬回应，称"马方行为违反了东盟的不干涉原则"②。尽管如此，东盟还是希望以缅甸能够接受的方式解决"罗兴亚人"问题。7月

① "UK Commissioner in Bangladesh Stresses 3-Point Rohingya Return Plan," *The Irrawaddy*, Jul. 9, 2019.

② "Malaysia PM's Call for Rohingya Citizenship or Separate State Rankles Myanmar," Aug. 2, 2019, RFA, https://www.rfa.org/english/news/myanmar/malaysia－pms－call－for－rohingya－citizenship－08022019165322.html.

31 日，东盟外长会议重申，"必须正确了解若开邦的总体局势，并对自愿、安全和有尊严地遣返罗兴亚人做出可信的评估"①。

（二）"罗兴亚人"问题使缅甸外交面临巨大压力

1. 西方国家对缅甸政府和军方实施制裁

由于若开邦和缅北地区族群冲突持续发酵，缅甸面临较大的外部压力。2019 年初，伦敦市政府决定收回颁发给杜昂山素季的伦敦城自由奖。欧盟宣布将对缅甸实施的武器禁运措施延长至 2020 年 4 月 30 日，继续对缅甸国防部 14 名军官进行制裁。② 欧盟除了禁止欧盟国家投资商人前往缅甸投资，还对缅甸实施了武器禁运措施，禁止向缅甸出口军事武器，禁止与缅甸国防军合作，冻结与若开邦相关的国防军军官的财产，限制出入欧盟成员国家等。9 月，在日内瓦举行联合国人权理事会第 42 届会议期间，缅面临众多国际人权组织的指责。美国邀请缅甸参加东南亚海军联合演习也受到人权组织的批评。9 月 24 日，美国众议院通过了涉缅法案，认为缅甸军方高级将领对克钦邦、若开邦和掸邦的少数民族"犯有严重罪行"，③ 该法案还要求特朗普总统向受缅甸军事行动影响的平民，包括孟加拉国的缅甸难民提供人道主义援助。

2. 冈比亚向国际法院起诉缅甸

2019 年 11 月 11 日，西非国家冈比亚在伊斯兰合作组织 57 个成员国支持下，向联合国海牙国际法院发起诉讼，指控缅甸军队对居住在缅甸若开邦的"罗兴亚人"实施"种族灭绝"④。这是海牙国际法院受理的第四起"种族灭绝"案件。11 月 14 日，国际刑事法院批准对缅甸涉嫌针对"罗兴亚

---

① "Asean Needs a Viable Rakhine Agenda," *Bangkok Post*, Aug. 19, 2019, https://www.bangkokpost.com/opinion/opinion/1732707/.

② 《欧盟延长缅甸武器禁运和军方将领制裁》，中国新闻网，2019 年 4 月 30 日，http://www.chinanews.com/gj/2019/04-30/8824467.shtml。

③ 《美国会众议院通过涉缅法案》，新浪博客，2019 年 9 月 25 日，http://blog.sina.com.cn/s/blog_9008489d01030z0p.html。

④ 《昂山素季亲赴海牙抗辩：种族灭绝的指控带有误导性质，国际法院不应审理此案》，观察者网，2019 年 12 月 12 日，https://www.guancha.cn/internation/2019_12_12_528188.shtml。

人"的"犯罪行为"展开全面调查,认为"缅甸可能存在攻击若开邦罗兴亚人的'国家政策'"①。缅甸政府全面否认有关指控,国务资政兼外交部部长杜昂山素季率团赴海牙应诉。12月10日至12日,冈比亚和缅甸在海牙国际法院进行了两轮陈述。此次诉讼中,冈比亚除指控缅军方有"种族灭绝"和"大规模性侵"行为外,还指责缅政府搞"种族歧视"。而杜昂山素季以外长身份亲率缅国务资政部部长、国际合作部部长赴海牙应诉,这是首次由一个主权国家的现任领导人向15名国际法院法官当面陈述。杜昂山素季要求国际法院驳回冈比亚的起诉,并在陈述中说,冈比亚提供的若开邦局势情况不完整且有误导性,当地大规模冲突的起因是"若开罗兴亚救世军"(ARSA)发动恐怖袭击,目前还存在若开军和国防军的冲突,虽不排除有国防军成员在行动中过度使用武力的情况,但不存在实施"种族灭绝"的主观意图,而且东盟已为此成立由菲律宾前副外长牵头的独立调查委员会,缅甸自己的军事司法系统也对部分存在不当行为的军人进行了审判。② 这次听证会只听取了控辩双方的陈述,并未启动正式诉讼程序,诉讼的最终结果仍存在较多不确定因素。对于国际诉讼事件,缅甸国内绝大多数民众支持杜昂山素季和缅甸政府的做法,缅军总司令敏昂莱公开表示军方支持杜昂山素季为国家辩护的决定,并积极配合杜昂山素季的应诉准备,"如果政府需要证据和其他文件,我们也会提供支持"③。缅甸国内民意高涨,民众高举"与杜昂山素季站在一起"的标语牌,举行游行表达对政府的支持。

3. 国际社会对诉讼案反应不一

中国、俄罗斯、印度等国支持缅甸和孟加拉国协商解决"罗兴亚人"问题。应杜昂山素季邀请,中国国务委员兼外交部部长王毅于12月7日访问缅甸,中方支持缅方自主解决国内问题,反对国外干涉,不赞成把双边问

① "Myanmar May Have 'State Policy' to Attack Rohingyas," *The Daily Star*, Nov. 24, 2019, https：//www.thedailystar.net/backpage/news/myanmar – may – have – state – policy – attack – rohingyas – 1831279.

② "Myanmar State Counselor Asks World Court to Reject Genocide Case," *The Irrawaddy*, Dec. 13, 2019.

③ "Tatmadaw Vows to Support State Counsellor at ICJ," *Myanmar Times*, Nov. 25, 2019.

题多边化。东盟国家也积极支持缅甸理性解决问题。以美欧为首的西方国家、国际人权组织和多数伊斯兰国家则对指控表示支持。美国抨击缅甸当局对"罗兴亚人"的军事行动是"种族清洗",并威胁发起新的制裁。12月9日,荷兰和加拿大发表了一份联合声明,支持冈比亚对缅甸的指控,声称"加拿大和荷兰认为他们有义务在国际法院上支持冈比亚,因为这关系到全人类"①。土耳其驻缅甸大使表示,土在三个领域支持若开邦穆斯林:一是将他们的问题提到联合国及伊斯兰合作组织等国际组织的议程上;二是为有紧急需求的人提供人道主义支持;三是与缅政府进行对话。②

4. 缅甸继续与联合国合作寻求解决方案

尽管出现了外交危机,但缅甸政府并未放弃与联合国的合作,联合国有关机构和代表也并没有放弃与缅方接触的机会。5月23日,昂山素季会见了由联合国难民事务高级专员菲利普·格兰迪先生率领的代表团,就"罗兴亚人"问题交换了意见。11月初,联合国秘书长古特雷斯在第十届东盟-联合国峰会上,对若开邦穆斯林难民困境表示关注。对此,杜昂山素季回应称,缅甸不会推卸自身的责任。若开邦是一个很复杂的问题,缅甸政府致力于根据与孟加拉国签署的双边协定及与联合国难民署、开发计划署签署的三边协定,接收核查过的人员。③ 缅甸若开邦人道主义援助安置和发展委员会表示,在政府的努力下,联合国、国外友好国家、非政府组织等正在向若开邦和缅孟边境地区提供有效的人道主义援助,重新安置难民和恢复帮助,目前已经提供约9亿缅元资助。④ 但一些分析人士指责相关措施成效有限,

---

① "Rights Groups Launch Myanmar Boycott ahead of Hague Genocide Hearings," Reuters, Dec. 9, 2019, https://www.reuters.com/article/us-myanmar-rohingya-world-court/rights-groups-launch-myanmar-boycott-ahead-of-hague-genocide-hearings-idUSKBN1YD0M2.

② "Turkey Continues to Support Rakhine Muslims," *Daily Sabah*, Aug. 16, 2019, https://www.dailysabah.com/diplomacy/2019/08/16/turkey-continues-to-support-rakhine-muslims.

③ "State Counsellor Responds to the Remarks Made by the UN Secretary General on Rakhine Issue," *The Global New Light of Myanmar*, Nov. 4, 2019.

④ "Union Minister Promises Housing for Rakhine IDPs before Monsoon," *The Global New Light of Myanmar*, May 20, 2019.

治标不治本。澳大利亚战略政策研究所称，根据卫星图片，若开邦出现人道主义危机的地区"并无重建迹象"，路透社则指出"当局把相关援助只给当地印度裔人，而不给罗兴亚人"[1]。

四　2019年缅甸民族和解进程

（一）和平对话蹒跚前行

2019年，缅甸民族和解进程进展缓慢，和平谈判虽未中断，但没有太多实质成果。

1. 对话得以延续

1月21日，缅甸政府和平谈判代表与克钦独立组织代表团举行会晤。2月5日，政府宣布与"北方联盟"4个成员举行首次集体非正式会谈。2月22日，政府和谈代表与北掸邦军进行谈判，双方就签署《全国停火协议》（NCA）交换了意见。3月18日，政府代表与克伦尼民族进步党讨论了签署NCA的可能性，并在部队调动和通信问题上达成共识。3月21日，民族和解与和平中心副主席丁苗温在内比都与8个少数民族武装组织举行了和平对话。12月22日，政府代表团与签署NCA的10个少数民族武装组织在仰光举行协调会议。

2. 部分签署NCA的组织态度反复

克伦民族联盟（KNU）作为最早参与此事和签署NCA的组织，在政治谈判的挫折面前"知难而退"，2018年宣布暂停谈判。1月，克伦民族联盟表示，不确定何时返回和平进程，恢复和平进程取决于政府与其他武装组织之间非正式会晤的结果。[2] 南掸邦军实际上也暂停了与政府的政治谈判。缅甸政府与这两个组织多次举行非正式会议，试图重建信任，克服障碍，恢复

① "Satellite Images Show Myanmar's 'Minimal Preparations' for Rohingya Return: Think-tank," *The Irrawaddy*, Jul. 25, 2019.

② "KNU Still Unsure of Return to Peace Talks," *Myanmar Times*, Jan. 14, 2019.

政治谈判,但成效不明显,谈判的结果仅是就下一次谈判时间地点达成共识,而对于实质问题没有多少成果。

3. 新一轮全国和平大会迟迟未定

10月28日,缅甸政府在内比都举行《全国停火协议》签署四周年纪念大会。缅甸国务资政杜昂山素季、国防军总司令敏昂莱以及军政要员与少数民族代表出席。杜昂山素季在会上提议分"三步走恢复和平进程",包括继续举行21世纪彬龙大会;将之前通过的51项联邦原则与下一轮彬龙大会即将通过的新协议原则结合起来;在2020年选举后落实优先事项的协议。[①]敏昂莱则把修宪与民族和解捆绑在一起,称"修宪过程中应优先考虑少数民族利益"[②]。原定于2019年召开的21世纪彬龙大会第四次会议一再推迟,最终在年内未能成功召开,可以视作民族和解进程停滞的象征。这也是自2016年民盟执政以来,首度在整整一年内没有举行全国范围的和平大会。

(二)武装冲突仍在持续

缅甸民族和解各方虽然保持接触对话,但冲突却时有发生,相互间的信任基础极为薄弱。

1. 政府军与若开军的冲突明显升级

2019年1月4日,缅甸独立节当天,若开军(AA)在若开邦布迪洞镇区发动袭击,造成13名警察死亡、9人受伤,冲突导致村民流离失所,错综复杂的民族和解局势越发紧张。[③] 全年,缅军与若开军在若开邦和钦邦的战斗持续不断,若开军多次袭击民众,绑架村镇行政官员,缅军则将若开军定为"恐怖组织",以反恐为名大力围剿。缅甸政府支持军队的做法,同意军方动用直升机等攻击若开军,政府发言人吴佐泰在新闻发布会上表示,"若开军是一伙劫匪,他们劫掠并勒索人民的钱财。他们绑架人质并索要赎

---

① "State Counsellor Vows to Work Harder for NCA," *Myanmar Times*, Oct. 29, 2019.

② "Myanmar Military's Promises of Charter Change Fail to Impress Ethnic MP," *The Irrawaddy*, Oct. 31, 2019.

③ "Week in Review: New Rakhine Violence Sends Shivers," *Myanmar Times*, Jan. 11, 2019.

金，这是强盗行为"①。但若开军在当地有较为深厚的群众根基，不少若开族民众甚至若开民族政党成员自发提供资助，导致若开邦族际冲突持续扩大和对立情绪持续加深。若开族议员在若开邦议会多次呼吁提交紧急提案，"通过邦政府鼓励联邦政府尽快制止若开邦的武装冲突，以表达对生活在有争议地区的少数民族的同情"②。为了缓解对立情绪，总统吴温敏领衔重组了若开邦国家和平与稳定援助委员会，并由专员前往若开邦调研和实施援助。12 月，民盟在布迪洞的负责人耶登被若开军关押数周后死亡。若开军和政府军相互指责对方应对耶登之死负责，民盟发言人苗纽认为，"若开军应对此事负责，民盟所有成员对这个损失感到非常遗憾"③。随着若开军被定为"恐怖组织"，缅政府和缅军拒绝和若开军举行任何形式的和谈或妥协，双方关系转圜的空间进一步压缩。

2. 缅北地区局势一度紧张

7 月 25 日和 8 月 5 日，缅甸军方先后在缅北地区查获价值上千万美元的武器弹药，并指控这些物资为民地武所有。8 月 15 日，果敢同盟军、德昂民族解放军和若开军联合袭击了位于彬乌伦的缅甸国防军科技大学以及周边的多个公路收费站和检查站，导致从曼德勒到腊戍的公路和铁路运输中断，缅军随即展开反击，冲突持续至 8 月底才逐渐平息，共造成至少 10 名平民死亡，8800 多人被迫逃离家园。④ 这也是数十年来，民地武组织首次深入缅甸内地实施军事行动，军校等重要敏感目标受到攻击，给民众造成巨大恐慌，也让缅军高层极为不满。此后一段时间，缅军持续对果敢、德昂、若开武装进行打击。

① "Govt Says Arakan Army 'Just a Gang of Robbers'," *Myanmar Times*, Nov. 18, 2019.
② "Rakhine State Lawmaker Suggests Union Govt Talk to AA to End Fighting," *The Irrawaddy*, Feb. 15, 2019.
③ "Insurgents in Myanmar's Rakhine State Kill Captive Official from Suu Kyi's Party," *Japan Times*, Dec. 26, 2019, https://www.japantimes.co.jp/news/2019/12/26/asia-pacific/myanmar-rakhine-insurgents-kill-captive-suu-kyi-party-official/#.XgVWhkczaUk.
④ "Not a Good Year for Peace Process," *Myanmar Times*, Dec. 31, 2019.

3. 多次宣布停火但效果不彰

缅甸军方和少数民族武装组织出于各自考虑，数次单方面宣布停火，一定程度上缓解了冲突地区的紧张形势，但各方并未利用停火期进行有效接触沟通，没有实现持续的停火状态，也未能将停火转化为更进一步的和平成果。2018年12月12日，缅甸政府军宣布自当年12月21日至2019年4月30日停止一切军事活动。4月30日，缅军再次延长停火期限至6月30日，之后又两次延长，直至9月21日。作为回应，2019年9月9日，缅甸北部的果敢同盟军、德昂民族解放军、若开军三个组织宣布自即日起单方面停火一个月，同时声明在停火期间，将不主动攻击政府军，但如果遭遇重武器、战斗机、武装直升机的进攻，将进行无限制的自卫反击。9月20日，这三个组织宣布将停火期限延长至2019年12月31日，以展示和平对话的诚意。尽管缅军和民地武之间多次宣布停火，实际上双方的零星交火时有发生。已经签署NCA的组织和缅军之间，各民族武装之间的冲突时有发生。此外，缅北实力最强的民地武组织佤联军于4月17日举行仪式，庆祝该组织与缅甸政府停火30周年。缅甸政府代表应邀出席并宣读了杜昂山素季的贺词，缅军没有派出高层将领参加。

五 2019年的缅甸社会

（一）社会矛盾与冲突

1. 偏激的宗教和民族主义仍较活跃

1月底至2月初，克耶邦部分民众抗议该邦首府垒固市中心修建昂山将军雕像的计划，他们认为此项目"不透明，浪费公共资源，而且对当地少数民族不尊重"[1]，随后有55名抗议者因非法集会被起诉。5月16日，仰光穆斯林为斋月设立的3个临时设施受到骚扰，一些佛教民族主义者进入临时

---

[1] "20 Activists Arrested for Protesting Gen. Aung San Statue in Loikaw," *The Irrawaddy*, Feb. 1, 2019.

设施内拍照，还有一些人聚集在外面，要求关闭设施，随后这些临地宗教场所被迫关闭拆除。① 5月27日，仰光地方法院对极端佛教组织"969"领导人维拉督发出逮捕令，指控他犯有煽动叛乱罪。② 随后，维拉督不知所踪，其支持者则多次举行游行示威抗议法院的逮捕令。上千名僧侣继续公开支持维拉督，并声称要"严肃地敦促其他僧侣和人民以一切手段拒绝在大选中投票，抵制2020年大选，避免给杜昂山素季执政的民盟投票，因为该党正在毁掉这个国家的种族和宗教"③。7月29日，缅甸国家僧伽委员会公开训诫极端佛教组织。

2. 大赦引发冲突与不满

为庆祝2019年4月到来的缅历传统新年，缅甸政府颁布大赦令，分三批赦免和释放了23003名缅甸犯人和16名外国囚犯。然而，大赦引发一些地区治安形势恶化，包括凶杀案在内的治安刑事案件增多，没有获得赦免的囚犯则感觉不平等，在多地监狱制造骚乱以示抗议。部分巩发党和军队议员也通过媒体发声，称"军人治理期间从未发生此类情况"。对此，缅甸政府发言人吴佐泰出面澄清，指责谣言误导公众，而反对党的言论则涉嫌诽谤并违反宪法。④

3. 土地问题造成社会矛盾与冲突

土地问题是当前引发缅甸社会问题与矛盾的主要因素之一。2月26日，仰光至曼德勒的高速公路征地问题引发抗议，一些农户提出，国家发放的土地赔偿金没有到达原土地所有者的手中，而被另一些不拥有土地的人攫取了。⑤ 克耶邦一些农民因为土地被军队占用，自2019年7月开始抗议，交涉无果后，当地民众于8月29日闯入军营试图强行收回土地，警方逮捕了

① "Buddhist Nationalists Force Shut Down of Three Ramadan Worship Sites in Yangon," *The Irrawaddy*, May 16, 2019.

② "Yangon Sangha Council Cancels Meeting with Firebrand Monk," *The Irrawaddy*, May 29, 2019.

③ "Religion Ministry Done Leaving Sangha to Govern Ma Ba Tha," *The Irrawaddy*, Jul. 31, 2019.

④ "President's Office Responds to Opposition Criticism on Prisoner Pardon," *The Irrawaddy*, Jun. 6, 2019.

⑤ 《因修建仰光—曼德勒高速公路被侵占土地的农民抗议的土地补偿行动》，〔缅甸〕《十一新闻周刊》，2019年2月26日，https：//news - eleven. com/article/85601。

9 人，并对多名参与民众和记者提起诉讼。① 12 月 13 日，仰光博德唐镇区 70 多名失地者举行游行示威，要求对土地损失进行补偿，活动组织者称，"我们持有有效的地契，是这些土地的合法主人，但政府只给了一部分人补偿"②。

（二）社会文化建设

1. 倡导社会文明

民盟政府重视社会精神文明建设，强调环境保护、社会文明与进步等理念。2019 年，民盟继续推广对"少吃槟榔，不乱吐渣"的宣传，各类标识遍布大街小巷，还在不少地区摆设专门的残渣收集容器。10 月 4 日，多个省邦出台计划，禁止在酒店、饭店和古迹保护区域内抽烟、嚼槟榔。缅甸政府还关注妇女儿童权益保护，杜昂山素季在"缅甸儿童发展愿景高级论坛"开幕式上致辞称，政府的目标是"减少儿童死亡，使之享有健康、温暖和安全的生活，享有平等的教育机会，增加就学时间，防止人口贩运和童兵招募，让儿童拥有安全可靠的未来"③。在 7 月 3 日缅甸妇女节纪念活动上，杜昂山素季强调，女性在家庭、教育和整个社会中发挥着重要作用。④

2. 利用节庆发扬民族文化，凝聚人心

在缅历传统新年——泼水节、点灯节等传统节庆，政府领导人都会发表贺词，强调团结合作，应对困难，实现共同发展。泼水节当天，缅甸官媒《缅甸新光报》还刊发了国内各宗教领袖的新年致辞，传递祝福。民盟政府也重视各主要民族的特色纪念节庆，每逢 7 个民族邦的建邦纪念日，总统吴

---

① "Police Arrest 9 of 21 Kayah Farmers Accused of Trespassing by Myanmar Military," *The Irrawaddy*, Aug. 29, 2019.

② "Ousted Landowners Protest Calling for Compensation for Land Seized in Botataung," *Mizzima*, Dec. 14, 2019, http://www.mizzima.com/article/ousted - landowners - protest - calling - compensation - land - seized - botataung.

③ "State Counsellor Daw Aung San Suu Kyi Addresses High Level Forum on Children," *The Global New Light of Myanmar*, Jan. 29, 2019.

④ "State Counsellor Speaks at Myanmar Women's Day Event," *The Global New Light of Myanmar*, Jul. 4, 2019.

温敏都会通过媒体发表贺词，表达祝贺的同时，也呼吁各民族团结一致，为建设和谐、公平、现代和发达国家而努力。杜昂山素季等高层也会出席少数民族的传统节日，送出祝福。

（三）媒体发展与社会舆论

1. 媒体自由与舆论监管并重

2019 年 4 月，在缅甸内比都举行的研讨会上，强调媒体对缅甸转型的重要作用，讨论如何促进媒体与其他领域工作之间的平衡合作，认为媒体"作为第四支柱可以帮助减少贫困，打击腐败，维护法律尊严，保护人权和防止公共财政损失"[①]。同时，随着社交媒体的迅速发展，舆论形势更加复杂，虚假信息层出不穷，缅甸政府也强调监管。杜昂山素季强调，"言论自由应当得到保证，但世界各地都可以看到假新闻、谣言、仇恨言论和煽动冲突的内容"，"像缅甸这样正在转型的国家，应当采取额外的预防措施，防止因滥用自由产生冲突、混乱和不稳定"[②]。总统吴温敏指出，"每个公民在行使自由表达和信念自由的权力时，都不应违反法律、公共秩序和普遍道德"，"媒体应该确保新闻和信息的准确性，避免煽动、冲突的言论"。[③] 宣传部部长吴佩敏表示，"虚假信息、虚假新闻、仇恨言论和捏造消息危害极大，它们将毁灭缅甸的国家形象，煽动仇恨的火焰。他鼓励人们阅读时看看作者是谁，有没有联系地址，还需要阅读整篇文章而不是只阅读题目"[④]。

2. 新媒体迅速发展，传统平面媒体发展遇阻

2019 年，缅甸互联网用户数量占全国人口的 82.56%，较 2016 年增长

---

① "Four Pillars of Democracy Discuss Balanced Cooperation for Accurate News Dispersal," *The Global New Light of Myanmar*, May 1, 2019.

② "Message of Greetings Sent by State Counsellor Daw Aung San Suu Kyi on the Occasion of the World Press Freedom Day," *The Global New Light of Myanmar*, May 3, 2019.

③ "Message of Greetings from President U Win Myint to the World Press Freedom Day Ceremony," *The Global New Light of Myanmar*, May 3, 2019.

④ "Reforms of MoI: Embracing Motto 'To Inform, Educate and Entertain the Public'; Acting as a Bridge between the Government and General Public; Promoting Media Development and Freedom," *The Global New Light of Myanmar*, May 4, 2019.

近 30%。移动互联覆盖率增长更是迅速，移动信号覆盖率达 90% 左右，手机 SIM 卡销售年均增长 25%。网络新媒体的发展严重冲击缅甸影响力广泛的平面媒体运营。2019 年 12 月，《今日民主》宣布由于亏损太多，停止运营。据缅甸宣传部统计，该国 46 种报纸中有 21 种报纸，551 种期刊中有 314 种期刊已经停止出版，多数原因是入不敷出。为了适应新技术和新市场，各类报刊也采取电子化和网络化的渠道推广发行，但很难吸引人们的注意力，民众被充斥于互联网上的各类信息分散注意力。①

3. 针对若开安全形势采取封网措施

随着在若开邦若开军与缅军的冲突升温，加上"罗兴亚人"问题持续发酵，缅甸政府为了控制仇恨言论蔓延，自 6 月起切断了若开邦和钦邦 9 个镇区的通信网络。缅甸交通与通信部常务秘书吴梭登表示，此举是为了保障人民的安全。受影响的民众则表示不满，希望尽快恢复。电信运营商则表示必须同意遵守政府的规定。② 此外，两名受雇于路透社的缅甸记者因调查"罗兴亚人"被杀事件被捕入狱，2019 年缅历新年时，两人获得特赦。

---

① Naw Betty Han, "News Organisations Swim against the Tide of Change," *Myanmar Times*, Jan. 11, 2019.

② Saw Yi Nanda, "Telco Voices Concerns over Internet Blackout," *Myanmar Times*, Aug. 22, 2019.

分 报 告

Topical Reports

B.2
民盟执政以来的缅甸政党政治分析*

张　添**

摘　要： 缅甸民盟政权上台后，多党民主制继续发展，但缅甸政党政
治却因制度化薄弱等问题呈现"向治而乱，将乱未乱"的状
态。民盟与巩发党相互竞争，少数民族政党分化、边缘化与
重组，黑马政党崛起的局面，整体来看是一种"三体格局"，
即军人政党、民选政党和少数民族政党的三方结构，而这个
结构遵循"杜弗格法则"。"向治而乱，将乱未乱"的具体表
现包括军人政党对民选政党的"牵制"与"反牵制"、少数
民族政党的不满与反抗和内外困局交互下的相对趋稳，而出
现这些现象的原因是"虚伪代表性"的存在与执政意志的失
灵、国家发展滞后与政党制度现代性的缺失，但军政博弈既

＊　本报告仅反映2020年6月（收稿以前）的缅甸政党政治状况。
＊＊　张添，云南大学国际关系研究院博士生，云南大学缅甸研究院助理研究员。

是党际对立的"导火索",也是"保险丝"。

关键词: 缅甸 民盟 政党政治

缅甸 2015 年大选后,民选的全国民主联盟(NLD,民盟)政府顺利上台执政,开启了缅甸政治的"后军人时代"。多党民主制的恢复,使缅甸政党政治走出"失落的五十年"[①],但也因军人仍在国家政治中扮演主要角色,使缅甸陷入军人和文官政府二元博弈(军政博弈)的"双头政治"困局。在这一困局中,政党政治没能让缅甸尝到多元民主的甜头,反而因权力的分散和不信任的加剧,使缅甸未能在经济发展上有所建树,反而因民族和解和若开危机导致乱象,陷入"向治"而"不得治"的内外困局之中。然而,政党潜在的乱象并没有超出民盟所能掌控的范围。

一 民盟执政期间的主要政党发展状况

政党政治的稳定首先在于政党本身,然后才是政党结构与政党制度下的政治参与。本部分从民盟执政期间的主要政党出发,根据影响力大小分层次介绍这些政党在这一时期的发展状况。缅甸政党自 2010 年来如雨后春笋般增长,在联邦选举委员会登记注册的就有 128 个,但经历了重组、合并、解散,2020 年 6 月仅留下 97 个。2016 年 3 月底民盟上台以来,新成立的政党

---

① 指 1963 年多党制被废除,至 2012 年缅甸政府正式全面解除党禁。缅甸 1963 年奈温军政权上台后,建立了缅甸社会主义纲领党一党专政,1988 年全国性民众起义及新军人上台,一党专政终止。1990 年新军人政权组织 30 年来第一次大选,但大选结果未被军人承认,缅甸政党政治从未真正开启。见 Kristian Stokke, Khine Win, SoeMyint Aung, "Political Parties and Popular Representation in Myanmar's Democratisation Process," *Journal of Current Southeast Asian Affairs*, 34 (3), 2015, pp. 12 - 13。

有 25 个，比起巩发党政府时期有所减少。① 在 2016 年 4 月至 2020 年 5 月期间，缅甸新增 25 个政党，其中 2017 年增加 4 个，2018 年增加 3 个，2019年增加 14 个，2020 增加 4 个。新增名单中有 14 个是少数民族政党（新增政党情况见表 1）。在此期间，还有 22 个政党因分裂、重组或解散而登记注销，其中 2017 年 2 个，2018 年 4 个，2019 年 11 个，2020 年 5 个。从影响力来看，执政党民盟与最大反对党巩发党影响力最大，其次是两个少数民族政党若开民族党（ANP）和掸邦民族民主联盟（SNLD）。除此之外，本部分就发生重组的一些少数民族政党和新兴的黑马政党，尤其是人民党（PP）和联邦改善党（UBP），也进行初步观察。

表 1　2016 年 4 月至 2020 年 5 月缅甸新注册政党

序号	2016 年 4 月至 2020 年 5 月缅甸新注册政党名称	批准注册时间
1	缅甸人民民主党（MPDP）	2017 年 5 月 18 日
2	若开民主联盟（ALD）	2017 年 7 月 18 日
3	共和劳工党（PLR）	2017 年 9 月 8 日
4	克耶邦民主党（KSDP）	2017 年 9 月 8 日
5	克伦民族民主党（KNDP）	2018 年 2 月 2 日
6	民族团结民主党（NUDP）	2018 年 3 月 22 日
7	人民党（PP）	2018 年 8 月 23 日
8	若开前进党（AFP）	2019 年 1 月 11 日
9	联邦改善党（UBP）	2019 年 4 月 25 日
10	自由民发展党（YDP）	2019 年 5 月 2 日
11	民主民族政治党（DPNP）	2019 年 5 月 17 日
12	克钦邦人民党（KSPP）	2019 年 6 月 7 日
13	钦民族民主联盟（CNLD）	2019 年 7 月 11 日
14	孟团结党（MUP）	2019 年 7 月 11 日
15	钦民族党（CNP）	2019 年 8 月 2 日
16	克钦新民主党（NDPK）	2019 年 8 月 29 日
17	纳加民族党（NNP）	2019 年 9 月 25 日
18	人民力量党（PFP）	2019 年 9 月 25 日
19	人民先锋党（PPP）	2019 年 10 月 23 日

① 有关政党数据均来自缅甸联邦选举委员会官网，https：//www.uec.gov.mm，统计截至时间为 2020 年 5 月 3 日。

序号	2016 年 4 月至 2020 年 5 月缅甸新注册政党名称	批准注册时间
20	联合民族民主党(UDNP)	2019 年 12 月 11 日
21	茵民族民主党(INLP)	2019 年 12 月 17 日
22	克钦民族党(KNP)	2020 年 2 月 3 日
23	缅甸工人与农民联盟(AMWFP)	2020 年 3 月 18 日
24	88 代兄弟党(88 GBP)	2020 年 3 月 24 日
25	佤民族党(WNP)	2020 年 4 月 2 日

资料来源:缅甸联邦选举委员会官网,https://www.uec.gov.mm,统计截至时间为 2020 年 5 月 3 日。

(一)相互竞争的最大两党:民盟与巩发党

1. 民盟——以杜昂山素季为核心的执政党

全国民主联盟(NLD,民盟)作为目前缅甸最大的全国性政党之一,在 2015 年 11 月大选中赢得民选议席的 77% 多数席位,并在随后经政治谈判而得到前军人政府主要领袖丹瑞、登盛、敏昂莱等人的认可。2016 年 2 月,民盟正式作为多数党组织第二届联邦议会和人民院、民族院会议。3 月 30 日,民盟领导的新政府宣誓就职。自此,缅甸政局正式进入"民盟时代"。

民盟执政后从最大在野党一举变为执政党,以杜昂山素季、佐敏貌、吴廷觉等为首的一批民盟政治家们从常年的"牢狱之友"一举成为政坛的头面人物,先期不免无所适从甚至有点"水土不服"。截至 2020 年 5 月,民盟在"摸着石头过河"的过程中形成了四条发展主线:杜昂山素季核心地位的确定、党在国内政治权威中的追求(以修宪为大方向)、党内结构的重整和人事洗牌(含反腐行动)以及党在国家建设问题上的探索(包括经济发展、民族和解与若开问题)。

首先是杜昂山素季核心地位的确定。受制于前军政府所制定的 2008 年《宪法》,杜昂山素季无法担任缅甸总统,[①] 而 2015 年修宪提案尝试由于军

---

① 根据缅甸 2008 年《宪法》第 59 条,缅甸总统本人及直系亲戚不能是外国公民,而杜昂山素季亡夫是英国人,其两个儿子也都是英国国籍,因此无法任总统。"Constitution of the Republic of the Union of Myanmar (2008)," Ministry of Information,Print & Publishing Enterprise,Sept. 2008,p. 19。

人阻挠而失败。在执政集团的智慧处理下，民盟控制的议会在2016年4月通过《国务资政法》，杜昂山素季被委任为国务资政，成为"超越总统之上"的缅新政府实际领导人。尽管军人集团和众多反对党对杜昂山素季"既掌舵又摇橹"的"集权者"形象①颇有微词，但杜昂山素季担任民盟党主席职务，还担任外交部部长、总统府部长，亲任民族和解与和平中心（NRPC）、涉及若开问题的一系列委员会、涉及中国项目的"一带一路协调委员会"等重要委员会的主席。杜昂山素季同时还是国家重大政策的提出者和发起人，包括"十二项国家经济政策""以人民为中心的外交政策""经济发展带动民族和解政策""缅甸可持续发展战略（2018—2030）""以人民为关键的抗击新冠疫情政策"等。尽管受"罗兴亚人"问题②影响，杜昂山素季的国际形象受到严重打击，但从2019年6月19日全缅人民对杜昂山素季74周岁生日的庆祝、传达的爱戴与仰慕，以及当年12月8日杜昂山素季赴荷兰海牙国际法院应对"冈比亚诉缅甸种族屠杀案"时成千上万缅甸民众上街游行支持来看，杜昂山素季俨然已经是民盟政权乃至全缅的一个克里斯玛型的领袖。

其次是民盟党在国内政治权威中的追求，尤以修宪为核心。"修改2008年不民主宪法"系民盟两任总统上台时都提到的"纲要"，其目的是减少军人在国家立法、行政、安全等重要领域所掌握的支配性权力，让民选民盟政府能够真正支配国家权力。经过前期酝酿，民盟在2019年1月通过提案组建45人修宪联合委员会，③而军人、巩发党和若开民族党等反对派自在修宪联合委员会组建初投反对票，到在中期的数十次会议中"退群"，再到后

---

① 张云飞：《缅甸新航船起航，昂山素季掌舵又摇橹》，《新华每日电讯》2016年3月31日，http://www.xinhuanet.com/mrdx/2016-03/31/c_135239934.htm。

② 缅甸官方和民间都不认可存在"罗兴亚"这个民族，并认为应该为"宾格丽人"（有孟加拉人之意），但本文为明确问题所在及行文方便，后文均采用"罗兴亚人"问题这样的说法。——笔者注

③ 其中民盟议员18人，军人议员8人，巩发党、若开民族党和掸邦民族民主联盟各2人，其他成员13人。

期的议案搜集中提"注水议案"①，导致修宪过程艰难重重。2020 年 3 月，长达一年的修宪讨论在历时 9 天的投票中结束，仅对涉及"残疾"的缅语称呼进行形式修正的 4 条得以通过，其余关乎军人议员任命、军人接管国家权力和总统任命等条款修正案均未通过。民盟虽然修宪失败，2020 年大选面临挑战依旧，但却赢得了广大民众对其同情和理解，这在仍然笼罩于军人执政阴影、不愿回到军人统治的民意氛围下，对民盟来说是很好的加分项。

再次是党内结构的重整和人事洗牌，尤以反腐行动最为显著。反腐是党内洗牌的由头，往往拔出萝卜带出泥。2018 年初，民盟党内原二号人物，被称为"民盟教父"的民盟秘书处（又名"五人团"，系民盟中执委常委机构）成员温腾，因儿子举办奢华婚礼和涉嫌贪腐，被党内警告处分，随后民盟通过全国大会取消了秘书处机构，新设副主席、组建纪律委员会和荣誉主席团，将温腾置入荣誉主席团"提前退休"。2018 年 3 月 21 日，原总统吴廷觉宣布"需要休息"并辞去职务，随后民盟采取雷霆"换帅"，在 3 月底将原人民院议长吴温敏确定为新总统。吴温敏上台后重组反腐败委员会，大力抓反腐，首先针对在任民盟官员。一年多时间里，因涉嫌勾结商人、履职不善或子女贪腐，计划与财政部部长、工业部部长、孟邦行政长官、伊洛瓦底省省长、德林达依省省长陆续被免职撤换，后又相继有近 20 名省邦厅级干部因为收到投诉过多而被免职，② 这些干部基本是民盟党员。与此同时，民盟重新调整执政初期精简部门的思路，广泛吸纳党外人士，在电力和能源部、农业部、计划与财政部和教育部等增加以技术官僚为主的副部长，还增加了三个部委——国际合作部、联邦政府办公室和对外经济关系部。

最后是党在国家建设问题上的探索。经济发展、民族和解、若开问题如同三座大山，给民盟政府和执政者全程施压，让其难有喘息的时间。上台伊始，民盟政府优先开展民族和解但成效不彰，随着经济发展压力的增大，不

---

① 共计 457 条宪法条款，却收到了多达 3765 条修改建议，这些建议经修宪联合委员会整合并递交议会，最终只留下 135 条涉及宪法第 436 条核心条款的修改建议参与投票。

② Nan Lwin, "In the NLD's Cabinets, a High Rate of Turnover," *The Irrawaddy*, Jul. 30, 2019.

得不采取制定"十二项国家经济政策"、组建经济特区管理委员会、改组投资与公司管理局（DICA），将原有财年起始日由 4 月 1 日改为 10 月 1 日、压缩贸易赤字与大力支持来料加工和成衣制造业等措施，但仍然出现了以浮动汇率改革为导火索引发的大规模通货膨胀，且受制于若开"罗兴亚人"问题，来自西方的投资和游客止步，而受制于"债务陷阱论"的猜忌和担忧，以中资为首的皎漂经济特区建设规模也被大幅度压缩。民盟党内虽然也早在 2016 年初就成立了中央经济委员会，但该委员会在发挥顾问咨询影响力方面并不突出。民族和解和若开问题作为前政府遗留的"负资产"，对于民盟来说亦非朝夕之功，截至 2020 年 3 月新冠肺炎疫情在缅暴发，对两大问题的解决也陷入缓慢运转中。

2. 巩发党——以军人为核心的民族主义反对派

巩发党是 2010 年基于军政权成立的一个退役军人政党，而缅甸民主转型的主旋律是"去军人化"。巩发党所倡导的"有纪律的繁荣民主"并没有民盟倡导的"真正的民主联邦国家"受欢迎，而其在下野之际产生了几次内部变动，使其影响力与 2011 年执政初不可同日而语。为了避免奈温军政权遗留政党民族团结党（NUP）衰落的前车之鉴，巩发党在民盟执政期间进行了大刀阔斧的改革，建立了以中壮派为核心的领导层，以民族主义为武器，与军人保持密切而又适度的关系，在议会与民盟主动打擂台，争取少数民族、拉拢盟友，使其最大反对党的地位和影响力得以维系。

首先，巩发党迅速走出"分裂危机"，进行大刀阔斧的人事调整。2016 年民盟上台后，巩发党迅速在 4 月份将包括前党主席瑞曼，党内重要人物昂哥、迪孔妙等人"开除党籍"，以作为其加入民盟主导的议会或内阁的"惩罚"。8 月，巩发党召开全国大会并对党进行重组，选举丹泰为党主席，妙亨为副主席，德楠温为总书记，重新确立了 38 人的中央执行委员会，[①] 其中除保留 14 名中壮派前军官外，其余 24 人均是新面孔。

---

① Htun Khaing, Mratt Kyaw Thu, "Thein Sein Plots His Future," *Frontier*, May 5, 2016.

前总统、巩发党主席登盛以及包括钦昂敏、丁图、泰乌在内的元老，则被安排到中央指导委员会和中央顾问团，仅扮演顾问的角色。2017 年 10 月，巩发党在曼德勒举行盛大欢迎仪式欢迎青年人（18～35 岁）入党，并在缅甸 4000 多个村庄中开始运作青年事务委员会，以补充更多新鲜血液。2018 年 1 月，由登盛领衔的中央指导委员会正式宣布解散，巩发党的代际更替阶段性完成。

其次，巩发党重制党章，设立民族主义的宗旨目标。2016 年 8 月的全国大会，巩发党确定了新的党章，内含党的宗旨、性质与目标。巩发党以主权完整、民族团结为前提，强调民族安全与现代化发展，同时强调党的性质是民族主义政党，设定了在 2008 年《宪法》框架下分"三步走"以解决联邦建制、民族和解和民主转型的行动方案[1]。2018 年 3 月，巩发党主席丹泰与支持者见面时也强调"巩发党并不介意被贴民族主义者的标签"，他认为每个国家都要有维护国家民族的政党，而巩发党就是这个角色。[2]

再次，与军人保持恰当的距离，在议会积极同民盟打擂台。巩发党在 2016 年 8 月的全国大会新闻发布会中称"将会与现政府合作"，并尽力独立自主运行党务，避免表现出对军人的依赖。巩发党发言人拉登在 2018 年 3 月指出"退休军官在党内不到 0.02%"，并称如该党获得 2020 年大选，将进一步降低军官比率。不过，拉登仍然强调，与军人的"特殊关系"不会变。[3] 在议会中，巩发党与军人保持立场上的绝对一致，在投票和发言中屡次联合对抗民盟，巩发党甚至数次充当急先锋，先于军人同民盟"短兵相接"（go head-to-head）。[4] 2017 年 5 月，巩发党控诉民盟领袖杜昂山素季和

---

[1] "Union Solidarity and Development Party Presents Policies and Programmes," *The Global New Light of Myanmar*, Feb. 8, 2017.

[2] Htet Naing Zaw, "'You Can Label Us as Nationalist', USDP Chairman Says," *The Irrawaddy*, Mar. 21, 2018.

[3] Htet Naing Zaw, "'You Can Label Us as Nationalist', USDP Chairman Says," *The Irrawaddy*, Mar. 21, 2018.

[4] 源于巩发党对联邦选举委员会（UEC）偏袒民盟的指责和投诉后，UEC 主席拉登（与巩发党发言人拉登同名）的指责。详见 Htoot Thant, "USDP Unhappy with NLD in by-election," *Myanmar Times*, May 15, 2017。

两名中执委成员丁乌和温腾违反宪法和联邦选举委员会行为准则（COC）中"政党不得利用国家媒体为自身政党发声"的规定。8月，巩发党站在军方立场上，就若开问题要求政府"谴责恐怖主义"被拒，10月该党发言人指责民盟"容不得其他政党参与解决若开问题"。[①] 2019年1月修宪联合委员会成立前后，巩发党先是坚决拒绝委员会的组建并讽刺该行为只会引起"街头政治"，在委员会成立后又顺势提出了众多限制杜昂山素季当总统、限制总统权力和保障军人利益的"修正案"。2020年修宪投票前，巩发党为反对修改总统限制以利于杜昂山素季当总统，甚至用"美国总统只允许基督徒担任"作为例证，而被美国大使馆强硬回批"荒谬"。[②]

最后，广结盟友，争取少数民族支持，力争2020年大选卷土重来。巩发党在议会与民盟打擂台屡战屡败而屡败屡战，一直没有放弃广结盟友和争取少数民族支持的机会。2016年5月巩发党投诉杜昂山素季违宪时，就是联合其他12个小党进行的。2018年8月，巩发党再度联合20个小党控诉民盟举办的妇女大会中有部长参加系违宪行为。10月，巩发党又发表"二十七党联合声明"，敦促民盟政权实现稳定和经济发展。巩发党重视与少数民族政党的合作，而在若开民族党（ANP）与民盟关系恶化后，不断与ANP接触，双方在2018年6月还发布联合声明，抗议民盟政府成立有外国顾问参加的若开调查委员会。丹泰在不同场合均表示"将在2020年大选中与少数民族结盟并夺得大选胜利"。虽然并没有少数民族政党公开表达对巩发党的支持，但巩发党的票仓仍然不少，且不少少数民族政党对民盟的失望乃至仇视，也有望为巩发党助力。从成绩来看，2017年议会补选中，巩发党夺得3个席位，占13个空缺席位近1/4；2018年议会补选中，巩发党夺得19个空缺议席中的9个，已经接近一半。

---

① Maung Zaw, "USDP: Rakhine Needs Support," *Myanmar Times*, Oct. 9, 2017.

② "Myanmar Opposition Lawmaker Falsely Claims US Presidency Limited to Christians," *The Irrawaddy*, Feb. 28, 2020.

（二）少数民族政党——分化、边缘化与重组

1. 若开政党的分化

若开系古老族群若开族的集聚地，由于地理和历史因素，且留有殖民时期和军政府时期的问题，该地区受"罗兴亚人"问题影响沦为数十年宗教和种族冲突的火药桶。由于对缅族认同的薄弱和自有的若开民族主义，当地民众很少支持缅族政党。2015年大选中，若开民族党（ANP）赢得44个议席，占民选议席的3.8%，取得总议席第三的好成绩，其中在若开邦议会选区获得48.9%的选票，位居第一。① 除了历史和地理要素外，所获选票的集中还归功于参选的ANP系若开最大的两个党若开民族发展党（RNDP）和若开民主联盟（ALD）合并而形成的。ANP在新政府成立后曾以其在若开的影响力要求民盟给予其若开行政长官的职务和若开邦组阁权，但很快双方便谈崩，ANP与民盟政府渐行渐远，并且逐步走上分化和削弱的道路。

若开政党的分化主要体现在两方面。其一，ANP因高层领袖的不合而分道扬镳、一分为二。在原来的两党中，RNDP主席埃貌性格强势，是一名激进的佛教民族主义者，ALD主席埃达昂则发迹于"1988年学生运动"，与民盟关系更近，资历也更老。双方谈判合并用了8个月，以ALD更多的让步才达成妥协。2015年大选中，RNDP主席埃貌竞选失利而ALD主席埃达昂赢得选席。组建议会前，以原RNDP为首的ANP领袖威胁民盟"如不将议会任命权交给ANP则将拒绝参加民盟政府"，但民盟拒绝将任何邦立法和行政权让渡给ANP，却将议会民族院副主席一职交给埃达昂。随着ANP上层"整肃"的开启，2017年1月，ALD因不满RNDP一家独大而宣布退出。但在11月，ANP主席埃貌和秘书昂觉佐乌先后宣布辞职，埃貌在当年4月曾通过议会补选赢得人民院在若开安镇的议席，这无疑给ANP致命一击。ANP中执委曾与埃貌谈判试图挽回，但后者以激进的言辞和态度表达了反对。

---

① "The 2015 General Election in Myanmar: What Now for Ethnic Politics?" *Myanmar Policy Briefing*, Dec. 17, 2015.

其二，若开政党的权力分散化和政治影响力的衰弱。随着 ANP 的分裂，其他的若开政党，如若开爱国党（APP）、若开解放党（ALP）等开始积极推动，试图拉拢从 ANP 退党的成员，但这些党原来的谈判组织联合民族联盟（UNA）已陷入名存实亡的境地。2018 年 10 月，埃貌组建若开前进党（AFP），并宣称将与人民党等组织联合赢得 2020 年大选议席。但 2018 年 11 月补选，埃貌之子丁貌温却作为独立候选人参加，战胜 ANP 和民盟的候选人赢得选席。由于埃貌参加 2018 年 1 月"妙乌事件"并在 2019 年 3 月被判"叛国及煽动罪"获刑 20 年，其政治影响力被极大削弱。此外，随着 2016～2017 年由若开罗兴亚救世军开启的极端主义袭击，以及 2018～2019 年日益激化的若开军与缅军的对抗，若开暴恐日益凸显，若开极端民族主义兴起，若开邦被"罗兴亚人"问题困扰，主要议题均被缅军和缅政府支配，若开政党恐再难现 2015 年 ANP 曾有的光彩。

2. 掸族政党的相对边缘化

掸邦是缅甸第一大邦，也是少数民族最为复杂的一个邦，这一地区巩发党和掸族政党的影响力要大于民盟，且存在果敢、勃欧、德昂、佤等少数民族自治区。2015 年大选中，掸邦民族民主联盟（SNLD）力克其最大竞争对手掸邦民族民主党（SNDP），赢得 40 个议席，占民选议席的 3.5%，成为议会第四大党，其中在掸邦议会中赢得 17.6% 的选席，比民盟（16.2%）高。[1] 但与 ANP 完全相反的是，SNLD 在民盟新政权成立后主动公布"不会要求掸邦行政长官在掸邦议会和政府的职位"，甚至主动拒绝了民盟的任职邀请。[2] SNLD 急流勇退，其议员在联邦议会和邦议会中的表现也中规中矩，总体处于一种边缘化的状态。

不过，SNLD 仍然保持其在政治中的部分姿态，并且与民盟形成较好的配合。例如，SNLD 积极参与和平进程，并在 2017 年由秘书长赛纽伦提出

① "The 2015 General Election in Myanmar: What Now for Ethnic Politics?" *Myanmar Policy Briefing*, Dec. 17, 2015.

② Wa lone, "SNLD Rejects Offer of Posts in Government," *Myanmar Times*, Mar. 25, 2016.

"增加非正式会谈"① 的思路，而这种思路实际上也被民盟在后续和谈中吸收，如杜昂山素季后续提出"青年参与的民族和解""非政府组织参与的民族和解"等。此外 SNLD 在 2017 年议会补选中夺取 1 席（共 13 席），在 2018 年议会补选中更是勇夺 6 席（共 19 席）。

SNLD 的对手 SNDP，则曾在 2019 年 10 月提到自身的竞选策略，称将确保自身 45% 党员为妇女和青年人。该党曾积极组织 13 个政党组成"掸邦联盟"（SAL），但并不包括 SNLD。SNDP 还表示，不会与果敢等少数民族自治区进行竞争，而会保持合作姿态。② 尽管 SNDP 保持在 2020 年"东山再起"的态势，但从补选结果来看，其仍然无法同 SNLD 抗衡。尽管人们期待 SNLD 与 SNDP 达成某种联盟，以赢取 2020 年大选更多议席，但目前两党似乎并无此意。

3. 其他民族政党的重组与整合

由于对大选选票分流与浪费的担心，一些少数民族政党着手合并以求壮大。例如，2018 年 7 月，孟民族党（MNP）、全孟民主党（AMDP）正式宣布合并，成立孟团结党（MUP）。2018 年 9 月，钦进步党（CPP）、钦民民主党（CNDP）和钦民主联盟（CLD）宣布合并成立钦民族民主联盟（CNLD），CNLD 在当年议会补选拿下一席。2019 年 8 月，克钦民主党（KDP）、克钦邦民主党（KSDP）、克钦团结民主党（UDPKS）合并成为克钦邦人民党（KSPP），以谋求在克钦邦拿到更多议席。同期合并组成的还有克耶邦民主党（KSDP，由两个克耶政党组成）、克伦民族民主党（KNDP，由三个克伦政党组成）、茵民族发展党（INDP，由两个茵民族党组成）。

这些重组和整合看似轰轰烈烈，实则效果有效。其一，涉及的合并除 MNP 与 AMDP 之外，大部分都是少数民族政党中影响力较小的那一部分，其合并后能否有质变仍然存疑。其二，看似简单的合并进程实际困难重重，如 CNLD 的合并进程虽然在 2016 年初就开启，但到 2018 年 9 月才达

---

① Lun Min Mang, "SNLD Calls for New Approach in Peace Process," *Myanmar Times*, Jun. 2, 2017.

② "SNDP Will Field 45 Per Cent of Candidates with Youths and Women," *Mizzima*, Oct. 23, 2019.

成一致，而合并后又一度尝试改成钦民族代表大会党（CNC）和钦民族党（CNP）。MNP与AMDP的合并更是一波三折，其所选合并后的名称原定"孟族党"，遭到选举委员会的反对后，一度改成"孟族代表党"，后改成孟团结党才成功注册。这些政党合并后仍然存在很大的内部间隙，是否会重蹈ANP的覆辙不得而知。其三，尽管一些少数民族政党寄望于通过重组整合实现与民盟在竞选时的结盟，但民盟在2019年10月就"组建民族事务委员会"一事发言时强调"民盟在2020年大选前不会与任何政党结盟"。从实际情况来看，民盟也确实无意对任何一支少数民族政党采取结盟战略。①

（三）黑马政党的崛起

1. 联邦改善党（UBP）

联邦改善党（Union Betterment Party，UBP）系瑞曼（Thura Shwe Mann）于2019年2月建立的一个全国性政党。瑞曼是前丹瑞军政权三号人物、三军总参谋长、前巩发党主席、巩发党政权时期人民院议长，其在2015年8月因巩发党内斗出局，并于2016年8月被巩发党除名。瑞曼在2015年大选中竞选失利，但其利用职务之便（人民院议长）为民盟上台铺路，同时被贴上"杜昂山素季和民盟的亲密盟友"与"军队可耻的叛徒"双重标签。民盟2016年组建议会后投桃报李，在2月委任瑞曼担任人民院"法律与特别事项委员会"主席，该委员会委任期为一年，结束后可延期，该委员会在2月底升级为联邦议会级，甚至被赋予审查议会的权力。

瑞曼在议会任职期间，迅速收拢了其原先在巩发党的那部分势力，并通过出席各类活动保持自身在国内外的活跃度，重新建立其独立于巩发党和民盟之外的影响力。瑞曼在2016年8月接受采访时曾公开表示自己"无意走政党路线"，但在2018年6月接受采访时却不再否认走政党路线，而是委婉

---

① Ye Mon, "No Deal: NLD Prepares to Go It alone in 2020," *Frontier Myanmar*, Oct. 28, 2019, https://www.frontiermyanmar.net/en/no-deal-nld-prepares-to-go-it-alone-in-2020.

表示"只要是为了国家和公民利益，只要身体允许，就会工作"[1]。2019年2月初，瑞曼通过其官方脸书确认将成立自己的政党，并发布了政党的名称和宗旨。2月底，关于是否继续延期瑞曼"法律与特别事项委员会"主席的议案在议会遭到555票的压倒性反对，曾被延期两年、被认为曾服务于民盟政权的"法律与特别事项委员会"正式被废除。面对着"瑞曼是投机者""瑞曼背叛民盟"等质疑和指责，瑞曼只是用"政治是微妙的，时而充满转折"来一笑置之。[2]

UBP的主要宗旨是：致力于建立一个民主的联邦国家；经济发展是国家发展的基本，将系统地发展教育，医疗和文化；并建立强有力的法治国家，维持稳定、平等与和平；将努力制定适合该国的宪法；将以正确的方式，与人民一起有效地为国家和公共利益服务。所谓"改善"（Betterment），是指"用令人警醒的方式与积极、适宜和高效的方式改善人们的政治、经济和社会状态"[3]。2019年6月，UBP对外公布其党员人数为10万人，已在70个镇区建立分部；2019年10月，党员人数为30万人，已在200个镇区建立分部；2020年1月，党员人数为50万人，已在240个镇区建立分部。[4] 根据UBP顾问钦貌伊（Khin Maung Yee）的叙述，UBP是一个全国性政党，但不会谋求所有330个选区的竞选，因为他们"无意与少数民族竞争"[5]。瑞曼表示，UBP将采取"不结盟战略"，既要与执政党配合，但也要和其他反对党共同监督执政党，他认为"现执政党（民盟）决策权过于集中，UBP将

---

① Htet Naing Zaw, "Speculation of U Shwe Mann Party Grows," *The Irrawaddy*, Jun. 21, 2018.

② Phyo Thiha Cho, "Parliament Scraps Shwe Mann's Commission after He Forms New Party," Myanmar Now, Feb. 28, 2019, https://myanmar - now. org/en/news/parliament - scraps - shwe - manns - commission - after - he - forms - new - party.

③ 〔缅〕《联邦改善党政党规章与纲领》，2019年4月发布，第2~3页。

④ Myat Pyae Phyo, "U Shwe Mann Denies His Party Serves Hidden Interests," *The Irrawaddy*, Jun. 21, 2019; Tun Tun Win, "No Alliance with Other Parties Yet, Says Thura Shwe Mahn," *Mizzima*, Oct. 12, 2019; Nant Khaing, "UBP Party Claims They Will Win 50% of All Constituencies in 2020 Elections," *Mizzima*, Jan. 4, 2020.

⑤ Nant Khaing, "UBP Party Claims They Will Win 50% of All Constituencies in 2020 Elections," *Mizzima*, Jan. 4, 2020.

致力于各做协商、以改善这种情况"。与此同时，瑞曼又强调 UBP 和军方合作的重要性，因为"若不与军方合作，修宪工作将面临困难"①。

UBP 的成立，无疑是瑞曼这位老谋深算的政治家在历经打击、蛰伏、隐忍并重新出山后，其个人及其背后政治、经济与社会力量的延续。瑞曼所组党内有不少前军官、巩发党精英支持，这些人并不介意被军方贴上"叛徒"的标签，如彭瑞（Phone Swe）、钦貌伊和莫扬乃（Moe Yan Naing）等。其中，UBP 副主席彭瑞系前退役军人政权内政部副部长和原巩发党中执委成员，莫扬乃则系前警官，这些支持者曾公开表示"钦佩主席（瑞曼）是信仰民主且努力工作的人"②。瑞曼团队中不乏智囊、法律专家、前政府官员、前军官和富豪，并且其本人在议会又积累了较广人脉，瑞曼在伊洛瓦底省拥有超过 4 万英亩田产，其子昂德曼（Aung Thet Mann）是伊雅瑞瓦公司（Ayer Shwe Wah）总裁，女婿则是泽格巴（Zaykabar）公司总裁钦瑞（Khin Shwe）之子。从瑞曼中庸而左右逢源的表态以及 UBP 迅速的扩张速度来看，其冲击 2020 年大选席位的野心不可小觑，瑞曼本人在采访中甚至豪言将夺取 50% 的议席，至少也有 40%。③

2. 人民党（PP）

人民党（People's Party，PP）是由"1988 年学生运动"领袖吴哥哥基、敏哥奈等人领导的"88 代和平与开放社会组织"改组的政党。该组织领袖大部分是 60 后至 70 后，崛起于"1988 年学生运动"，长期以社会组织身份存在，一直是民盟的好战友，帮助民盟在重建阶段开展社会基层工作，社会基础殷实。例如，吴哥哥基长期担任缅甸和平中心（今缅甸民族和解与和平中心）观察员，还担任过若开调查委员会成员；敏哥奈则是在缅甸国内外享有盛誉的活动家，其在 1999~2012 年获得包括"美国民主基金会年度

---

① Tun Tun Win, "'No Alliance with Other Parties Yet', Says Thura Shwe Mahn," *Mizzima*, Oct. 12, 2019; Htet Naing Zaw, "Myanmar Ex-general's Presidential Dreams," *The Irrawaddy*, Aug. 12, 2019.

② Htet Naing Zaw, "Myanmar Ex-general's Presidential Dreams," *The Irrawaddy*, Aug. 12, 2019.

③ Nant Khaing, "UBP Party Claims They Will Win 50% of All Constituencies in 2020 Elections," *Mizzima*, Jan. 4, 2020.

奖""约翰·汉弗莱自由奖""光州人权奖"等在内的各奖项，在众多少数民族政党中声誉也不错。由于民盟决定在2015年大选中弃用88学生组织的核心成员作为其候选人，该组织决定在2018年组织自己的政党并参加2020年大选。

人民党在2018年5月2日提交注册申请，其最早定的名称为"8888人民党"，但遭到了不少书面和口头抗议。抗议的人群不仅来自政党，还包括一些民间组织，原因主要是"8888"这个代号代表的是缅甸全体人民都参加的、针对1974年宪法废除和抵抗奈温军政权的运动，具有特殊含义，他们认为不应该由任何政党"包揽"①。虽然最终该党改为"人民党"后在8月23日获批注册，但已经无法赶上当年补选，因此该党实力暂未得到有效的民意检验。目前，人民党主席为吴哥哥基，耶乃昂（Ye Naing Aung）为总书记，被视为该党最有影响力的敏哥奈似乎对党务不感兴趣，也很少以该党身份出现在公众视野中。

人民党在其党纲中提到，虽然多党民主制已现雏形，但人民群众想要的真实民主没有实现，因此其建设政党主要是基于"8888精神"，即民主、人权、公正、法治等。其政党目标包括：实现在民族、宗教、性别、财富与能力等原则上的非歧视，使国民均能享受民主、人权，实现可持续与平等发展，建设自由平等的市场经济，保护农民、工人权利，保护儿童与妇女权利，打击毒品犯罪，与国际社会和平共处等。② 人民党自称为全国性政党，但吴哥哥基在公开讲话中坦言"合作与协商更为重要"，并提出人民党将与少数民族政党在竞选中"结盟"③。从该党的国际国内声望来看，其有望成为"黑马政党"，但其社会资源较广，经济与政治资源略显不足，具体情况还待2020年大选来检验。

---

① 〔缅〕《四个八人民党建党被抵制》，BBC缅文网，2018年5月19日，http://www.bbc.com/burmese/burma-44185209。

② 〔缅〕《人民党政党规章与纲领》，2018年8月发布，第1~3页。

③ Khin Su Wai, "People's Party Seeks to Form Alliance with Ethnic Parties," *Myanmar Times*, Dec. 17, 2019.

二 "向治而乱，将乱未乱"——民盟执政以来的缅甸政党政治特征

（一）政党结构——"向治而乱，将乱未乱"的基本框架

民盟执政以来，缅甸依然保留着登盛时期开创的"三体格局"，即源自或支持军人集团的亲军人政党（简称"军人政党"）、源自民主主义抵抗运动并致力于通过普选参与政治的选举主义政党（简称"民选政党"）、代表少数民族的政党（简称"少数民族政党"）。令人意外的是，缅甸作为一个佛教支配的国家并没有出现宗教型政党，这在 Stokke 等人看来是缅甸严厉隔离政教关系的 2008 年《宪法》，以及缅甸尚集中于政治稳定和国家建设的政治议程所致。[①]

在"三体格局"中，军人政党主要指巩发党（USDP）和民族团结党（NUP），民选政党主要指民盟（NLD）、缅甸民主党（DP）和新成立的人民党（PP）等，少数民族政党则包括所有具有鲜明少数民族特征、明确人员组成和服务宗旨的政党，如若开民族党（ANP）、掸邦民族民主联盟（SNLD）、佐米民族党（ZNC）等。在实际分类中，"三体格局"的界限并没有那么清晰，实际上大部分少数民族政党都以参选为目的，而在新成立的一些政党中，有一些受前军人官员控制，但其党纲却是民选导向的，例如，前军政府三号人物、退役军人政权时期的人民院议长瑞曼组建的联邦改善党（UBP），以及前总统府部长梭貌（Soe Maung）和伦貌（Lun Maung）组建的民主民族政治党（DPNP）等（见图1）。

总体而言，民盟执政以来的缅甸政党结构遵循一种类似"杜弗格法则"（Duverger's Law）排列方式。"杜弗格法则"是莫里斯·杜弗格在 1954 年提

---

① Kristian Stokke, "Political Parties and Religion in Myanmar," in Jeffrey Haynes, ed., *The Routledge Handbook to Religion and Political Parties*, London: Routledge, 2019, p. 11.

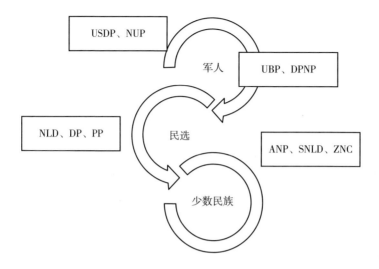

图1　"三体格局"与缅甸政党属性界限的模糊化

资料来源：笔者根据相关内容自绘。

出的"最适合形成两党制的简单多数政党结构"①。一方面，民盟和巩发党
仍然是相互竞争的最大两党，处于政党结构的中心位置。民盟在 2015 年大
选后建立的"一党独大"是基于简单多数选举制（FPTP）所给予的"奖励
票数"（Bonus Votes），民盟所得票数仅占总票数的 57.1%，但其实际获得
的议席比例为 77.3%，② 而败选的前执政党巩发党获得票数占 37.7%，但实
际议席比例为 9.1%，③ 因此民盟表面上的"一党独大"实际得到了院外支
持要下浮 20% 左右，相反巩发党的支持率则需要上浮。另一方面，少数民
族政党处于政党结构的边缘位置。少数民族在人口上占据缅甸三分之一的比
例，但其 2015 年大选所获得的选票和议席明显在"代表性"上严重不符。
Selway 曾在讨论 FPTP 制度对少数民族政党的影响时提到，由于缅甸民族地

① Maurice Duverger, *Political Parties, Their Organization and Activity in the Modern State*, London and New York: Methuen, 1954, pp. 5 – 7.

② 缅甸采取的选举制度是"简单多数选举制"（FPTP），即全国划分为规模相等的多个单一名额的选区，选民只能选一个候选人，候选人仅需获得多数选票即可当选，即"第一名过关制"，仅投票一轮，赢者通吃。

③ Swan Ye Htut, "NLD Looking for New Members," *Myanmar Times*, Jul. 4, 2016.

理的封锁性和人口的集中性，简单多数选举制的惩罚对少数民族来说并不显著。① 遗憾的是，2015 年大选后，少数民族政党获得的议席仅占总议席的11%，甚至低于很多少数民族政党所抵制且缺席的 2010 年大选，当时少数民族议席占15%。② 由于议席受到挤压，包括最大少数民族政党若开民族党在内的不少民族政党都发生了分裂重组的情况，其被边缘化的情况越来越严重。

"三体格局"在"杜弗格法则"的影响下保持稳定的前提是：有利于两党形态或准两党形态要素的延续，以及未出现两党以外能够有效打破两党优势的力量。民盟上台以来基本沿着自成体系的一套"善治方略"前进，但却因为"三体格局"下的"三方博弈"陷入困局。在此困局中，民盟并没有采取强硬而决绝的手段，这一方面导致"善治"难以实现而"乱象"凸显，另一方面也因为保守慎重的决策抑制了矛盾的喷涌爆发，整个政党治理体系呈现"将乱未乱"的局面。

（二）政党互动——"向治而乱，将乱未乱"的具体表现

1. 军人政党对民选政党的"牵制"与"反牵制"

军人政党以最大反对党巩发党为代表，民选政党以执政党民盟为代表。民盟上台以来，巩发党就从未停止过在各项议题上对民盟的民选政党的牵制。同样，民盟也利用在议会和政府的优势进行"反牵制"。2016 年 2 月（民盟组织的议会上台）以来，双方进行了无数"拉锯战"，明面上民盟赢多输少，实际上则是巩发党帮助军方守住了其在国家的特权。这些"拉锯战"有几个主要特征。

其一，基于法律或道义相互控诉。2016 年 5 月民盟议员在民盟上台后，

---

① Joel Selway, "Ethnic Accommodation and Electoral Rules in Ethno-geographically Segregated Societies: PR Outcomes under FPTP in Myanmar Elections," *Journal of East Asian Studies*, 15 (3), 2015, pp. 321 – 360.

② "The 2015 General Election in Myanmar: What Now for Ethnic Politics?" *Myanmar Policy Briefing*, Dec. 2015.

就指控并要求调查包括前总统登盛"涉嫌贪污",而巩发党也针锋相对联合12个党派控告杜昂山素季违宪,双方均意图挑战对方最高领袖的合法性但均未成功。2018年5月,巩发党主席丹泰在全国青年大会中公开指责民盟"开销公共资金,我行我素",并斥责民盟党员诋毁巩发党政党形象,对民盟近期开展的多起反贪腐案件并不买账,认为这是民盟纵容所致,民盟则反讽前巩发党政府连反腐都没勇气做,"挪用了多少资产心知肚明"①。2019年2月在议会讨论组建修宪联合委员会时,巩发党多次抗议认为成立此委员会涉嫌违宪,民盟不予理睬,兀自通过议会路线成立该机构。2020年3月修宪投票民盟折戟沉沙,巩发党议员却批评民盟"失败的修宪行为"损害了缅甸军方的国际形象。②

其二,设置议题争夺话语权。典型例子是民族和解,虽然杜昂山素季基本继承了巩发党留下来的民族和解机制,包括与签署《全国停火协议》(NCA)组织的政治对话、改组前巩发党政府缅甸和平中心(MPC)并设和平委员会与未签署NCA的组织谈判、举办联邦和平大会(NPC)等,但民盟特意将MPC改为民族和解与和平中心,并改为政府机构,NPC也改名为"21世纪彬龙大会",意图将民族和解掌控在自己的议程之下。巩发党在下野初期曾历次向民盟新政府表明自己愿意在和平倡议上做出贡献,甚至愿意出人出力,但民盟不仅拒绝保留包括昂明、昂乃乌等在内的巩发党和平谈判班子成员,且对巩发党的和平倡议也不予理睬,坚持自己的路线图。

其三,精英流向民盟,巩发党不惜"壮士断臂"。随着瑞曼等一批前巩发党精英在交权时期表现出对民盟的善意,巩发党第一反应是"党内清洗",在党主席登盛带领下,将"在大选中投票给敌人(民盟)者""受前党内被开除的高层拉拢者(指追随瑞曼者)"清除出党。③针对民盟的拉拢,

---

① Htet Naing Zaw, "USDP Chairman Accuses NLD of Hypocrisy, Incompetence," *The Irrawaddy*, May 31, 2018.

② Htet Naing Zaw, "Yanmar's Failed Charter Reform Will Soil Military's Image: Military Proxy MP," *The Irrawaddy*, Mar. 12, 2020.

③ 〔缅〕《巩发党被除名党员发起号召,要求召开中央委员会会议》,《声音周刊》2016年5月1日。

巩发党不惜代价直接将受拉拢者逐出，代表人物包括2016年2月初被任命为人民院副议长的迪孔妙，后来进入民盟内阁的昂哥、敏都，等等。这些清洗一度引起党内恐慌，曾有136名党员的巩发党中央委员会提议开会商讨此事，但并未被受理。[①]

总的来说，军人政党和民选政党的矛盾，是2008年《宪法》框架下缅甸政党互动的一对基本矛盾。民盟上台后就将修宪作为其首要执政目标之一，且在每年的领导人讲话中都不忘表达"修宪尚未实现，诸君仍需努力"的思想，相反，巩发党却坚守"2008年《宪法》是缅甸民主转型神圣不可侵犯的成果"，并成功在2020年修宪投票中巩固军人集团的权益。民盟执政四年多来，由于核心权力分配的本质冲突和认同分歧，尤其关于"军人是否应当继续在缅甸政坛发挥作用"矛盾的难以调和，两党的竞合关系更多是零和、负和博弈，只是仍在"党争"的匣子里，尚未擦枪走火。

2. 少数民族政党的不满与反抗

不管军人政党还是民选政党，主要精英代表都是缅族。目前在UEC注册的政党有97个，有49个明确自己代表某个特定的少数民族，显然超出了少数民族在全缅人口中的比例（1/3）。仅有10个少数民族政党在联邦议会中获得席位（ANP一分为二后为11个），只占政党总数约10%，占少数民族政党总数20%，议席比例少数民族政党也仅占到约10%。在2010年大选中，少数民族政党所享有的席位份额更高，为15%。民族政党议席份额下降1/3，民族代表的差额从15%提高到20%，"少数权力的丧失"成为民盟上台以来令众民族政党沮丧的一大现状。即便如此，诸如ANP这些大的民族政党，仍然期盼着能从民盟上台后的政治架构中分一杯羹，直自2017年3月民盟发言人温腾宣称"民盟将任命所有行政长官"[②]后，少数民族政党参政无望，开始公

① "Ousted USDP Members Call for Emergency Conference," *The Global New Light of Myanmar*, May 31, 2016.

② San Yamin Aung, "All Chief Ministers to Be from NLD: Win Htein," *The Irrawaddy*, Mar. 3, 2016.

开表露自身对"大缅族主义"的不满与反抗。

反抗最激烈的当属若开政党。2018 年 1 月 16 日，为悼念若开古国被缅族吞并 233 周年，前 ANP 主席埃貌提出抗议缅族政府的口号，引发若开民众与警察的对峙，并导致 7 死 20 伤。① 埃貌虽然被捕入狱，却仍积极支持其子丁貌温参加 2018 年 11 月议会补选，在狱中指导创立若开前进党，倡导若开人以政治、经济和军事手段支持若开民族主义。埃貌公开支持民地武若开军以军事手段夺取权力，而自 2019 年 1 月 4 日，以"拉启塔"② 为口号的若开民族武装若开军在若开北部边境地区袭击边境警哨造成至少 13 死 9 伤，后续的对峙冲突连绵至今。2020 年 3 月若开军被缅政府正式宣布为恐怖组织，埃貌也被以叛国罪处刑 20 年监禁。即便如此，若开民族主义仍然得到了不少若开精英和民众的支持，他们自发地倾囊相助若开军和声援埃貌。埃貌的支持者们则积极响应其号召，一方面在各类场合谴责民盟践行"大缅族主义"，另一方面则努力动员包括人民党和其他少数民族政党，意图在 2020 年大选中给予民盟痛击。

克耶和孟族政党也因民盟在克耶邦和孟邦修建昂山将军雕像和以昂山命名大桥表示不满。克耶民族党（KNP）、克耶邦民主党（KSDP）等党就民盟在克耶邦首府垒固"未经当地民众同意"修建昂山将军雕像一事表示不满，KNP 主席昆必都（Khun Be Du）等人持续组织游行示威，并对当局抓捕示威人士的行为表示不满。③ 孟民族党（MNP）则谴责民盟命名孟邦首府毛淡棉到乔松（Chaungsone）的大桥为"昂山将军桥"，并在 2017 年 2 月致信时任总统吴廷觉"此举将有违民族团结"④，他们要求更换为更尊重孟族

---

① Chan Thar, "Government to Bring Charges against U Aye Maung in Wake of Deadly Protest," *Myanmar Times*, Jan. 19, 2018.

② Rakhita, 2010 年若开语意为守护若开。

③ Zue Zue, "Cases Dropped against 55 Karenni Anti-statue Activists," *The Irrawaddy*, Feb. 13, 2019; Lawi Weng, "Gen. Aung San Statues Are Costing NLD Political Support in Ethnic States," *The Irrawaddy*, Feb. 14, 2019.

④ "Mon Party Condemns Aung San Bridge Name," *The Nation*, Feb. 25, 2017, https://www.nationthailand.com/news/30307219, May. 10, 2020.

历史的名称。孟团结党（MUP）联合秘书乃桑丁（Naing San Tin）则称，民盟的行为将给民盟 2020 年支持率带来严重的影响。[1]

3. 将乱未乱——内外困局交互下的相对趋稳

缅甸党争出现的"乱"围绕着军人政党、民选政党和少数民族政党而来，但这三方就像组成了一个具有稳定性的三角一般，将"乱"控制在一定的范围之内。比起民族和解进程中遇到的战火频仍，比起"罗兴亚人"问题带来的暴恐危机和国际压力，缅甸政党政治之"乱"显得较为逊色。民盟执政四年多，让人们不禁回忆起缅甸 1948 年新兴多党议会制的头四年，相较而言，民盟对于党争的管控比吴努政权时期的执政党反法西斯同盟要好很多。

内部而言，竞争政党有统一的国家认同，各方只是在"建设一个什么样的缅甸"和"缅甸各民族应该如何共处"等问题上有分歧。包括民盟在内的各政党，基本都认可前军人政权和巩发党所提出的"国家统一、民族团结、主权完整"三原则，只是多将矛盾指向军人集团所享有的特权上。民盟和巩发党都认同构建"民族民主联邦"，只是对民族和解的路线和军人扮演的角色有所分歧，而两者对于"缅族主导下的精英民主"和"政治卡特尔主义"也颇有共识。民盟和少数民族政党都认可"去军人化"，巩发党也没有否认其开创"自上而下改革"需军人逐步退出，[2] 只是各方就军人参政有着不同的态度，前两者希望通过修宪来让军人逐渐退出政治，后者则希望保持军人特权，以帮助国家率先完成统一。此外，少数民族政党和巩发党也有某些共识，他们共同反对民盟一党独大。总的来说，博弈三方相互制衡，政党"三体结构"仍然保持着稳定。

相比之下，吴努政权早期虽然没有出现军人政党，但执政的反法西斯同盟内部先后经历了中左翼联盟、缅共的分裂，"廉洁派"与"巩固派"的内

① Ye Mon, "No Deal: NLD Prepares to Go It alone in 2020," Frontier, Oct. 28, 2019, https://www. frontier myanmar. net/en/no - deal - nld - prepares - to - go - it - alone - in - 2020.

② Nyein Nyein, "Military Vows to Remain in Politics as Long as EAOs Exist," *The Irrawaddy*, Feb. 26, 2019.

斗及"德钦派"、"吴派"和"波派"的三派政治内讧，1962年的国家濒临分裂与军事政变被认为是十多年"政党之乱"的结果。民盟上台以来，缅甸政党诚然也存在分分合合，但至少执政党在杜昂山素季的领袖魅力和温和的改革下保持统一与稳定。即便在2016～2017年若开罗兴亚救世军极端主义袭击、2018～2019年民族矛盾加剧、2020年新冠肺炎疫情暴发的背景下，缅甸政党政治也均未引发社会动乱。

外部而言，来自西方的不满和施压，恰恰成为不同政党弥合裂痕乃至抱团取暖的重要整合剂。面对国际人权组织、美欧国家和伊斯兰国家对"罗兴亚人"问题的政治、道义乃至法律的多重施压，尤其是2019年11月冈比亚在国际法院诉缅甸"种族灭绝"罪以来，包括民盟、巩发党和各少数民族政党在内的表态，基本倾向于反对国际干涉、拒绝承认"罗兴亚人"问题，且对前往海牙应诉的杜昂山素季进行声援。此外，中美贸易摩擦和大国博弈加剧令"新冷战"这个词成为缅甸的阴影，但比起缅甸建国初期冷战两阵营的结构性对碰而言，缅甸国内并不存在左右翼分明的"代理人政党"，国际结构对缅甸政党之"乱"，暂时也掀不起什么波澜。

（三）政党制度——"向治而乱，将乱未乱"的内在原因

1. "虚伪代表性"的存在与执政意志的失灵

对于后起发展中国家而言，转型初期的"代表性"往往与政党所需发挥的功能相冲突。执政党本身"代表性"（Representation）的"虚伪化、模糊化"，导致执政者所付出的努力与执政成效不成正比甚至出现逆流。民盟自上台就提出代表"人民的利益"，但这种代表性很快就被质疑只是针对缅族，甚至可以说只是部分缅族精英。[①] 即便杜昂山素季和民盟中央不断试图证明其政策对全缅各族平等适用，但在民族和解、若开问题上，执政集团似乎更倾向于向军人和保守势力妥协，拒绝向少数民族集团和"罗兴亚人"

[①] Daniel Combs, "Why the NLD Victory Hasn't Meant Much for Myanmar's Ethnic Tensions," Jan. 28, 2017, The Diplomat, https：//thediplomat.com/2017/01/why－the－nld－victory－hasnt－meant－much－for－myanmars－ethnic－tensions/，检索日期：2019年10月12日。

群体让步。虽然民盟很多时候可以指责军方对国家权力仍然牢靠掌控，但在可以进行选择和表态的时候，杜昂山素季从未指责过军方，没有将任何责任归咎于"大缅族主义"。

民盟无法摆脱这种"虚伪代表性"的另一表现是，民盟并没有改变前军人政府时期一直存在的民族地理隔离，这种地理隔离表现为民族之间互动的缺乏和相互孤立。① 换言之，因为缺乏地理上的有效控制，并对文化和政治有效控制的缺失，执政党"代表性"逐渐"虚伪化"，即便自20世纪90年代以来各主要少数民族就已经承认了缅联邦政府的主权，但由于缺乏信任和消灭对方的能力，部分少数民族不承认他们被中央政府或地方政府所"代表"。

与此同时，少数民族政党也存在"代表性"的问题，因此即便政党间达成了协调，执政者的"治理之志"也无法控制住"祸乱之源"。一方面，某个少数民族有数个甚至十多个政党，"代表性"被极大分散了。钦民族民主联盟（CNLD）由三个钦邦政党合并后号称将"代表钦民族利益来竞选"，但实际上，钦邦大大小小政党（注册或暂未注册）有13个之多，且不少钦族人还是民盟这些大党的忠实追随者，如现任第二副总统亨利本提育，就曾经作为钦族民盟代表为民盟参选。再如，孟民族党（MNP）和全孟民主党（AMDP）就"谁更能代表孟族"一直争论不休，两党分别代表了1988年参加全缅民主运动与参加1990年大选的孟族精英和2010年响应军政府"自上而下"改革和参选的孟族精英。2018年两党合并后提议取名"孟族党"，却遭到了广泛的反对，因为在不少人看来，这两个党仍然不能代表孟族民众。②

另一方面，民地武的存在更夺取了不少注册政党的"代表性"。这些民地武不少以"非国家军队"的"非选举政党"（a myriad of nonstate armies

---

① Netina Tan, "Preece, Cassandra, Electoral System, Ethnic Parties, and Party System Stability in Myanmar," *European Journal of Development Research*, Taylor and Francis Group, 2020, p. 5.

② Lawi Weng, "Election Commission Rejects Name of Proposed Mon Political Party," *The Irrawaddy*, Dec. 11, 2018.

and non-electoral parties，MNANP）的形式存在，他们同样号称代表了"少数民族的真实利益"①。在佤族自治区，实际控制着3万平方公里土地的佤邦联合党（UWSP）②，远比代表"佤自治区"合法参加2015年大选并夺得三票的佤族民主党（WDP）③ 更有"代表性"，但他们似乎无意参选。同样，虽然缅甸民族民主同盟军（MNDAA）在2009年就被夺去了果敢自治区的控制权，但MNDAA在2016年后仍保持着在果敢的影响力，相反在议会代表果敢自治区赢得议席的果敢民主民族党（KDUP）④ 却被认为是"傀儡"且缺乏"代表性"。

2. 国家发展滞后与政党制度现代性的缺失

上文提到的"虚伪代表性"，实际上标志着政治参与需求和政治制度化建设的不协调。包括少数民族在内的广大缅甸政党渴望得到与其族群数量或代表群体相符合的政治参与比率，但一旦这种参与权得以实现，从第一次21世纪彬龙大会漫无天际的诉求来看，政治版图较为破碎的缅甸将进一步分裂，而进一步分裂将导致这个国家继续陷于"最不发达国家"名列，继续贫困、落后下去。

许多后起发展中国家已经在尝试借由强大的政党来带领，先根除国内政治动荡和衰朽，随着政治制度化的发展，再逐步扩大政治参与。但缅甸是一个发展滞后了近半个世纪的国家，奈温军政权从1962年上台到1988年被推翻，1990年上台的新军人政权又进行了长达20年的"监国"，真正转型肇

---

① Stokke，Kristian，Khine Win，and Soe Myint Aung，"Political Parties and Popular Representation in Myanmar's Democratisation Process，" *Journal of Current Southeast Asian Affairs*，34（3），2015，p. 12.

② 该组织长期对外以佤邦联合军（UWSA）的身份存在，UWSA是该组织的军事力量，其政治力量名为佤邦联合党（UWSP），系党政合一。

③ 佤族民主党（WDP）系2010年成立的一个政党，该党在2015年夺得下议院1个议席，掸邦邦政府2个议席。

④ 果敢民主民族党（KDUP）系1990年成立的一个政党，新军人上台伊始解散，2010年重建，主席罗星光，与毒贩罗星汉、刘国玺有联系。该党在2015年夺得下议院1个议席，掸邦邦政府1个议席。"Proxy Parties Galore in Shan State，" Shan Herald Agency，Oct. 15，2010，http：//shanland. mongloi. org/index. php？option = com＿content&view = article&id = 3246；proxy – parties – galore – in – shan – state&Itemid = 301，检索日期：2017年10月22日。

始于 2011 年巩发党政权上台。缅甸积贫积弱，目前民盟一党独大，巩发党作为主要反对党的结构仍只能勉强保持稳定，遑论在仍处于军政二元政治的时节进一步扩大政治参与。

政党之"乱"，离不开政治制度这个"器"的现代性缺失。在缅甸，除了少数几个小党以青年、妇女或者工农权益等为主体，其他大部分政党都将政治参与或少数民族代表作为基本定位，因此虽然有现代性缺失的不足，但也容易得到执政党的暂时控制，这使得党政不会超出现有议题而引发新的乱局。

说到底，是先有国家发展滞后再是政党制度现代性的缺失，而并非先有政党制度现代性的天然缺失再是国家发展落后。军人执政的国家不在少数，如印度尼西亚、智利，仍然处于军政二元迭代的转型波动期的国家也有，如埃及、泰国，这些国家的政党制度现代性不见得很成熟，但其国家在军人统治期间得到了长足的发展。因此，这些国家可以结合自身国情，以适度管控来合理调整"政治参与"与"政治制度化"的相互关系，以政权稳定的长度来换取国家发展的久度，以逐步放开的政治参与来调节社会资源分配的不公。

民盟政府上台仅四年，不可能既完成前军政府数十年未能完成的国家统一，同时又弥补军人数十年来破坏殆尽的经济基础。执政四年，民盟"摸着石头过河"，通过内部整肃、坚持一党专政，缓缓为自身政策和治理理念开道，同时在尽力维护军政协调和执政集团稳定的过程中，寻找一切可乘之机通过修宪来实现政权"去军事化"。这种徐徐图之而不求成效，兀自前行而不求同伴的举动，虽然遭到了缅国内外媒体（尤其是西方媒体）的指责和质疑，却可能是符合缅甸国情和国家建设规律的。保持与军人政党的缠斗但不采取激进手腕，规避风险而退求 2020 年大选连任，或许能够借助"必要的恶"①来渡过难关，通过第二轮选举来巩固转型成果。

---

① 观点参考自 Morten B. Pedersen 提出的"暂缓挑战军方，由其来充当缅甸必要的恶"，类似于一种"唱红脸"和"唱白脸"的逻辑联系。详见 Morten B. Pedersen，"The NLD's Critical Choice，"*Myanmar Times*，Feb. 17，2016。

3. 军政二元博弈——党际对立的"导火索"与"保险丝"

缅甸多党制目前仍是军政"双头政体"的附庸,"双头政体"是缅甸2008 年《宪法》及前军人集团制度设计的结果,其确保了军人在立法、行政和司法机构中的特权,尤其是军人在联邦议会拥有 25% 的当然议席,这个比例依宪可做出"一票否决",阻挠文官政府和执政党一切试图削弱军权的努力。[1] 巩发党虽号称"经改革后努力成为人民的政党"[2],但其在民盟执政期间的所有行为基本都是对军权的依附、维护、辩解。缅甸出现以民盟、巩发党为主的政党对立,看上去似乎与民盟在议会"一党独大"的议席比例不相匹配,实则是军方和执政文官政权"军政二元博弈"的一个缩影。缅甸政党政治之所以"初呈乱象",却又"将乱未乱",军政博弈既是"导火索"又是"保险丝"。

党争之"导火索"是军政博弈,而党争之乱源于军政各持一个权力中心的状态。权力的本质是排他的,虽然二元博弈可以相互制衡并预防某种程度的集权或者出现僭主,但权力的对立在后起发展中国家往往可能因为社会分裂而导致两极分化。例如,巩发党和民盟成员作为缅族精英,都是有志解决民族和解问题的,但是双方站在军政权力中心的两端,从政策到纲领的对立导致双方并不能达成优势互补。巩发党 2011 ~ 2015 年所走的精英对话路线,得到军人良好配合,成功促成 10 个民地武组织与当局签署《全国停火协议》(NCA)。民盟继承这个成果后,也曾试图扩大 NCA 签署的成果,但因为不信任军人,民盟不愿意让巩发党参与和平进程,也不愿再用后者留下的精英。[3]

---

[1] 根据缅甸 2008 年《宪法》第 436 条规定,如需对宪法关键条款(多数涉及对军权的保护)进行修改,须经 75% 以上的联邦议会代表同意后,举行全民公投,并获所有投票者支持后方可修改。详见《缅甸联邦共和国宪法(2008 年)》,李晨阳、全洪涛主编《缅甸法律法规汇编(2008 ~ 2013 年)》,经济管理出版社,2014,第 66 页。

[2] San Yamin Aung, "USDP Vows to Protect Territory, Independence in By-election Speech," *The Irrawaddy*, Sept. 10, 2018.

[3] 民盟另辟"经济助力发展路线"和"全面开放参与的和谈路线",画了一张很可口的饼,并且也促成了最广大的民族政党与民间团体的参与,利用 21 世纪彬龙大会达成了签署新《联邦协议》的 51 点"共识"。然而,最广泛的参与导致最广泛的争执,这些"共识"并不包括最核心的利益妥协,终究不能填饱利益相关方的胃口。

相应地，军方延续"以打促谈"的方案，不断压缩民地武组织生存空间，引发后者暴力反抗和冲突再起，民盟屡次发起的和平呼吁及许诺在战火声中不断被无情践踏，巩发党则将责任归咎于杜昂山素季放弃了前巩发党政府精英谈判的路线。[1]

巩发党党产殷实、社会资源丰富，其不愿在缅甸政治中被边缘化，因此自下野以来一直从法律、道义、政策、能力等各方面挑战民盟。民盟自身确实存在各类问题，但这些问题经由巩发党夸大声势的宣传和媒体的炒作就成为公共外交危机。2017年5月民盟元老温腾发表关于意图修宪的犀利言辞，责难军方和巩发党阻碍修宪，随后巩发党指责温腾蓄意诬陷、损毁该党名誉，并抛出温腾和其他民盟高层存在作风问题，此事绵延至次年1月温腾病退及疑因贪腐问题在民盟高层"出局"。曾以犀利言辞批评军方和巩发党的仰光省省长、民盟中执委委员漂敏登，也面临类似情况。这些斗争背后的导火索，无疑都存在民盟与军方围绕权力分配进行斗争的缩影下。民盟指责巩发党是"盗贼政党"（party of thieves）[2]，理由不仅包括后者"挪用前军人政权非法侵占的公共财产"，更蕴含着"盗取权力""盗取声望"之意。双方互不耻于与对方为伍，也使得军政矛盾稍有激化便容易引发斗争之火。

然而，屡次政党之争仍停留在"将乱未乱"的范畴下，这与军政博弈的"保险丝"作用也有关系。巩发党无法真正脱离军人，其在党争中能发挥的影响力受制于军政协调机制，军政关系愈稳定，政党竞争就愈能停留在一定的度内。2018年12月，军方与杜昂山素季达成妥协，同意将原内政部管辖的综合管理局（GAD）置于文官政权的联邦政府办公室（部级）下，但此事遭到巩发党强烈反对。尽管如此，巩发党并不能改变军方已经做出的决定，GAD仍然顺利过渡到民盟政权的手中。[3] 总的来说，军政虽然在修

---

[1] Aung Naing Oo, "The Speech of U Aung Naing Oo and U Aung Myint, in the Book Lauch of *Lessons from Myanmar's Peace Process*," Novotel Yangon Max, Aug. 22, 2018.

[2] Htet Naing Zaw, "USDP Hits Back at 'Party of Thieves' Accusations'," *The Irrawaddy*, Feb. 26, 2019.

[3] Htet Naing Zaw, "USDP Says Taking Key Govt Department Away from Military 'Risky'," *The Irrawaddy*, Dec. 28, 2018.

宪、民族和解和若开问题上有多重博弈，但双方在重大问题上仍然给对方留有余地，尤其是在涉及外国干涉主权的"罗兴亚人"问题上保持内部团结，针对国际社会对军方的司法控诉和道义谴责，杜昂山素季也选择保持沉默不对军方问责。随着 2020 年大选逼近，双方竞选将迎来新一轮博弈，但只要军政关系的"保险丝"不被烧断，党争仍可控制在一定范畴内。

B.3
2019年缅甸经济发展形势[*]

B.3
2019年缅甸经济发展形势[*]

邹春萌　谢木兰[**]

摘　要： 2018～2019财年，缅甸政府积极改善营商环境，推动经济各领域的良性发展。该财年，缅甸正式实行新的公司法案，推出新的减税免税措施，开放保险行业，积极引入外资，激发缅甸经济活力，缅甸农业、通信行业、制造业、旅游业发展迅速，进出口贸易保持增长，国内投资进一步增加。但是，2018～2019财年，缅甸货币贬值、通货膨胀压力增加、财政赤字扩大，经济增长速度较上年有所放缓。同时，由于全球经济增速放缓及缅甸国内局部冲突影响投资者信心，该财年缅甸外来投资进一步下滑，与计划目标存在较大差距。

关键词： 缅甸　营商环境　经济发展

一　营商环境继续改善

为进一步改善投资环境，2018年1月缅甸民盟政府成立了促进营商环境委员会，8月实施新的《公司法》，在进出口贸易、税收、保险等领域颁布新的法律法规，为缅甸营造良好的投资氛围打下基础。2019年，缅甸营

---

* 本报告是云南省哲学社会科学规划一般项目（编号：YB2019038）的阶段性成果。
** 邹春萌，博士，云南大学周边外交研究中心、国际关系研究院研究员；谢木兰，云南大学国际关系研究院2019级硕士研究生。

商环境有了明显改善，根据世界银行 2019 年 10 月 24 日发布的《2020 年营商环境报告》，在营商环境的 10 项评选指标中，缅甸有 5 项改进突出，分别是注册公司、办理施工许可、注册资产、保护投资者以及执行合同，全球营商便利指数排名为第 165 名，较去年第 171 名提升了 6 名。[①]

（一）新《公司法》正式生效，加快促进外资的流入

新《公司法》的生效在多个方面增加了对缅投资的便利性。首先，重新定义"本地企业"，实行网上注册公司，便利外资的流入。旧的《公司法》规定，本地企业即使有 1 股外资成分，也被视为外资公司，且外资公司在缅经营活动限制诸多，如不得从事零售、进出口等贸易，不得买卖不动产，不得租用不动产超过 1 年等。新《公司法》规定，外资直接或间接持股低于 35% 的公司皆为"本土企业"，可享受缅甸公司的待遇，不受上述限制，外资持股超过 35% 的公司，则适用上述限制及其例外。新法对"本土企业"的再定义，已取得部分成效，缅甸新注册公司数量有了明显增加。根据缅甸投资与公司管理局的数据，2016 年以来，缅甸平均每年注册超过 1 万家公司，平均每月约 1000 家；2019 年 9 月，缅甸新《公司法》实施的第一个月，就有 1615 家新公司注册成立，2019 年全年新注册公司超过 17000 家。[②]

其次，简化和消除外企在缅甸开展经营活动的程序和障碍。旧《公司法》规定，外企即使开展单次工程或推广业务，维持有限的运营，都需在当地设立公司或分公司，并且需要每年召开股东会议、提交审计材料与财务报表并缴纳税费，且在结束经营活动后对公司解散清算还要经过漫长的审核程序，这对外企在缅开展经营活动造成诸多障碍。新《公司法》则大幅度简化外企在缅开展经营活动的程序，允许外企注册海外公司，无须在缅另行成

---

① "Doing Business 2020," The World Bank, Mar. 25, 2020, https：//www. doingbusiness. org/en/reports/global – reports/doing – business – 2020.

② "Total Number of Companies," Directorate of Investment and Company, Feb. 23, 2020, https：//www. dica. gov. mm/en/node/281890.

立公司就可以开展经营活动。同时，为减少外企在缅营运的负担，新《公司法》规定，海外公司或其法人进行推广业务、发展订单、在境外接受该订单、通过第三方出售公司财产等日常经营活动时，不需要在缅设立公司或注册为海外公司。这些举措为外企进一步松绑，激发其在缅经营的动力与活力。

最后，允许外国人进入缅甸证券市场，为缅甸金融市场的发展提供动力。旧法规定，外国人以及外国资本不得进入缅甸证券交易市场，使缅甸证券交易市场资金来源单一，流入较少，市场规模较小。2015年，缅甸第一家证券交易所——仰光证券交易所成立，但截至2019年9月，仅有五家上市公司，分别是缅甸第一投资公司（First Myanmar Investment Public，FMI）、缅甸迪拉瓦经济特区投资控股公司（Myanmar Thilawa SEZ Holidings Public，MTSH）、缅甸国民银行（Myanmar Citizen Bank，MCB）、第一私营银行（First Private Bank，FPB）和TMH电信公司（TMH Telecom Public，TMH）。2019年全年，仰光证券交易所交易额仅为130亿缅元（折合约948万美元），较2018年110亿缅元增加20亿缅元，股票交易十分有限。[①] 除了缅甸金融市场基础设施落后以及缅甸国民投资意愿不高等原因外，对外资流入的限制也是缅甸股票市场低迷的重要因素。新《公司法》规定，无论在缅的外国人、外国公司，还是在外国的外国人、外国公司均可在股票交易中购买35%及以下的股票。这些措施进一步促进缅甸股票市场的活跃，提升股票指数，进而带动缅甸经济的增长。

（二）开放保险市场，推动缅甸保险行业的发展

缅甸保险行业起步较晚，全国5000多万人口，但仅有不到4%的人口为保险业务所覆盖，被称为"东盟地区保险行业最后的处女地"，保险市场潜力巨大。2019年1月2日，缅甸计划与财政部发布公告，允许国外保险公司进入缅甸开展保险业务。随后，美国丘博（Chubb）保险集团等多家保

---

① 《2019年仰交所交易额同比上涨》，〔缅甸〕《金凤凰报》2020年2月4日，http：//mmgpmedia. com/buz/33675 - 2019 - 8。

险公司向缅甸政府报送投资意向书，申请在缅开展保险业务。2019年，有多家外国保险公司拿到在缅经营保险业务的营业执照，如美国丘博保险集团、英国保诚保险（Prudential Plc）、日本第一生命保险公司（The Dai-ichi Life Insurance Company）、香港友邦保险和加拿大宏利保险（Manulife）。除此之外，还允许缅甸 AYA 保险（AYA Insurance）和日本财产保险（Sompo Japan Insurance）、缅甸守护者保险（Grand Guardian Insurance）和东京海上日动火灾保险（Tokio Marine & Nichido Fire Insurance）、缅甸 IKBZ 保险（IKBZ Life Insurance）和日本三井住友保险（Mitsui Sumitomo Insurance）从事非寿险业务；允许缅甸资本人寿保险（Capital Life-insurance）和日本太阳生命保险（Nippon Life Insurance Company）等合资保险公司从事人寿保险业务。外国保险公司的进入，为缅甸国内创造了大量的就业岗位并推动了缅甸保险市场的发展。[1]

（三）积极推进税收赦免法的修改与实施

缅甸税收政策目前存在较大问题，税率较高导致缅甸中小企业发展困难，整体商业环境缺乏活力。2018年8月下旬，杜昂山素季会晤缅甸商业领袖，包括缅甸联邦工商联合会主席和缅甸建筑企业家协会（Myanmar Construction Entrepreneurs Association，MCEA）主席。其间，工商联合会主席多次提议要降低缅甸目前的税率和利息水平，以吸引外资的流入。在此之前，缅甸商界曾多次出现减免税率的呼声，高税率给在缅企业的运营活动造成沉重的负担，特别是新公司。2018～2019财年，缅甸政府在《联邦税收法》的基础上进一步减免税率，制定《2019～2020年联邦税收法》草案。新的《2019～2020年联邦税收法》对个人所得税、房地产交易税、特殊商品税等税率进行了减免；对于新成立的公司，3年内如年利润在1000万缅元以下则免征收入税，以鼓励中小企业的发展。为了鼓励基础设施兴建，对购

---

[1] 《2019年影响缅甸经济的十大事件》，中华人民共和国驻缅甸联邦共和国大使馆经济商务处，2019年12月31日，http://mm.mofcom.gov.cn/article/jmxw/201912/20191202927060.shtml。

买或兴建基础设施、开展新业务或扩展业务时的不明收入来源的税率进行了调整，并按照5个档次缴纳收入税：年收入1缅元至1亿缅元，税率为3%；年收入1亿缅元至3亿缅元，税率为5%，相较于旧法15%减少了10个百分点；年收入3亿缅元至10亿缅元，税率10%，相较于旧法的20%减少了10个百分点；年收入10亿缅元至30亿缅元，税率为15%，相较于旧法的30%减少了15个百分点；而年收入30亿缅元以上税率为30%。[①] 同时，新税法还允许中规模纳税人和大规模纳税人可通过电子报税系统进行申报纳税，简化报税流程。尽管缅甸的税率在东南亚国家中仍居前列，但已大幅下降，对投资环境的改善提供了巨大的益处。

（四）降低小额贷款利率和储蓄利率，促进国内资本流动

2019年，缅甸计划与财政部计划宣布将贷款最高利率从30%降至28%，存款利率从15%降至14%，以进一步推动缅甸国内资金的流动，为各行各业的发展增添活力。缅甸现还有1200多万人仍生活在贫困中，生产资本严重缺乏。根据《金凤凰报》2019年11月14日报道，降低小额贷款利率后，能够促进小额贷款走进缅甸低收入家庭，有效改善贫困现象。目前，共有189家小额贷款机构为缅甸各个省、邦约400万户从事农业、养殖业、手工业等行业的家庭提供贷款服务，每个人可贷款至少1000万缅元（折合人民币约5万元）。[②] 这次降息将减少缅甸中小企业资金流动压力，刺激各行各业投资发展。

二 经济增长速度放缓

2018年10月，缅甸政府发布《2018～2019财年计划法》，进一步推动各个行业的发展，计划GDP增速为7.6%。但2018～2019财年实际增速为

---

① 《2019年联邦税收法颁布》，〔缅甸〕《金凤凰报》2019年12月9日，http：//www.mmgpmedia. com/law/33221－2019－2。

② 《小额贷款走入缅甸低收入家庭》，〔缅〕《金凤凰报》2019年11月14日，http：//www. mmgpmedia. com/buz/32965－2019－11－14－10－25－17。

6.5%，缅甸农业、制造业、电力行业以及通信行业均较去年有所发展，但各项经济指标表现欠佳，经济增长速度较去年有所放缓。[①]

（一）主要经济指标

2018～2019财年，缅甸国内生产总值增速为6.5%，相较于2017～2018财年的6.8%该财年经济增速有所放缓。[②] 受全球经济放缓及缅甸若开邦问题的影响，外资流入进一步减少，国内生产均有不同程度的下降。但国际货币基金组织2019年10月公布的《世界经济展望》显示，2019年全球经济增长速度约为3%，而东南亚地区增速约为4.6%，相较之下缅甸经济增长速度仍在世界前列，经济增长势头较为强劲。[③]

在通货膨胀方面，缅甸进口商品价格上涨，国内物价较高，通货膨胀率较上一财年有所上扬。据缅甸中央统计局公布的数据，2018～2019财年，缅甸平均通货膨胀率为7.5%，相较于上财年的5.2%增加了2.3个百分点，并且缅甸基本食品的价格从2018年7月以来持续上涨，通货膨胀率有持续走高的风险。[④]

在汇率方面，缅币进一步贬值。从2018年9月以来，缅币兑美元的汇率一直居高不下，2018～2019财年，缅甸外汇市场美元兑缅币的汇率基本维持在1∶1530左右。缅币持续贬值给缅甸民众的生活带来较大的压力，各个行业也因此受到一定影响，其中房地产等行业受到的冲击较为严重。

[①] "Myanmar National Planning (2018 - 2019)," Oct. 22, 2018, https：//www. burmalibrary. org/ sites/burmalibrary. org/files/obl/docs25/2018_ 09_ 19_ PH_ Act28_ bu. pdf.

[②] "Myanmar's Growth Resilient Despite Global Slowdown," Jan. 15, 2020, https：// www. worldbank. org/en/news/press - release/2020/01/15/myanmars - growth - resilient - despite - global - slowdown.

[③] "The Top-10 Events that Shaped Myanmar's Economy in 2019," *The Myanmar Times*, Dec. 31, 2019, https：//www. mmtimes. com/news/top - 10 - events - shaped - myanmars - economy - 2019. html.

[④] "Consumer Price Index," Mar. 30, 2020, https：//www. csostat. gov. mm/Content/pdf/NSDP/ CPI_ Myanmar. xlsx.

在债务方面，民盟政府压力较大。民盟政府执政以来，缅甸政府外债数额大幅度增加。根据缅甸中央统计局数据，2015～2016财年，缅甸国内债务为18020亿缅元，国外债务91.48亿美元，而截至2019年9月30日，缅甸国内债务达到25243亿缅元，国外债务达到100.03亿美元，短短几年内，国内债务增加了7223亿缅元，国外债务增加了8.55亿美元。①

在财政赤字方面，缅甸将沿用销售国库券方式弥补财政赤字。缅甸中央银行数据显示，2018～2019财年，缅甸公共总支出为24.9万亿缅元，而收入为20万亿缅元，财政赤字为4.9万亿缅元，占GDP的5%，相较于2017～2018财年4万亿缅元增加了9000亿缅元。② 缅甸国家税收收入较低是财政赤字长期存在的原因之一。该财年，缅甸税收金额为69.48亿缅元，占GDP的7.3%。历年来在缅甸GDP中，税收收入的比例均低于10%，历届政府都以发行新钞票、出售国库券等方式填补财政赤字，但都未能从根本上解决财政赤字问题。③ 2018～2019财年，缅甸中央银行将缅甸国库券分为两年期利率为8.5%、三年期利率为9%、五年期利率为9.5%三个档次，进行出售；同时规定国内银行、外资银行分行，证券公司和保险公司都可以参与购买国库券。缅甸保险业协会主席表示，保险公司用保险金购买国库券，对缅甸政府、公众以及保险公司三方均有好处，并鼓励保险公司积极参与购买。④

（二）主要行业发展

2018年8月，缅甸计划与财政部颁布《缅甸可持续发展计划（2018—

① "Central Government Gross Debt," Oct. 30, 2019, https：//www. csostat. gov. mm/Content/pdf/ NSDP/CGD_ Myanmar. xlsx.

② "Spending Plan Resulting in K4. 9 Trillion Budget Deficit Submitted," *Myanmar Times*, Mar. 23, 2020, https：//www. mmtimes. com/news/spending - plan - resulting - k49 - trillion - budget - deficit - submitted. html.

③ 《缅甸 2019 - 20 年度财年前 4 个月税收额逾 2 兆缅币》，2020 年 3 月 31 日，https：// www. roc - taiwan. org/mm/post/3912. html。

④ 《当局将继续以销售国库券方式弥补财政赤字》，〔缅甸〕《金凤凰报》2019 年 7 月 11 日， http：//www. mmgpmedia. com/buz/31536 - 2019 - 07 - 11 - 04 - 15 - 47。

2030）》，对缅甸经济持续发展做出了总体规划，改革产业结构，提振经济发展。文件指出，私营部门是缅甸经济增长的重要引擎，并对不同行业进行细分改革。其中，优先发展农业，政府提供资金与技术援助以解决农业生产效率低的问题，并进一步促进制造业与金融等服务业的发展。执政以来，民盟政府就相继出台文件以扶持这些产业的发展，如《2015年中小企业政策》（*SME Policy 2015*）、《缅甸农业发展战略2018/19—2021/22》（*Myanmar Agriculture Development Strategy 2018/19 – 2021/22*）等。[①] 但该财年受国内外因素影响，缅甸部分行业的发展较上财年略有逊色。

1. 种植业与水产养殖业

缅甸是一个农业国家，种植业与水产养殖行业占据重要地位，从事农业的劳动力约占全国人口的65%，农产品出口也是缅甸国家创汇和财政收入的主要来源。缅甸淡水资源丰富，江河水网遍布全国，水产养殖业颇具潜力。缅甸农业、畜牧和灌溉部发布了《国家水产养殖发展规划2019—2023》，为推动缅甸水产养殖业可持续发展做出总体规划并提供了政策支持。

缅甸主要种植的农产品包括水稻、各种豆类、芝麻、花生、橡胶、小麦、棉花、甘蔗、辣椒、西红柿等，其中，缅甸稻米的产量与出口量占据缅甸农产品生产与出口的主导地位，其次是大豆与橡胶。缅甸素有"稻米之国"之称，拥有丰富的耕地资源与水稻种植经验，稻米产量较高，2018～2019财年，缅甸稻米产量达2750万吨，是5年来产量最高的一年。[②] 缅甸商务部数据显示，该财年，缅甸共计出口精米、碎米229.17万吨，价值6.91亿美元，占农产品出口总额的21%。由于中缅边贸受缅甸国内冲突的影响，该财年稻米出口总量较上财年有所减少，其中，边贸出口62.85万

---

① 《缅甸可持续发展计划（2018—2030）》，缅甸计划与财政部，2018年8月，第27～31页，https：//www.mopfi.gov.mm/en/page/ministry/2175。

② 《缅甸大米产量充足 国内消费绰绰有余》，中华人民共和国驻缅甸联邦共和国大使馆经济商务处，2020年4月3日，http：//www.mofcom.gov.cn/article/i/jyjl/j/202004/20200402952027.shtml。

吨，海贸出口 166.32 万吨，分别占出口总量的 27.42% 和 72.58%。① 而豆类是缅甸第二大农作物，占全国农作物的 29%，种植的豆类包括黑麦豆、绿豆、木豆、鹰嘴豆等共 17 种。② 豆类也是缅甸出口的重要产品之一，主要出口国是印度，约占豆类出口总量的 80%。印度大豆进口政策的变动对缅甸豆类市场影响较大，如 2017 年，由于印度国内豆类产量增加，印度政府限制国外豆类进口，导致缅甸豆类出口大幅度减少，缅甸豆农损失惨重。2018～2019 财年，印度政府放宽豆类进口量，缅甸豆类出口总额有所增加，豆类出口超过 160 万吨，较上一财年增加 40 万吨，但是受豆类价格下跌的影响，收益仅为 7.13 亿美元。③ 除了稻米和大豆外，橡胶也是缅甸出口的重要产品之一，缅甸橡胶产量较为稳定，保持在 20 万吨左右，但缅甸橡胶产业技术较落后，价格也相对较低。缅甸的橡胶基本上以出口为主，2018～2019 财年，缅甸橡胶出口量约为 19 万吨，价值约 2.5 亿美元，出口量增加了 4.1 万吨，与上财年相比出口额增加 6000 万美元。④

缅甸水产养殖业拥有较好的自然资源优势，但是存在基础设施较差以及资金技术严重不足的问题，导致水产养殖行业效率较低。缅甸气候条件多样，从北到南广阔的河流系统及伊洛瓦底江三角洲巨大的河网系统，让缅甸拥有丰富的淡水和咸淡水渔业资源，鱼、虾储量达到 176 万吨。随着水产养殖业的开发，缅甸鱼、虾养殖面积逐年扩大。2018 年缅甸水产养殖面积达到 50 万英亩，但基本上仍保持着传统的稻田养鱼或是网箱养殖的方式，产

① 《本财年缅甸大米出口超 220 万吨》，中华人民共和国驻曼德勒总领事馆经贸之窗，2019 年 10 月 11 日，http：//mandalay. mofcom. gov. cn/article/jmxw/201910/20191002903446. shtml。

② 《缅甸豆类近年来出口情况》，中华人民共和国驻曼德勒总领事馆经贸之窗，2018 年 11 月 19 日，http：//mandalay. mofcom. gov. cn/article/jmxw/201811/20181102808175. shtml。

③ "1. 6 Mln Tons of Pulses Exported in Previous Fiscal," *Global New Light of Myanmar*, Oct. 15, 2019, https：//www. globalnewlightofmyanmar. com/1 – 6 – mln – tons – of – pulses – exported – in – previous – fiscal/.

④ "Rubber Export Income Drops $ 4 Mln in Oct," *Global New Light of Myanmar*, Dec. 8, 2019, https：//www. globalnewlightofmyanmar. com/rubber – export – income – drops – 4 – mln – in – oct.

量较低。[①] 2018～2019 财年，缅甸水产养殖出口额达 7.32 亿美元，较去年的 6.99 亿美元有所增加；但是相较同等环境条件下的越南（2019 财年出口额约为 88 亿美元）、泰国（2019 财年出口额约为 60 亿美元），缅甸水产养殖与出口情况较差。[②] 目前缅甸渔业联合会（Myanmar Fisheries Federation）努力提高捕捞技术和采用符合国际标准的科学养殖方法，增加人工养殖水产产量。

2. 油气行业

油气行业是缅甸出口创汇的重要产业。缅甸是东南亚第二大天然气出口国。油气行业曾经是缅甸吸引外资的主要行业之一。截至 2019 年 9 月 30 日，石油和天然气领域吸引外资 224.7 亿美元，占外资总额的 27.38%。近 10 年来缅甸油气行业吸引外资能力大幅度下降，2015～2016 财年，缅甸油气行业引入外资 48.17 亿美元，但 2016 到 2018 财年，几乎没有外资流入，而 2018～2019 财年油气行业引入外资约为 1000 万美元。这与缅甸油气领域的高税收有关，缅甸规定油气领域的特别商品税为 5%，收入税为 25%。[③] 近年来，缅甸政府为进一步推动油气行业的发展，开始针对国内外企业进行油田开发的招标。2019 年 3 月，缅甸 33 个油田向国内外企业进行开发招标，其中，近海区块 15 个，内陆区块 18 个。为跟进不断发生变化的国际油价，吸引更多的外资，缅甸重新制定符合国际标准的产品分成合同（PSC 合同）。2018 年 10 月至 2019 年 8 月的 11 个月之内，受天然气价格上涨的影响，天然气出口额达到 35 亿美元，与上一财年同期相比增加了 4.3 亿美元。[④] 目前，

---

① 《缅甸渔业数据 2018 年》，缅甸渔业局，2019 年 3 月 23 日，http：//www. dof. gov. mm/ index. php/mm/fishery – statistics？download = 12：fishery – statistics –2018。

② 《2019 财年缅甸出口情况》，缅甸商务部，2020 年 2 月 2 日，https：//www. commerce. gov. mm/en/ article/trade – situation – myanmar – 2011 – 2012 – fical – year – 2019 – 2020 – fical – year – january – monthly。

③ 《高税收致外资油气领域投资减少》，〔缅甸〕《金凤凰报》2019 年 7 月 31 日，https：// mp. weixin. qq. com/s/Q4mujDOP1YaJz3wSmjWmNw？fbclid = IwAR0tBy_sW8131pNG 6tLRpGi9ndkJGsJ_9mojp3VXDaMlyq2peioZTQMsfSk。

④ 《缅甸天然气出口量猛增》，中国能源网，2019 年 9 月 20 日，https：//www. china5e. com/ news/news – 1071018 –1. html。

缅甸油气行业的发展仍然面临基础设施不完善、产业体系不健全、社会环境不稳定等诸多挑战，这些问题将长期影响缅甸油气行业的投资。

3. 电力行业

缅甸电力普及程度较低，居民用电与工业用电供给严重不足，截至2018年底，农村通电率仅为54.8%，被缅甸学者称为"电力贫困"，对外资的流入以及经济的持续发展造成了阻碍。[①] 现今缅甸最大水力发电站是位于曼德勒省的耶瓦水电站（Yeywa Hydropower），装机容量79万千瓦，负担缅甸用电的50%左右，被称为缅甸"三峡工程"；缅甸最大的天然气电站是位于仰光的阿隆电站（Ahlone Power Plant），装机容量达27.5万千瓦。[②] 根据缅甸《国家电力发展规划》，到2030年，缅甸电力总装机需求将达2878万千瓦，因此缅甸政府大力推动电力行业的发展，以实现电力的全面覆盖。

2019年5月，由缅甸国家基础设施建设公司（National Infrastructure Holdings）与缅甸化工和机械公司（Myanmar Chemical and Machinery）联合投资，由山东电力建设第三工程有限公司总承包的曼德勒皎喜燃气电站竣工投产。该电站装机容量达145兆瓦，每年产出多达12.74亿千瓦时清洁电力，覆盖曼德勒地区约270万人。2019年7月，缅甸政府将电价由原先的家用电35~50缅元每千瓦时调整到35~125缅元每千瓦时，商业用电由75~150缅元每千瓦时上调到125~180缅元每千瓦时，以缓解缅甸电力和能源部长期以来亏本供应电力的问题，同时有助于吸引更多的投资进入缅甸电力行业。[③] 当前，缅甸电力需求以每年约16%的速度增长，2019年底，缅甸又通过了5个紧急电力项目建设计划以满足2020年用电需求。

① "Access to Electricityrural," The World Bank, Sep. 25, 2019, https：//data. worldbank. org. cn/indicator/EG. ELC. ACCS. RU. ZS? end = 2018&locations = MM&name _ desc = false&start = 1960&view = chart.

② 《东亚峰会新能源论坛 2018年缅甸电力能源展览会》，搜狐网，2018年9月4日，https：//www. sohu. com/a/251881165_ 100104392。

③ "Myanmar Electricity Rates to Soar Next Month," *Myanmar Times*, Jun. 25, 2019, https：//www. mmtimes. com/news/myanmar – electricity – rates – soar – next – month. html.

4. 电信行业

缅甸的通信基础设施相对落后，缅甸政府将电信行业视为促进国家发展的重要行业，积极推动缅甸通信行业的发展，但受自身资金不足、技术匮乏的限制，其发展主要依靠外国投资和市场的动力，政府的力量较为薄弱。2013 年缅甸政府通过新的《电信法》，获得缅甸通信与信息技术部（MCIT）、邮政电信部门（Postand Telecommunications Department，PTD）许可的本国或外国的集体或个人，可以为缅甸提供电信服务，此后缅甸电信行业迅速发展。现缅甸有四家电信运营商，其中三家是外资或合资企业，分别是卡塔尔电信公司（Ooredoo）、挪威电信公司（Telenor）以及越南和缅甸合资的缅甸电信国际有限公司（MyTel）；国有运营商仅有一家，即缅甸邮电公司（Myanmar Posts and Telecommunications，MPT）。此外，缅甸政府还授权超过 140 家公司提供互联网服务，如阿玛拉通信公司（Amara Communications）、缅甸信息高速公路公司（Myanmar Information Highway Corporation，MIH）、日本电信电话公司（Nippon Telegraph and Telephone Corporation，NTT）等。[1] 缅甸现已铺设的光纤为 43000 千米，通信基站为 23000 个，通信基础设施有所改善。[2]

在电信行业中，缅甸移动通信发展最为迅猛。2018 年，缅甸总人口约 5410 万人，但移动用户达到了 5657 万人，是总人口的 105%，访问互联网人数达 2100 万人，占总人口的 39%，与去年相比，移动用户数量增长 7.2%，互联网用户增长 17%，活跃社交媒体用户增长 17%，移动社交媒体用户增长 31%。[3] 相比之下，缅甸固定电话业务发展缓慢。世界银行公布的数据显示，2017 年缅甸固话线路数为 55.61 万条，2018 年固话线路约 52.08

---

[1] 《电信业是缅甸 2018 - 2019 年经济的一个亮点》，中国国际贸易促进会，2018 年 9 月 27 日，http：//www. ccpit. org/Contents/Channel_ 4114/2018/0927/1066843/content_ 1066843. htm。

[2] "Third HyalRoute Fiber Optic Cable Network," Multilateral Investment Guarantee Agency, Feb. 2, 2020, https：//www. miga. org/project/third - hyalroute - fiber - optic - cable - network.

[3] 《2019 年数字东南亚之缅甸》，搜狐网，2019 年 2 月 19 日，https：//www. sohu. com/a/295582104_ 634586。

万条，呈现下降的趋势。① 此外，缅甸也积极发展"5G"通信。2019 年 5
月 17 日，《日本经济新闻》报道，中兴通讯与缅甸移动通信业务四大巨头
之一的卡塔尔电信公司签署合作备忘录，计划在缅甸建设新一代通信标准
"5G"基础设施，并在缅甸部署可体验 5G 的测试环境，面向普通用户进行
演示。②

5. 旅游业

为刺激旅游业的发展，缅甸政府推出了相应的政策支持。2018 年 10 月
1 日，缅甸酒店与旅游部宣布，对日本、韩国游客实行免签政策，对中国游
客实行落地签政策。缅甸主要有仰光、曼德勒、内比都三个国际机场，仰光
机场同北京、昆明、广州、成都、南宁、海口、上海、深圳、杭州、西安、
重庆、香港、台北等中国城市（特别行政区）以及曼谷、新加坡、吉隆坡、
河内、东京、首尔、迪拜、新德里等城市已开通定期国际航线。曼德勒机场
同昆明、上海、广州、深圳、西安、芒市、香港、曼谷、清迈、新加坡有直
飞航班。内比都机场与昆明、曼谷等城市有直飞航班。

2019 年 7 月，蒲甘申遗成功，进一步提振缅甸旅游业的发展。蒲甘在
1995 年就被联合国教科文组织提名为世界遗产，2019 年 7 月被正式列入该
名单，成为缅甸继 2014 年骠国古城之后第二个列入世界遗产名录的旅游景
区。此外，缅甸还有十多个景点在申遗名单中，如若开邦的妙乌古城等。
2017 年若开邦危机爆发，缅甸国内局势动荡不安，国际形象严重受损，缅
甸旅游业受到较大影响。近两年来，缅甸政府努力维护社会环境稳定，改善
旅游基础设施，缅甸旅游业也在平稳发展。2018~2019 财年，缅甸游客量
进一步增长。酒店与旅游部的数据显示，2019 年 1 月至 10 月，缅甸外国游
客已达 352 万人次，与 2018 年同期的 284 万人次相比，增长 24%。其中，
从边境口岸入境的游客增长 200%，乘游轮游客减少 12%。入境缅甸的外国

① "Fixed telephone subscriptions - Myanmar," https：//data. worldbank. org. cn/indicator/
IT. MLT. MAIN? locations = MM&view = chart.

② 《领跑全球的中国 5G 技术如何服务东盟国家?》，网易订阅，2019 年 6 月 6 日，http：//
dy. 163. com/v2/article/detail/EH0OVLK70512DAHC. html。

游客中，中国游客数量最多，其次分别为泰国、韩国和日本。2019 年 1 ~ 9
月，入境缅甸的中国游客达 59.3 万人次，与 2018 年同期的 22.7 万人次相
比，增加了 36.6 万人次；泰国游客共 21.8 万人次，与去年同期相比减少了
1.8 万人次；韩国游客与 2018 年同期相比，增长 71%，共 9.1 万人次；日
本游客与 2018 年同期相比，增长 24%，共 10.1 万人次。[1]

6. 制造业

缅甸工业基础薄弱，制造业以小型机械加工为主，包括服装制造、制
鞋、木材加工、制糖等。缅甸具有丰富的劳动力资源，且劳动力成本低，人
力成本的优势让缅甸成衣行业成为外国投资的重点行业。缅甸成衣制造业以
来料加工为主，缺乏一套完整的产业链，为此缅甸成衣制造业的利润相对较
低。缅甸的成衣企业多属于外资企业，据中华人民共和国驻缅甸联邦共和国
大使馆经济商务处统计，60% 的缅甸服装企业属于外资，中资企业又占到其
中的 60%。目前，缅甸有 600 多家服装厂，为其创造了 30 万个工作岗位。[2]
缅甸成衣出口每年以 30% 的速度递增，缅甸成衣协会表示，根据《缅甸
2014 年到 2024 年成衣策略计划》，预估缅甸成衣业出口额将达 100 亿美
元。[3] 据统计，2018 ~ 2019 财年的前 11 个月内，缅甸向国外出口成衣创汇
已达 45 亿美元。虽然缅甸制造业发展迅速，但水、电、通信、交通运输等
基础设施建设不足在一定程度上阻碍了缅甸制造行业的发展。

三 对外贸易持续增长

2018 年 1 月，缅甸政府调整国家财政年度起止时间，并敦促政府出台
能覆盖各个贸易领域的《贸易法》，出台保护进口贸易的法律，进一步推动

---

① "Tourist Arrivals in Myanmar," Ministry of Hotels & Tourism Myanmar, Oct. 22, 2019,
https: //tourism. gov. mm/statistics/arrivals - 2019 - october/.

② 《缅甸投资新热点：现有 600 多家服装厂，中资企业占大半》，《纺织快报》2019 年 8 月 28
日，http: //www. 168tex. com/2019 - 08 - 28/1026739. html。

③ 《缅甸成衣业出口预期将持续增长》，锦桥纺织网，2019 年 10 月 1 日，https: //
www. sinotex. cn/News/View. asp？id = 155212。

缅甸对外贸易的发展，过渡财年以及 2018～2019 财年缅甸对外贸易均取得了较好的成果。

（一）正常贸易与边境贸易

2018～2019 过渡财年（2018 年 4 月 1 日至 9 月 30 日），缅甸贸易总额 187.2 亿美元，其中进口 98.6 亿美元，出口 88.6 亿美元。2018～2019 财年，缅甸进出口贸易总额为 351.5 亿美元，较上财年增加约 14 亿美元，其中出口 170.6 亿美元，较上财年的 148.8 增加 21.8 亿美元，增长 14.7%，进口 180.9 亿美元，较上财年的 186.9 亿美元减少 6 亿美元。在出口产品中，仍以农产品、海产品、林产品以及服装制成品等利润稀薄的低端产品为主。

2018～2019 财年缅甸贸易逆差有了明显改善，但与该财年原定计划相差较远。近年来，缅甸政府一直致力于扩大出口，以减少贸易逆差，缅甸贸易逆差逐年缩小。2015～2016 财年，缅甸出口总额 111.36 亿美元，逆差 54.41 亿美元；2016～2017 财年，出口总额 119.98 亿美元，逆差 52.12 亿美元；2017～2018 财年，出口总额 148.50 亿美元，逆差 38.36 亿美元。2018 年，缅甸政府颁布《2018～2019 年国家计划》，提出进一步缩小贸易逆差，将贸易逆差缩小至 5 亿美元。2018～2019 财年，缅甸出口额完成年度计划的 111.5%，其中，边境出口量较去年有了较大增长，增长额约 17 亿美元，对减少贸易逆差做出了巨大贡献；但进口额也相应完成了 114.5%，贸易逆差达到 10.3 亿美元，与年度计划相差较远（详见表 1）。

表 1　2018～2019 财年缅甸进出口贸易

单位：亿美元

	2018～2019 财年计划			2018～2019 财年实际完成情况			完成百分比（%）	
	出口	进口	合计	出口	进口	合计	出口	进口
正常贸易	81.5	134.3	215.8	98.4	150.2	248.6	120.7	111.8
边境贸易	71.5	23.7	95.2	72.2	30.7	102.9	101.0	129.5
合计	153	158	311	170.6	180.9	351.5	111.5	114.5

资料来源：缅甸商务部，https：//www. commerce. gov. mm/en/article/trade – situation – myanmar – 2012 – 2013 – fical – year – 2019 – 2020 – fical – year – january – monthly。

缅甸对外贸易主要分为边境贸易与以海运为主的正常贸易，2018～2019财年，缅甸的边境贸易取得一定的增长，正常贸易有所减少。在正常贸易上，2018～2019过渡财政年，正常贸易总额达142.7亿美元，占整个过渡财年的76.2%；2018～2019财年，正常贸易总额达248.6亿美元，相较上一财年的250.6亿美元减少了约2亿美元。

在边境贸易上，缅甸与中泰印孟的16个边贸口岸贸易额总体上涨，但中缅的木姐（Muse）口岸、雷杰（Lwejel）口岸的贸易额大幅度减少。2018～2019财年，缅甸边境贸易总额达102.9亿美元，较上一财年增长21%。其中缅甸最大的通商口岸，木姐口岸贸易总额达到49.17亿美元，占边境贸易额的48%，但较上一财年下降了17%。此外，中缅边境的雷杰、清水河（Chinshwehaw）口岸贸易额分别为1.44亿美元和5.44亿美元，分别下降39%和5%。而泰缅之间的提基（Hteekhee）口岸贸易总额为24.89亿美元，较去年（1.22亿美元）翻了数十倍，一举成为缅甸第二大口岸，其中缅甸出口达24.67亿美元。而印缅之间的德穆（Tamu）口岸和里（Rhi）口岸贸易额也实现翻倍增长，分别从4629万美元和4436万美元增长到9966万美元和1.04亿美元。

（二）主要贸易伙伴

缅甸目前有184个贸易伙伴，其中，缅甸与中国的贸易量最大，其次是泰国、新加坡、日本、印度、马来西亚、印度尼西亚、美国等国家。2011～2012财年中国取代泰国成为缅甸第一大贸易伙伴，直到2016～2017财年中缅贸易总额占缅甸贸易总额的比重不断攀升（见表2）。2018～2019过渡财年的6个月内，中缅贸易总额就达到了60.19亿美元；2018～2019财年中缅双边贸易为113.94亿美元，占缅甸贸易总额的32.42%，但较上一财年的117.86亿美元减少了约4亿美元，其中正常贸易有所增加，边境贸易减少约9.6亿美元。

泰国是缅甸第二大贸易伙伴，2018～2019过渡财年缅泰贸易额为29.5亿美元，2018～2019财年贸易总额达54亿美元，较上财年50.7亿美元有所增加；其中，缅甸对泰国出口额为32亿美元，进口额为22亿美元。该财

年缅泰双方的边贸额大幅度增加，达到 25.25 亿美元，较上财年的 16.28 亿美元增长 55%，对缅泰贸易的发展做出了较大的贡献。该财年缅甸与新加坡贸易额约为 35 亿美元，居第三位，较上财年的 38.38 亿美元有所减少。其中，缅甸向新加坡出口商品约 3.4 亿美元，较上财年 7.53 亿美元减少一半有余；进口约 31.6 亿美元，较上财年 30.85 亿美元也有所增加。缅甸与日本贸易额约为 19 亿美元，缅甸出口约 14.2 亿美元，进口约 4.8 亿美元。

表 2　2011～2012 财年至 2018～2019 财年缅甸与中国双边贸易

单位：亿美元

财年	缅甸出口	缅甸进口	逆差	总量	增长率（%）	占缅甸贸易总额的比重（%）
2011～2012	22.14	27.87	5.73	50.01	48.31	27.52
2012～2013	22.38	27.19	4.81	49.57	-0.88	27.47
2013～2014	29.14	41.19	12.05	70.33	41.88	28.17
2014～2015	46.92	50.20	3.28	97.12	38.09	33.31
2015～2016	45.97	63.95	17.98	109.92	13.18	39.66
2016～2017	50.55	57.49	6.94	108.05	-1.71	36.99
2017～2018	56.99	60.87	3.88	117.86	9.09	35.14
过渡财年	29.04	31.15	2.11	60.19	—	32.21
2018～2019	50.64	63.30	12.66	113.94	-3.34	32.42

资料来源：缅甸商务部，https：//www.commerce.gov.mm/en/article/national - trade - situation - myanmar - 2011 - 2012 - fical - year - 2019 - 2020 - fical - year - december - monthly。

（三）主要进出口产品

缅甸出口产品大致分为七类，农产品、畜牧产品、水产品、矿产品、林产品、工业成品和其他产品（见表 3）。其中，农产品出口在缅甸出口总额中所占比重较大，是缅甸主要的出口产品，2018～2019 财年农产品出口总值达 32.62 亿美元，较上财年的 30.87 亿美元，增长约 6%。此外，畜牧产品以及工业成品出口也有较大的增长，畜牧产品 2018～2019 财年出口总值达 3.66 亿美元，出口额约是上财年的 6000 万美元的 6 倍。而工业成品也从 2017～2018 财年的 69.80 亿美元增长到 2018～2019 财年的 102.90 亿美元，增幅达到48%。该财年水产品出口总值与2017～2018财年相比增长幅度不大，2017～2018财年水产品出口总值为6.99亿美元，2018～2019财年出口总值为7.32亿美元，增幅约5%。而矿产品和林产品出口额都相对减少。矿产品曾是缅甸创收的主要产品之一。近年来，缅甸主要的矿产品如玉石、锡精矿产量减少，且缅甸政府进一步严格矿产品的出口，矿产品出口额不断减少。2018～2019财年，矿产品出口额为14.65亿美元，较上财年的17.84亿美元减少约18%。2018～2019财年，林产品的出口额约为1.75亿美元，较上财年的2.12亿美元减少约18%。

缅甸进口产品以投资产品、原材料以及日用品为主（见表3）。2018～2019财年，缅甸属投资性质的物资进口约58.61亿美元，较上财年65.90亿美元减少约11%。2018～2019年，原材料进口约73.80亿美元，较上财年76.85亿美元减少约4%；2018～2019年，日用品进口约48.45亿美元，较上财年的44.19亿美元增加近10%。

表3　2017～2018财年与2018～2019财年缅甸进出口商品的行业分布及增长情况

单位：百万美元

名称	2017～2018财年	过渡财年	2018～2019财年	增幅(%)
出口总值	14883.16	8861.03	17060.42	15
农产品	3087.12	1278.76	3261.59	6
畜牧产品	61.00	178.32	366.36	501
水产品	699.04	298.15	732.16	5
矿产品	1784.02	1049.18	1465.46	−18
林产品	212.12	95.21	174.78	−18
工业成品	6979.81	4672.58	10290.96	47
其他产品	2060.05	1288.83	769.10	−63
进口总值	18694.89	9867.78	18086.60	−3
投资产品	6590.41	3455.34	5861.45	−11
原材料	7685.06	3765.85	7379.69	−4
日用品	4419.43	2646.59	4845.47	10
总值	33528.05	18728.81	35147.02	5

资料来源：缅甸商务部，https：//www.commerce.gov.mm/en/article/trade‐situation‐myanmar‐2011‐2012‐fical‐year‐2019‐2020‐fical‐year‐january‐monthly。

四 外来投资进一步下滑

自 2017 年若开邦局势动荡以来，缅甸投资环境及国际形象受到负面冲击，打击了国内外投资者信心。2018～2019 财年缅甸国内投资规模有一定的扩大，但国外投资仍然呈下滑之势。在《2018～2019 财年计划法》中，缅甸政府预计 2018～2019 财年吸引外资 57 亿美元，但实际吸引外资 41.5 亿美元，仅完成财年计划的 73%（见表 4）。

表 4　2014～2015 财年至 2018～2019 财年缅甸国外投资完成情况

财年	国外投资(亿美元)	财年	国外投资(亿美元)
2014～2015	80.1	2017～2018	57.1
2015～2016	94.8	过渡财年	17.6
2016～2017	66.4	2018～2019	41.5

资料来源：缅甸投资与公司管理局，https：//www.dica.gov.mm/sites/dica.gov.mm/files/document‐files/myanmar_ 13.pdf。

（一）国内投资

截至 2019 年 10 月 31 日，缅甸政府共批准 11 个领域共 1637 个投资项目。其中缅甸公民投资的领域以制造业投资为首，其次是交通运输与通信行业、房地产行业等（详见表 5）。缅甸投资委员会统计数据显示，截至 2019 年 10 月 31 日，缅甸公民在制造业投资了 27.91 亿美元共 889 个项目，占缅甸国内投资总额的 26.76%，在交通运输与通信行业投资了 23.06 亿美元 52 个项目，占国内投资总额的 22.10%，在房地产行业投资了 12.54 亿美元 86 个项目，占国内投资总额的 12.03%，在酒店与旅游业投资了 7.90 亿美元 178 个项目，在建筑业中投资了 5.07 亿美元 68 个项目。这五大领域占据了国内投资额的 73.3%，在工业园区、电力行业、畜牧业和渔业、采矿业、农业等领域的投资相对较少。

表5 截至2019年10月31日缅甸公民对各行各业的投资

投资领域	投资项目数(个)	金额(亿美元)	占比(%)
房地产行业	86	12.54	12.03
制造业	889	27.91	26.76
交通运输与通信	52	23.06	22.10
酒店与旅游业	178	7.90	7.58
建筑业	68	5.07	4.86
工业园区	12	0.98	0.94
电力行业	20	4.79	4.59
畜牧业和渔业	91	2.35	2.25
采矿业	71	1.21	1.16
农业	16	0.52	0.50
其他	154	17.96	17.22
共计	1637	104.29	100

资料来源：缅甸投资与公司管理局，https：//www.dica.gov.mm/sites/dica.gov.mm/files/document - files/myanmar_ 14. pdf。

（二）国外投资

近年来，缅甸外来投资不断减少，已经连续4年降幅达14%以上。2018～2019财年，缅甸共吸引外资41.50亿美元，较上财年的57.18亿美元减少约15.68亿美元，降幅达到27.42%。缅甸外来投资来源较为稳定，资金一般流向通信行业、制造业，农业、畜牧业和渔业、水产业、电力行业、石油、天然气、酒店与旅游业、房地产行业等领域也有外资流入。

1. 外资主要来源地

缅甸主要的外资来源地是新加坡、中国、泰国、中国香港。截至2019年9月30日，缅甸共吸引外资投资项目1837个，共计818.74亿美元，其中，绝大部分外资都来源于这四个国家与地区，占缅甸外资总额的76.52%（见表6）。2018～2019财年，新加坡以24.09亿美元占据缅甸外资来源地的首位，较2017～2018财年的21.63亿美元增加了2.46亿美元。

表6　截至 2019 年 9 月 30 日缅甸四大外资来源国家与地区

单位：亿美元

排名	国家/地区	投资项目数(个)	投资金额	占比(%)
1	新加坡	314	221.4	27.04
2	中国	402	208.7	25.49
3	泰国	131	113.2	13.84
4	中国香港	220	83.2	10.18

资料来源：缅甸投资与公司管理局，https：//www.dica.gov.mm/sites/dica.gov.mm/files/document - files/bycountry_ 3.pdf。

2. 主要投资领域

据缅甸投资与公司管理局公布的数据，自 1988～1989 财年到 2019 年 9 月 30 日，经缅甸政府批准的外资项目共计 1837 个，外资金额累计达 818.74 亿美元，共涉及 12 个领域。其中，石油和天然气领域吸引外资 224.2 亿美元，占外资总额的 27.38%，居首位；电力领域吸引外资 221.8 亿美元，占比 25.87%，居第二位；第三位是制造业，共吸引外资 115.3 亿美元，占14.08%，其他领域外资流入较少。[①]

自 2015～2016 财年以来，缅甸油气行业外资投入比重不断下降，2018～2019 财年，缅甸油气行业吸引外资 1020 万美元，与 2015～2016 财年的 48.17 亿美元相比，呈现断崖式减少。同时，缅甸的电力行业、房地产行业也面临外来投资不断减少的局面，2018～2019 财年，缅甸电力行业吸引外资 9328 百万美元（见表7），与 2017～2018 财年的 4.05 亿美元相比大幅度下降。2018～2019 财年，缅甸房地产行业吸引外资 2.1 亿美元，相较于 2017～2018 财年的 12.61 亿美元下降幅度在 70% 以上。

但制造业、交通运输业吸引外资的比重不断增长，特别是制造业，1989～2011 财年，缅甸制造业外资总额仅为 17.38 亿美元，在 2011～2019 财年，缅甸制造业吸引外资将近 100 亿美元。2018～2019 财年，缅甸制造业

---

① 《截至 2019 年 9 月 30 日外资流入情况》，缅甸投资与公司管理局，2019 年 12 月 30 日，https：//www.dica.gov.mm/sites/dica.gov.mm/files/document - files/bysector_ 4.pdf。

吸引外资 13.47 亿美元,占缅甸外资总额的 32.4%,但相较 2017～2018 财年的 17.69 亿美元有所减少。此外,缅甸的交通运输业近十年来外资增长幅度较大,截至 2019 年 9 月 30 日,缅甸交通运输行业吸引外资 109.8 亿美元,其中逾百亿美元是在 2012 年后投入的。2018～2019 财年,缅甸交通运输业共吸引外资 15.38 亿美元(见表7),较上财年的 9.01 亿美元大幅增加,这将为缅甸基础设施的改善增添新动力。但缅甸交通运输行业仍需要大量的外资注入,据缅甸政府估计,2016～2030 年,缅甸运输和通信领域的国内外投资需求将超过 480 亿美元。①

表7　2018～2019 财年缅甸外资主要投资领域

单位:亿美元

投资领域	过渡财年	2018～2019 财年	占比(%)
交通运输业	3.14	15.38	36.99
制造业	7.06	13.47	32.40
房地产行业	2.80	2.10	5.05
畜牧业和渔业	0.32	1.56	3.75
电力行业	0.92	0.93	2.24
酒店与旅游业	0.09	0.82	1.97
工业园区	0.34	0.48	1.15
农业	0.1	0.19	0.46
石油和天然气	—	0.1	0.24

资料来源:缅甸投资与公司管理局,https://www.dica.gov.mm/sites/dica.gov.mm/files/document - files/yearly_ sector_ 4.pdf。

(三)对缅援助

缅甸长期以来被世界银行列为中低等收入国家,直到 2017 年,缅甸贫苦人口仍占全国总人口的 24.8%。长期以来,缅甸国内政治冲突频发,民

---

① 《缅甸运输和通讯领域投资需求将超 480 亿美元》,中华人民共和国驻曼德勒总领事馆经贸之窗,2018 年 2 月 22 日,http://mandalay.mofcom.gov.cn/article/jmxw/201802/2018020 2713393.shtml。

主化进程曲折，受此影响，国际上对缅甸的援助不断变化，援助也主要集中于社会经济发展与人道主义援助两方面。

1. 以美国为首的西方的援助

西方国家针对缅甸的援助大致可以分为三个阶段。第一，缅甸独立之初。1948年1月4日，缅甸脱离英国的殖民统治取得独立，独立后的缅甸获得西方国家的大量援助。第二，新军人政府掌权阶段。1988年，缅甸新军人政府独掌政权，解散人民议会，为此，以美国为首的西方民主国家停止对缅甸的援助并实行制裁。第三，民盟政府上台后。2016年由杜昂山素季领导的民盟上台执政，得到西方民主国家的认可与称赞，恢复并增加对缅甸的援助。2017年后，受若开邦事件的影响，西方国家以缅甸政府侵犯人权为借口对其进行指责与制裁，但对缅援助并未因此而终止。

2008年缅甸制定新《宪法》，推进民主化进程。与此同时，美国调整全球战略重返亚太，开始恢复对缅甸的援助。2009～2015年，美国逐步增加对缅甸的援助，援助金额从2008年的6200万美元增加到2015年的1.02亿美元，其中，绝大部分用于推动缅甸民主化进程。这些援助改善了缅甸与美国的关系，并进一步提升了美国在缅甸的影响力。2015年以后，美国对缅甸的援助一度因为若开问题有所减少，但总体上保持增长（见表8）。2018年8月31日，美国国际开发署（USAID）发表《缅甸综合发展战略（2018～2022）》，指出缅甸民主化进程进展缓慢，民族武装冲突问题、人权问题、健康医疗问题形势严峻，美国将在以上问题上对缅甸进行援助。[1] 2018年，美国共为缅甸提供1.48亿美元的资金援助，其中国家治理（governance）援助5200万美元、人道主义（humanitarian）援助3600万美元、医疗健康（health andpopulation）援助2600万美元、农业援助1400万美元，这四项占援助总额的86%。2019年，美国对缅援助金额达到1.75亿美元，相较去年增长了18%；其中，国家治理援助6200万美

---

[1] "Integrated Country Strategy, United States Agency for International Development," Aug. 31, 2018, https：//www.usaid.gov/sites/default/files/documents/1861/MyanmarIntegratedCountryStrategy2018 – 2022.pdf.

元，人道主义援助 4200 万美元，健康医疗援助 2700 万美元，农业 1700 万美元。①

表8　2016 年以来美国对缅援助情况

单位：亿美元

年份	援助金额	年份	援助金额
2016	1.54	2018	1.48
2017	1.1	2019	1.75

资料来源：美国国际开发署，https：//explorer. usaid. gov/cd/MMR? fiscal_ year = 2019&implementing _ agency_ id = 1&measure = Obligations。

欧盟主要是针对缅甸社会发展问题以及难民问题提供援助。在社会发展方面，2013 年欧盟发布《缅甸发展合作指导方案（2014—2020）》，对缅甸民主化进程以及可持续发展提供帮助，计划每年保持高达 1 亿欧元的发展援助。其中，农村发展、农业、粮食安全和营养问题，占援助金额的 35%，教育领域占 35%，国家能力建设占 14%，和平问题占 15%。同时，欧盟积极与环保、卫生等国际组织合作，对缅甸展开援助。2018 年，欧盟在关于改善湄公河地区森林治理问题上为亚太地区林业培训中心（RECOFTC）提供 500 万欧元的援助，以改善缅甸森林治理问题。② 在改善湄公河货运问题上，欧盟还提供了 240 万欧元的援助，帮助近 400 家微型和中小型企业提高了燃油效率，使二氧化碳排放量减少了 10% ~ 15%，并提升 80 家中小型企业危险货物运输的能力等。③

---

① "U. S. Foreign Aid by Country," United States Agency for International Development, Mar. 2, 2019, https：//explorer. usaid. gov/cd/MMR? fiscal_ year = 2019&implementing_ agency_ id = 1&measure = Obligations.

② "Strengthening NSAs' Voices for Improved Forest Governance in the Mekong Region," European External Action Service, Mar. 14, 2018, https：//eeas. europa. eu/delegations/myanmar – burma/41297/strengthening – nsas – voices – improved – forest – governance – mekong – region_ en.

③ "Sustainable Freight and Logistics in the Mekong Region," European External Action Service, Mar. 14, 2018, https：//eeas. europa. eu/headquarters/headquarters – homepage/41298/sustainable – freight – and – logistics – mekong – region_ en.

在难民问题上，欧盟在缅甸设立人道主义援助与公民保护组织（ECHO），为缅甸难民问题提供了大量的资金援助。2017 年 8 月，缅甸若开邦发生暴力事件后，超过 74 万名罗兴亚人被迫从缅甸驱逐到孟加拉国，此时欧盟在食品、医疗和卫生等方面增加了对缅甸的人道主义援助。2019 年，欧盟对缅甸受武装冲突影响的民众提供了 900 万欧元的人道主义援助。2019 年 12 月，欧盟还援助 1000 万欧元以促进缅甸罗兴亚难民问题的解决及孟加拉国的收容设施建设问题的解决。此外，欧盟还向克钦邦和掸邦难民提供人道主义援助，除了向难民提供食物、医疗、卫生等援助外，欧盟还在提高缅甸难民认识和应对地雷问题上做出了贡献，并对受冲突影响的儿童提供教育帮助。在其他领域，如气象灾害方面，欧盟也积极为缅甸提供援助。在 2018 年 8 月季风大雨引发洪水泛滥之后，欧盟通过缅甸红十字会提供了 13 万欧元的人道主义援助资金，并通过现金赠款等方式为受灾人群提供卫生用品。2017 年 5 月下旬，莫拉飓风对缅甸西海岸的多个地区造成了严重破坏，欧盟立即拨款 50 万欧元，向受灾地区提供紧急救济资金。

日本是西方国家中与缅甸联系最多的国家，即使是在军政府时期西方国家普遍制裁的情况下，日本对缅甸仍保持最低限度的政治经济援助。日本针对缅甸的援助主要用于推动经济发展，援助方式主要是提供贷款、赠予以及技术合作三种。仅在 2012 年至 2016 年的 5 年，日本向缅甸提供了 10127 亿日元的贷款援助，其中绝大部分用于交通运输与通信、农业灌溉、经济走廊建设等推动经济发展项目。此外，日本还提供了 2903 亿日元的赠款与价值 788 亿日元的技术援助，用于推动医疗、教育、金融等问题的解决。[1]

日本对缅甸的经济援助表现突出，在许多重大项目开发上，都有日本的影子。例如，2013 年，缅甸首个经济特区——位于仰光的迪洛瓦经济特区，是由缅甸政府与日本政府合作建立的，该项目日方占股达到了 49%。2015

---

① "Japan's ODA to Myanmar by Fiscal Year," Ministry of Foreign Affairs of Japan, Mar. 2, 2020, https：//www. mofa. go. jp/files/000142547. pdf.

年缅甸首个证券交易所——仰光证券交易所成立，也是日缅成立的合资公司，日本拥有该交易所49%的股份。近年来，日本仍不断增加对缅甸的援助。2016年11月杜昂山素季访日期间，日本首相安倍提出，日本未来5年内会向缅甸急需的农业基础设施建设和农村开发等领域提供8000亿日元的援助，这些援助包括低息贷款、无偿援助以及民间机构的贷款等。同时，日本也积极深化日本与包括缅甸在内的湄公河流域国家合作。日本设立了"大湄公河开发委员会"并主持召开日本与湄公河流域国家首脑会议，为合作开发湄公河流域提供了大量的资金援助。日本对缅甸经济发展的援助，掺杂了对缅甸资源与市场的需要、配合美国的亚太政策以及彰显区域的存在感等多重目的。①

除了在社会经济发展方面，在改善民生和解决难民问题方面，日本政府也做了积极的努力。例如，日本针对缅甸多发的麻风病提供了医疗与药物援助，为缅甸提供垃圾处理技术等。2019年6月27日，日本政府还为建设日缅昂山职业培训学校提供了27.26亿日元援助资金；2018年，日本向缅甸提供49.6亿缅元帮助解决若开邦的问题。相较于经济发展方面的援助，这些方面的援助显得微不足道，但有助于增加缅甸民众对日本的好感。

2. 以联合国为代表的国际组织援助

长期以来，以联合国为代表的国际组织与众多NGO，对缅甸提供了大量的援助，这些援助包括教育、减贫、禁毒、医疗健康、难民问题等领域，对促进缅甸经济发展，改善缅甸社会环境做出了巨大的贡献。联合国是对缅援助最大的国际组织，其援助可以追溯到缅甸独立之初。2000年，联合国召开千年首脑会议，提出包括消除贫困、普及教育、促进性别平等、维护母亲健康、降低儿童死亡率、抗击艾滋病和疟疾等疾病、维持环境可持续发展以及建立全球合作发展伙伴关系八大目标的"千年宣言"，并将缅甸纳入其中，积极展开行动。目前，已有19个联合国援助组织在缅甸设立办事处并

---

① 白如纯：《日本对缅甸经济援助：历史、现状与启示》，《现代日本经济》2017年第5期，第9～17页。

展开活动，包括世界卫生组织（WHO）、联合国粮农组织（FAO）、国际劳工组织（ILO）、人道协调厅（OCHA）等。这些组织在缅甸实施了大量的援助项目，覆盖自然、社会经济、民生等各个领域。截至 2020 年 2 月 28 日，联合国在缅甸实施了 12995 个项目，包括教育（共 6534 个）、公民保护（共 1765 个）、卫生（共 1583 个）、粮食（共 647 个）、生计（共 566 个）、健康医疗、难民营管理、难民安置等多个领域（见表 9）。

表 9　联合国在缅甸开展援助项目情况（截至 2020 年 2 月 28 日）

单位：个

项目领域	已完成	活动中	计划展开	已停止	共计
教育	304	4272	1796	162	6534
公民保护（protection）	1134	591	31	9	1765
卫生	108	1472	—	3	1583
粮食	40	564	—	43	647
生计（liveli hoods）	179	341	46	—	566
健康医疗	—	475	—	—	475
难民营管理	21	368	—	—	389
难民安置	56	285	—	—	341
营养	26	189	—	—	215
农业	52	104	—	5	161
其他	83	236	—	—	319
合计	2003	8897	1873	222	12995

数据来源：联合国，https：//myanmar. un. org/en/about/un - entities - in - country；http：//themimu. info/3w - un - dashboard。

2017 年罗兴亚人危机爆发后，联合国人权理事会立即建立缅甸独立国际事实调查团（Independent International Fact-finding Mission on Myanmar），对缅甸人权问题展开调查，积极号召世界对缅甸难民进行援助。联合国难民署针对缅甸罗兴亚人制订"罗兴亚难民危机联合应对计划"。该计划目的在于募捐资金，为罗兴亚难民提供食物、水、卫生设施和避难所，并在健康服务、避难所管理与保护、儿童保护、解决性暴力和基于性别的暴力、教育和营养等方面进行援助。2018 年该计划向全球募捐 9.5 亿美元，获得 6.55 亿美元，完成69%；2019年该计划向全球募捐9.21亿美元，获得约6.5亿美元，完成71%。①

2019年12月，世界粮食计划署与缅甸政府签署备忘录，继续执行对缅援助的《五年国家战略计划》，每年为缅甸克钦邦、若开邦和掸邦等地的100万受冲突影响的人民提供食物和营养援助。据世界粮食计划署公布，自2019年11月以来，该援助行动还惠及了钦邦帕列特瓦镇的600多人。在世界粮食计划署的支持下，缅甸11个省邦的近30万儿童正获得高能饼干或热食校餐。② 除此之外，亚洲开发银行以及世界银行也为缅甸提供了大量的资金及技术援助。2019年，亚洲开发银行为缅甸提供230万美元的资金援助，用于农业、自然资源保护与农村发展（120万美元），交通（100万美元），城市基础设施建设和服务（10万美元）。③

五　缅甸经济发展展望

2018～2019财年，民盟政府加快电力、通信等基础设施建设，拓展运输和物流网络，实施新的《公司法》，对税率、利率进行调整，在改善营商环境方面交出了一份令人满意的答卷。目前，缅甸金融和制造业正在向好发展，进出口贸易有所增加，吸引外资能力进一步提升。根据缅甸投资与公司管理局的数据，仅在2019～2020财年的第一季度（2019年10～12月），缅甸就吸引外资26.35亿美元，总体表现突出。但在控制缅币贬值、减少财政赤字与降低通货膨胀率等问题上，缅甸政府仍未找到很好的解决方案。2020年，由于新冠肺炎疫情的影响，全球经济出现倒退，缅甸持续较快的经济增长势头因此受阻。亚洲开发银行预测，2019～2020财年（2019年10月1日

---

① 《联合国发布2020年罗兴亚人道危机应对计划，所需资金达8.77亿美元》，联合国新闻，2020年3月2日，https：//news. un. org/zh/story/2020/03/1051871。
② 《粮食计划署与缅甸政府续签合作协议　消除饥饿》，联合国新闻，2019年12月24日，https：//news. un. org/zh/story/2019/12/1047941。
③ "Technical Assistance Commitment," Asian Development Bank, Mar. 23, 2020, https：//data. adb. org/media/5326/download.

至 2020 年 9 月 30 日）缅甸 GDP 增长速度在 4.2% 左右，在东盟地区仍处于前列，通货膨胀率仍保持较高水平，约为 7.5%。[①] 缅甸政府现针对疫情制订了经济复苏计划，对财政收支进行重新分配，通过货币刺激、投资贸易环境改善等措施稳定国内经济发展，同时加强医疗卫生系统建设，增设应急基金以应对疫情造成的经济动荡，预计 2021 年缅甸经济增长可以恢复正常。

[①] "Myanmar: Economy," Asian Development Bank, Mar. 23, 2020, https://www.adb.org/countries/myanmar/economy.

B.4

2019~2020年缅甸社会形势

李堂英　孔建勋*

摘　要： 缅甸作为东南亚国家中劳务输出最多的国家之一，2019年1月至2020年3月，国内新增就业和境外新增就业人数相当。2020年新冠肺炎疫情对缅甸的经济发展造成了影响，由于部分企业关闭或裁员，相当数量的员工面临失业或待岗状态，收入减少。调查显示，只有一成左右的民众认为当前收入可以很好地满足需求，将近七成的民众认为收入满足需求有困难。总体来看，缅甸民众的民族宽容度不高，但年龄越小和学历越高的群体，民族和宗教宽容度越高，因此要提高缅甸国民的综合素质。

关键词： 缅甸社会　民族宽容度　宗教宽容度

2019年缅甸政治和安全局势由于武装冲突和"罗兴亚人"问题而持续紧张，但国内社会形势相对稳定。各项社会事业在缓慢而稳步地推进。本报告从民众的就业与收入、民族与宗教宽容度等几个方面分析当前缅甸国内的社会形势。

一　就业与收入

（一）就业

缅甸政府根据2014年的人口普查，预测截至2020年4月1日，缅甸人

---

* 李堂英，云南大学外国语学院缅甸语讲师；孔建勋，云南大学缅甸研究院研究员。

口总量约 5458 万人。同时，缅甸是东南亚国家中劳务输出最多的国家之一，每年有大量缅籍员工出国务工。民盟也一直致力于改善民生、创造就业。2019 年，缅甸劳工、移民与人力资源部统计国内新增就业 316570 人，境外合法就业 330303 人。① 选择在境外就业的主要国家为马来西亚、新加坡、韩国、泰国、日本、约旦、卡塔尔，其中选择到泰国就业的人数最多，共 238082 人，占境外就业总数的 72%，其次为马来西亚，共 78763 人，占境外就业总数的 24%。2020 年 1～3 月，缅甸国内新增就业 76583 人，境外合法就业 72257 人。2019 年 1 月至 2020 年 3 月，缅甸国内新增就业和境外新增就业的人数相当。

2020 年受全球新冠肺炎疫情的影响，缅甸的经济也受到了冲击。疫情对缅甸纺织业、旅游业、餐饮业、酒店业、农产品出口等造成了影响。部分企业选择了裁员、停工、降薪等方式自救，一些员工面临失业、待岗以及收入减少的风险。调查显示，缅甸超过 80% 的微型、中小型旅游企业受到疫情的严重冲击，近 90% 的微型、中小型旅游企业的收入减少，将近 80% 的企业业务很少，60% 的企业不得不采取裁员、休假或无薪休假的措施以减少其劳动支出。受访企业老板和经理表示，他们平均保留了 70% 的员工，尽管有超过 90% 的员工减少了工作时间，近 70% 的员工降低了工资，有超过 60% 的员工被休假。② 《十一新闻周刊》报道，4 月 5日据仰光省莱达雅镇区劳工事务局消息，莱达雅工业区内有 24 家工厂暂时关闭，49 家工厂裁员，造成约 2 万名工人失业。《缅甸时报》报道，4月 28 日，劳工、移民与人力资源部常务秘书苗昂表示，受新冠肺炎疫情影响，许多工厂原材料短缺、订单减少，导致工厂关闭和裁员，失业工人已多达 6 万人。目前有关部门正优先对有意恢复运营的工厂进行检查。截

---

① 《每月就业情况》 （缅文版），缅甸劳工、移民与人力资源部网站，2020 年 5 月 4 日，https：//www. mol. gov. mm/mm/dol－leo－monthly。

② Nan Lwin, "Myanmar Tourism Sector Needs More Govt Support During COVID－19：New Survey," The Irrawaddy, May 27, 2020, https：//www. irrawaddy. com/specials/myanmar－covid－19/myanmar－tourism－sector－needs－govt－support－covid－19－new－survey. html。

至 4 月 27 日，已检查 2000 多家工厂。受疫情影响，国外务工人员大量返回缅甸，加大了缅甸国内的就业压力。

（二）收入

近年来，民盟政府致力于国内改革并扩大对外开放，提高国民幸福感已成为政府施政的着力点之一。为了了解民众对收入的满意度，缅甸调查研究所（Myanmar Survey Research）制作了调查问卷①，设计了"收入能否满足需求的状况"和"对当前家庭经济状况的描述"两个部分。在不同个体收入能否满足需求的调查中，回答分为四个选项，分别是"收入很好地满足需求"、"收入可以满足需求"、"收入满足需求有困难"和"收入满足需求有很大困难"。

从"收入能否满足需求的状况"的总样本分布情况来看，只有一成左右的民众认为当前收入可以很好地满足需求，认为收入勉强可以满足需求的受访者不到三成，而认为收入满足需求有困难和有很大困难的民众接近七成。由此可见，虽然缅甸自民主化进程以来调整金融政策，改善国内投资环境，以促进经济发展，但大部分缅甸人认为经济收入满足日常需求存在困难，民众收入增长缓慢，对生活满意度并不高。

从不同民族来看，认为收入能够很好地满足需求的缅族人最多，达到 14.0%，远超过其他民族，只有一半左右（53.0%）的被调查者认为收入满足需求有困难。其次是掸族，8.3% 的掸族受访者认为收入能够很好地满足需求，认为收入满足需求有困难的比例接近七成。而若开族和克钦族受访者认为收入能够很好地满足需求的占比最低，分别占 5.0% 和 3.1%，同时，认为经济收入难以满足需求的占比很高，若开族接近八成（77.9%），克钦族达八成以上（84.6%）（见表 1）。由此可见，各少数民族收入与需求之间的矛盾相较于缅族更大。总体而言，缅族对经济收入的满意度高于其他少数民族。

---

① 本报告中的以下数据均来自缅甸调查研究所的《2019 年缅甸综合社会调查》（缅文版）。

表 1　缅甸不同民族收入能否满足需求的状况（2019 年）

单位：%

民族	收入很好地满足需求	收入可以满足需求	收入满足需求有困难	收入满足需求有很大困难
缅族	13.96	33.03	32.34	20.67
克钦族	3.08	12.31	41.54	43.08
掸族	8.29	24.32	30.63	36.76
若开族	5.03	17.10	34.41	43.46
其他	8.85	31.75	35.39	24.01

资料来源：缅甸调查研究所：《2019 年缅甸综合社会调查》。

从不同受教育水平的受访者对收入能否满足需求的评价来看，认为收入能够很好地满足需求的受访者中，大学及以上学历受访者最多，接近两成，小学及以下学历受访者最少，占 7.7%。在收入可以满足需求部分，也呈现出学历与收入的相关性，在受过大学教育的受访者中，收入可以满足需求的比例接近四成，其次是受过初中和高中教育的受访者，约占三成，而小学及以下程度的受访者只占 23.6%。在收入满足需求有困难的部分，不同教育程度的受访者差异不大。而在收入满足需求有很大困难这一选项上，受教育程度对经济困难影响呈反比，大学及以上学历受访者占比不到一成，初中和高中学历受访者的这一比例为 21.7%，而小学及以下程度的受访者则达35.9%（见表 2）。

表 2　缅甸不同受教育水平者收入能否满足需求的状况（2019 年）

单位：%

教育水平	收入很好地满足需求	收入可以满足需求	收入满足需求有困难	收入满足需求有很大困难
小学及以下	7.73	23.61	32.77	35.90
初中和高中	13.02	31.58	33.67	21.73
大学及以上	17.39	39.13	33.78	9.70

资料来源：缅甸调查研究所：《2019 年缅甸综合社会调查》。

由此可见，缅甸经济的增长除了依靠物质资本外，更重要的是其所拥有的高知识水平和高度专业化的人力资本存量。未来经济社会的发展将更多地依赖于劳动者的素质。缅甸在不断开放，融入国际社会的程度不断加深时，所面对的国际竞争更为激烈，这在客观上也对缅甸国民文化素质提出了更高的要求。目前，虽然缅甸居民的受教育程度在不断提升，但人口的综合素质还不能很好地适应经济发展的需要，进一步提高人口素质仍是当前缅甸发展的重任。

关于对当前家庭经济状况的问卷。认为现在家庭经济状况好多了的受访者只占总受访者四成左右，而认为现在的家庭经济状况与之前大致相同的在三成左右，认为家庭经济状况变差的超过二成。具体到不同年龄段对当前家庭经济状况的描述，呈现出年龄越小，对当前家庭经济状况评价越高的趋势（见表3），可见年轻人对当前家庭经济状况相比老年人更满意。

表3 缅甸不同年龄受访者对当前家庭经济状况的描述（2019年）

单位：%

年龄	现在好多了	现在好一点	大致相同	现在差一点	现在差很多
18~25岁	10.62	39.97	25.81	16.22	7.37
26~35岁	7.02	37.76	26.47	17.65	11.10
36~50岁	6.45	30.00	30.59	19.76	13.20
51~75岁	5.87	27.84	35.42	18.40	12.47

资料来源：缅甸调查研究所：《2019年缅甸综合社会调查》。

如表4所示，在不同社会地位受访者对当前家庭经济状况的描述方面，呈现出社会地位越高，认为现在经济状况有改善的受访者越多的趋势。例如，认为当前家庭经济状况好多了的社会地位最高的受访者接近15%；而当前认为经济状况好多了的社会地位中等偏下和最低的受访者均不到5%，这两类社会地位的受访者认为现在家庭经济状况更差的均超过三成，远高于认为现在家庭经济状况更差的社会地位最高受访者比例（不到25%）。可以得出结论，当前缅甸正在进行的经济改革使高地位缅甸人收益更多，其对经济改革结果更满意，而中下地位受访者表示收益相对小，社会整体对经济改

革持观望态度，半数以上民众认为家庭经济状况并未滑坡，没有明显恶化，且变化不大。

表4 缅甸不同社会地位受访者对当前家庭经济状况的描述（2019年）

单位：%

社会地位	现在好多了	现在好一点	大致相同	现在差一点	现在差很多
最低	4.68	26.17	23.92	21.14	24.09
中等偏下	3.73	28.99	31.90	21.07	14.32
中等	6.51	33.47	32.30	17.99	9.72
中等偏上	9.96	35.92	29.77	15.87	8.49
最高	14.93	32.68	28.45	16.06	7.89

资料来源：缅甸调查研究所：《2019年缅甸综合社会调查》。

二 民族与宗教宽容度

20世纪40年代末为争取缅甸独立，昂山将军联合掸族土司，钦族、克钦族等领导人与英政府签下《彬龙协议》。为实现民族团结，协议承诺少数民族在独立后享有充分的自治权，这为建立统一的缅甸国家奠定了基础。然而，独立后的政治发展并没有完全按照《彬龙协议》的承诺进行，少数民族的政治要求没有被满足。国内少数民族在政治要求未被满足的情况下建立山地武装，与中央政府对峙。中央政府则一直在寻求合适的民族政策，以期构建"一个民族、一种语言"的国家框架，希望能在认同一致的情况下达到和平与民族和解。

（一）民族宽容度

缅甸是一个多民族国家，缅族是主体民族，占全国总人口的68%，主要的法定少数民族为掸族、克伦族、孟族、克钦族、克伦族、钦族和若开族。新世纪新时期以来，以杜昂山素季为代表的民盟政府积极推动召开21世纪彬龙大会，希望能够在民主的框架下实现民族和解、认同统一。民众的民族宽容度直接影响多民族国家的统一、和谐与稳定。民众的民族宽容度高，有利于民族国家的构建和国家的稳定与和谐；民众的民族宽容度低，则不利于社会的稳定，直接影响国家的统一与民族国家的构建。

1. 对少数民族的看法

关于对少数民族政策倾斜的看法，缅甸调查研究所做了问卷调查，问卷中的具体问题为：在缅甸有些公民由于他们属于少数民族，所以没有在社会上发展得很好，一些人认为应该向这些群体提供额外的帮助使之与其他群体平等，你同意吗？选项包括"非常同意"、"同意"、"无所谓"、"不同意"和"非常不同意"五个选项。从城乡、性别、年龄、学历、族群和宗教信仰差异等六个维度进行调查。

调查结果显示，在缅甸普通民众对给予少数族群额外帮助的看法上，大部分民众都选择"非常同意"和"同意"，认为"无所谓"的民众均不到一成。具体从不同维度来看，无论是农村居民还是城市居民，无论是男性还是女性，在对给予少数族群额外帮助的看法上差别不大，近七成的受访者均表示同意，选择不同意的受访者不到三成。

从不同年龄段来看，虽然各年龄段的大部分民众都选择"非常同意"和"同意"，但年龄越小，就越支持给予少数族群额外帮助，民族宽容度越高。其中，18~25岁年龄段选择"非常同意"和"同意"的比例达72%；26~35岁年龄段选择"非常同意"和"同意"的占比为70.1%；36~50岁年龄段选择这两项的比例为67.5%；51~75岁年龄段选择"非常同意"和"同意"的占比是63.6%。同时，年龄越大，选择"不同意"和"非常不同意"的比例也越高。随着缅甸互联网的快速发展，以及手机的普及，年轻人接触网络信息的频率高于年长者，他们可以通过网络获取来自全球的各种信息。因此，年龄越小，思想愈加开放和包容，对少数民族的宽容度也在不断提升，对缅甸而言，是一大利好之事。

受教育水平越高，同意给予少数族群额外帮助的比例也越高。小学及以下学历的受访者选择"非常同意"和"同意"的比例为64.7%；初中和高中学历的受访者选择"非常同意"和"同意"的比例近七成（69.5%）；而大学及以上学历的受访者选择这两个选项的比例达71.4%。同时，选择

"不同意"和"非常不同意"的比例也随着受教育水平的提高而降低。随着受教育水平的提高，民众的视野更加开阔，能更加客观地看待问题，民族宽容度也不断提升。

就族群来看，不同族群的受访者选择"非常同意"和"同意"的差别不大。除克钦族绝大多数（85.3%）的受访者选择"非常同意"和"同意"外，缅族、掸族和若开族选择这两个选项的受访者均不到七成。而选择"不同意"和"非常不同意"的比例差别较大，克钦族选择这两个选项的比例仅为9.5%，掸族为15.3%，而缅族和若开族的受访者选择"不同意"和"非常不同意"的比例相对较高，缅族占27.4%，若开族达33.2%。通过数据可以看出，缅族作为缅甸的主体民族，对给予少数民族额外帮助的同意率较低，其民族宽容度还有待提升。

不同宗教信仰的民众对给予少数族群额外帮助的看法有一定的差别。整体来看，信仰佛教的受访者对给予少数族群额外帮助的同意度较低，仅有六成以上的受访者选择"非常同意"和"同意"；而近八成信仰伊斯兰教的受访者选择了这两个选项，其中选择"非常同意"的受访者将近六成；信仰新教和天主教的受访者选择这两个选项的比例超过八成。因此，缅甸的伊斯兰教徒非常同意给予少数族群额外帮助，使之与其他群体平等。

2. 对缅甸传统文化的看法

一般而言，对于传统文化的看法主要分为趋于保守或是现代化，不同的倾向会影响不同民族之间交往的态度。文化保守主义倾向可能提示民众对其他文化的接纳或宽容度较低，在国际层面上，文化保守主义倾向不利于不同国家、不同民族、不同文化之间的交往与融合；从国内维度来看，文化保守主义倾向不利于多民族国家中各民族和谐共处，也不利于民族国家的构建与整合。

关于对民族传统文化的看法，缅甸调查研究所的问卷中提出的具体问题为：是否认同"为了保护缅甸传统文化，我们需要保护它免受其他文化的影响"？选项采用打分的方式，设为1~10分，1分为最不认同，10分为最认同。为方便描述，对分数进行了简单划分："非常认同"（9分、10分）；

较为认同（6分、7分和8分）；较不认同（3分、4分和5分）；非常不认同（1分、2分）。

根据样本总体分布来看，有近五成的受访者选择认同"为了保护缅甸传统文化，我们需要保护它免受其他文化的影响"，只有一成左右的受访者表示不认同。具体从不同的组别来看，无论是农村居民还是城市居民，无论是男性还是女性，对这一问题的看法差别不大，都有近五成（农村47.9%、城市46.1%，男性49.9%、女性45%）的受访者选择"非常认同"；选择"非常不认同"的受访者比例很低，均不到一成。

从年龄差异来看，年龄越小，认同"为了保护缅甸传统文化，我们需要保护它免受其他文化的影响"的比例越低。18~25岁年龄段受访者选择"非常认同"的比例为43.1%；26~35岁年龄段占47.6%；36~50岁年龄段占47.7%；51~75岁年龄段达48.3%。年龄越大，对传统文化的认同感越强，年龄越小，思想愈加开放和包容。在互联网时代，年轻一代比起年长者更加了解本国文化之外的他国文化，加之随着赴国外留学人员的增多，其对外来文化接受度越来越高。

从学历层次来看，学历与态度呈负相关，受教育水平越高，认同"为了保护缅甸传统文化，我们需要保护它免受其他文化的影响"的比例越低。一半以上的小学及以下学历的受访者选择"非常认同"；45.1%的初中和高中学历的受访者选择"非常认同"；而大学及以上学历的受访者选择该选项的占比为41.8%。另外，值得注意的是，选择不认同的比例也随着学历的升高而降低，小学及以下学历受访者选择"非常不认同"的占比达9.5%；初中和高中学历的受访者选择该选项的比例是6.6%；大学及以上学历的受访者选择该选项的占比仅为4.5%。由此可见，学历较高的缅甸民众比学历相对较低的民众能更理性、客观地分析问题，视野也更加开阔，对外来文化的包容度更高。

就族群来看，不同族群受访者的态度差别较大。缅族和若开族均有五成左右的受访者选择了"非常认同"，而克钦族和掸族均只有三成左右的受访者选择"非常认同"。缅族是缅甸的主体民族，而缅族文化是缅甸传

统文化中的主流文化，因而缅族对缅甸本民族文化认同会较高；而同样信奉佛教的若开族深受缅族文化影响，实现了和缅族社会的融合，对缅甸传统文化的认同度较高，对外来文化包容度较低；克钦族民众选择"非常认同"的比例较低，对外来文化的包容度较高。而掸族民众选择"非常认同"的比例是最低的，这可能和掸族主要聚居地掸邦与中国云南、泰国和老挝接壤有关，掸族民众更能接触到他国文化，因而对其他文化具有更强的包容性。

不同宗教信仰的民众对保护缅甸传统文化的认同度也有一定的差别。整体来看，信仰新教和天主教的受访者对这一问题的认同度较低，只有不到四成（39.8%）的受访者选择"非常认同"；而信仰佛教、伊斯兰教的受访者都有近五成选择"非常认同"。佛教参与了缅甸文化的形成并贯穿缅甸文化的始终，千百年来，缅甸文化的延续以佛教传承为基础，它深入人心。因此，很大一部分信仰佛教的民众更希望以保守的方式保护自己的传统文化。伊斯兰教文化不属于缅甸文化的核心，但伊斯兰教徒严格遵守伊斯兰教教义，是比较注重传统文化的群体。总体来看，缅甸普通民众对民族文化的认同感较强，但是对外来文化的包容度较低。

（二）宗教宽容度

宗教宽容包含思想、法律、行动、政策等多重维度，是现代文明的基本素质之一。缅甸超过85%的民众信仰佛教，约5%的民众信仰基督教，约4%的民众信仰伊斯兰教，其余少量民众则分属印度教及其他宗教。此外，缅族占缅甸总人口的68%，全部信仰佛教，主体民族与主体信仰重合，因此，缅甸的民族宗教问题在其政治生活和政府决策中居支配性地位，并影响到政府与社会、社会群体之间以及国家之间的关系和地区政治格局的变化。

1. 对穆斯林和佛教徒婚姻的看法

关于对穆斯林和佛教徒婚姻的看法，缅甸调查研究所的问卷中提出的具体问题为：你对穆斯林和佛教徒的婚姻有什么看法？选项包括"特别支持"、"较为支持"、"没有评价"、"较为反对"和"特别反对"五个选项。调查结果显示,有六成左右的受访者选择了"特别反对",只有一成以上的受访者选择了"特别支持"。

具体来看不同组别在这一问题上的态度,从城乡居民和不同性别来看,无论是城市居民还是农村居民,无论是男性还是女性,都有六成以上(农村64.5%、城市63.8%,男性62.6%、女性65.3%)的受访者选择"特别反对";选择"特别支持"的受访者均只占一成多。另外,从年龄段来看,对穆斯林和佛教徒婚姻的看法的受访者年龄差异也不是很大,各年龄段都有六成以上的受访者选择"特别反对",就连一贯较为宽容、开放的低龄段持特别反对意见的比例也达60.1%。

从学历层次来看,受教育水平越高,反对穆斯林和佛教徒婚姻的比例越低。近七成(66.6%)的小学及以下学历的受访者选择"特别反对";超过六成(63.5%)的初中和高中学历的受访者表示"特别反对";而大学及以上学历的受访者持"特别反对"意见的比例为56.9%。由此可见,教育可以改善人们的观念,打开人们的视野,提高人们的包容度,虽然现在缅甸民众宗教宽容度还比较低,但随着受教育水平的提升,缅甸民众的民族宗教宽容度会有所提高。

族群影响受访者对婚姻的看法,不同族群的受访者对穆斯林和佛教徒的婚姻看法的差别较大。缅族和若开族大多持反对态度,近七成(68.9%)的缅族受访者选择"特别反对",而绝大多数(85.6%)若开族的受访者选择了"特别反对"。此外,克钦族和掸族受访者对穆斯林和佛教徒的婚姻则持较为包容的态度,克钦族有33.4%的受访者选择"特别反对",掸族有近四成(38.9%)的受访者持"特别反对"的态度。同为信仰佛教的缅族、若开族和掸族对这一问题的态度差异较大,掸族主要生活在离中国、泰国和老挝较近的掸邦,就地理位置而言,离缅甸本部和宗教冲突地西部较远,并未发生直接冲突。另外,掸族受外来文化影响,宗教宽容度较高。缅族作为缅甸佛教文化的主要创造者和传承者,同时在缅甸政治、经济等各领域中发挥着重要的作用,而穆斯林族群问题在缅甸历史及现实中都极其复杂,从英

国殖民时期为开发缅甸西部而大批入迁，到现在的"罗兴亚人"问题，都导致缅族对穆斯林产生了强烈的排斥心理。若开族由于大部分都生活在若开邦，是缅甸宗教冲突的最大受害者之一，因此，绝大部分若开族民众对穆斯林和佛教徒婚姻持"特别反对"态度。

此外，不同宗教信仰的民众对穆斯林和佛教徒婚姻的看法也有一定的差别。整体来看，信仰佛教的受访者对穆斯林和佛教徒婚姻的支持度较低，有近七成（67.8%）的受访者选择"特别反对"，而信仰新教和天主教的受访者选择"特别反对"的比例仅为34.9%，信仰伊斯兰教的受访者只占四成。由于历史因素，缅甸佛教徒对穆斯林群体持一种不信任态度，加上不间断的宗教冲突使这种态度逐渐上升为仇视。佛教徒对穆斯林的不容忍会加剧族群矛盾，阻碍缅甸的民主化进程。佛教是缅甸的第一大宗教，信仰佛教的缅甸民众对信仰伊斯兰教的民众的包容度、接受度还处于较低水平。

总体而言，缅甸普通民众的宗教宽容度较低，对穆斯林和佛教徒的婚姻大多持反对态度，民族宗教宽容度还有待提升。

2. 候选人宗教信仰的影响

缅甸的宗教与政治密切相关，从政治现实来看，宗教与政治并未完全分离，宗教因素渗透于政治生活之中，甚至在总统选举中也发挥着不容忽视的作用。2010年，缅甸结束了军政府统治，并于2010年举行民主选举，成立新政府，由此，缅甸开始了民主化改革。在民主化和政治选举的大背景下，候选人的宗教信仰或多或少会对选民的选择产生影响。

缅甸调查研究所此次调研中也考察了候选人的宗教信仰对选民投票的影响程度，在问卷中的具体问题为：在议会选举中，候选人的宗教信仰会影响你的投票决定吗？选项包括"我不关心候选人的宗教信仰，我更愿意考虑他们的政治主张"、"政策与宗教无关"、"我会考虑，但这不是唯一和决定性的因素"和"是的，候选人的宗教信仰对我来说是一个非常重要的考虑因素"四个选项。调查结果显示，有四成左右的受访者选择了"是的，候选人的宗教信仰对我来说是一个非常重要的考虑因素"。具体从不同的组别来看，城市居民和农村居民、男性和女性均有四成左右的受访者选择"是的，候选人的宗教信仰对我来说是一个非常重要的考虑因素"。同时，这两个组别的受访者选择其他三项的比例都基本一致。相比而言，农村居民和女性在投票时更易受到宗教因素的影响。

从不同年龄段来看，年龄越大的受访者，在投票时越容易受到候选人宗教信仰的影响。调查结果显示，18~25岁年龄段有32.7%的受访者表示候选人的宗教信仰会影响投票；26~35岁年龄段有39%的受访者选择该选项；36~50岁年龄段占39.6%；51~75岁年龄段达40.8%。由此可见，年龄越小，开放度和包容度越高，在投票中受宗教信仰的制约相对较小。

从受教育程度来看，受教育水平越高，在投票中受到宗教信仰影响的概率越低，高学历者具有独立的判断力，能客观地投出自己的选票。小学及以下学历有47.4%的受访者表示候选人的宗教信仰会影响投票；初中和高中学历的受访者占三成左右（33.6%）；大学及以上学历有27.2%的受访者选择该选项。

就族群来看，不同族群的缅甸普通民众对候选人的宗教信仰是否会影响投票的差异较大。缅族、克钦族、掸族、若开族的受访者选择"是的，候选人的宗教信仰对我来说是一个非常重要的考虑因素"的比例从高到低依次是：缅族（45.2%）、若开族（33.3%）、掸族（27.5%）、克钦族（13.9%）。缅族作为缅甸的第一大族群，在政治、经济、文化等各领域都占据优势地位，在议会投票中，受候选人宗教信仰影响的概率也较大。

不同宗教信仰的民众在投票时受到候选人宗教信仰的影响程度也有所不同。整体来看，信仰佛教的受访者选择"是的，候选人的宗教信仰对我来说是一个非常重要的考虑因素"的比例较高，为43.1%；而信仰伊斯兰教和天主教的受访者选择该选项的比例较低，占14.3%；信仰伊斯兰教的受访者表示同意该观点的占比最低，为11.1%。由此可见，在佛教徒占绝大多数的缅甸，信仰佛教的缅甸民众对信仰其他宗教民众的包容度还比较低。

总体而言，缅甸普通民众在投票时较易受候选人宗教信仰的影响，宗教

信仰在缅甸普通民众中的影响很大，也反映出缅甸普通民众的宗教宽容度还比较低。

结　语

民盟执政后，继续发展经济、推动教育改革、改善民生、重视民族和解，倡导"全面包容"。随着经济缓慢发展，民盟还对基础教育制度进行了改革并重视职业与技术教育的发展，希望一部分青年能直接适应社会需求，实现就业。2020年，由于受新冠肺炎疫情影响，缅甸的经济发展及就业形势比较严峻，相当一部分国内员工处于休假或失业状态，而国外务工人员回国则使国内就业形势更加严峻。杜昂山素季强调，在制订新冠肺炎疫情应对计划时要特别考虑就业问题。调查数据显示，虽然缅甸自民主化进程以来调整金融政策，改善国内投资环境，以促进经济发展，但大部分民众认为经济收入难以满足日常需求，民众收入增长缓慢，对生活满意度并不高。

虽然民盟重视民族和解，倡导"全面包容"，但由于受历史、宗教信仰等诸多复杂因素的影响，缅甸民众的民族宽容度较低，尤其是信仰佛教的民众和缅族群体。另外，缅甸民众的宗教宽容度也较低，尤其在穆斯林和佛教徒婚姻的看法上，六成左右的民众持"特别反对"意见。但值得注意的是，年龄越小的群体和学历越高的群体，其民族宽容度和宗教宽容度都较高，因此，要减少或消除缅甸的族群和宗教冲突，还需要提高缅甸国民的综合素质。当全民素质都得到普遍提升之后，也许能更加客观、理性地看待问题，从而呈现"全面包容"的好景象。

B.5
平衡与抗衡：2019年缅甸外交形势

朱竞熠　孔鹏*

摘　要： 2019年，缅甸民盟政府积极开展对外交流与合作，希望营造良好的外部环境，助力国内经济社会发展。受若开局势的影响，缅甸与美国、欧盟国家的关系遭受挑战，在此情况下，民盟政府重视发展与中国、日本、俄罗斯、印度及东盟国家的关系，同时也坚持与西方国家接触交流，缅甸外交继续在大国与地区间寻找平衡，在全方位对外交流交往中抗衡与消解国际压力。

关键词： 缅甸　外交形势　中缅关系

　　2019年，缅甸继续秉持独立自主、中立平衡的外交思想，积极开展对外交流与合作。受若开地区局势和"罗兴亚人"[①] 难民问题的影响，2019年11月，冈比亚正式向海牙国际法院提起诉讼，指控缅甸"对罗兴亚人实施种族灭绝"，缅甸民盟政府遭遇执政以来最严峻的外交挑战，面临的国际压力空前增大。针对日益困窘的外部环境，缅甸一方面重视并深化发展与中国、俄罗斯、日本、印度以及东盟国家的关系，消解"罗兴亚人"问题带来的不利影响；另一方面，正面回应国际社会对"罗兴亚人"难民和若开局势的关切，在联合国和中国的斡旋下，缅甸与孟加拉国围绕难民遣返安置

---

*　朱竞熠，云南大学国际关系研究院2018级硕士研究生；孔鹏，云南大学缅甸研究院院长，云南大学周边外交研究中心副研究员。

① "罗兴亚人"译自缅语"Rohingya"，缅甸政府不承认"罗兴亚人"这一称呼，而称其为"Bengali"，即"孟加拉人"，本文用"罗兴亚人"仅为行文方便，不代表笔者预设立场。

达成初步协议，杜昂山素季还亲自赴海牙应诉申辩，展示独立、自主、自信、负责的外交风格，积极改善国家形象。这些努力取得一定成效，缅甸与周边国家和地区的关系在平衡与务实之间走向深入，"罗兴亚人"问题没有继续升温发酵，从而为保持缅甸国内局势稳定，促进自身经济社会发展赢得了一定空间与时间。

一 中缅关系稳步提升，全方位合作达到新的高度

（一）高层互访沟通务实有效

2019 年，两国政、军高层保持了密切的交往，共同表达对中缅友好关系的重视，并就深化双边关系内涵，提升交流合作质量达成共识。2019 年 4 月 8 ~ 12 日，缅甸国防军总司令敏昂莱大将访华，中国国家主席习近平会见了敏昂莱一行，表示中方愿与缅方"加强战略沟通，深化互利合作，不断丰富中缅全面战略合作伙伴关系内涵，给两国人民带来更多实实在在的利益，共同为地区稳定和繁荣作出贡献"。习近平主席还强调，"中方支持缅甸国内和平进程，关注缅北形势发展，希望缅方同中方相向而行，进一步强化边境管理，共同维护边境安全稳定"。敏昂莱大将感谢习近平主席的拨冗会见，感谢中方支持缅甸国内和平进程，并明确表态支持"一带一路"倡议，他强调"缅方欢迎、支持并愿积极参与'一带一路'建设，加强与中方各领域务实合作，将采取切实措施维护缅中边境地区稳定"。① 此次访问，敏昂莱大将还与中国中央军委副主席许其亮上将举行了会谈，双方军方领导一致同意"加强沟通协调，深化务实合作，保持边境稳定，巩固发展两军关系"。② 4 月 24 ~ 25 日，缅甸国务资政杜昂山素季访华并出席在北京召

---

① 刘晓琰等：《习近平：中缅"胞波"情谊源远流长》，人民网，2019 年 4 月 11 日，http：// world. people. com. cn/n1/2019/0411/c1002 – 31024001. html。

② 梅世雄：《许其亮会见缅甸国防军总司令敏昂莱》，新华网，2019 年 4 月 9 日，http：// www. xinhuanet. com/politics/leaders/2019 – 04/09/c_ 1124345392. htm。

开的第二届"一带一路"国际合作高峰论坛，其间杜昂山素季分别与中国国家主席习近平、国务院总理李克强举行了会晤。在与习近平主席会谈时，杜昂山素季表示，"中国是缅甸的亲密友邦，感谢中国支持缅甸实现和平稳定发展的努力。缅甸从一开始就支持'一带一路'倡议，积极与中方拓展合作，相信共建'一带一路'将为世界和本地区带来福祉，也会深化缅中友谊与合作，给两国人民带来实实在在的利益"。[1] 在与李克强总理会谈时，杜昂山素季强调，"缅中关系良好，合作成果丰硕。感谢中方为缅经济社会发展提供的大力支持。我们愿以明年两国建交 70 周年为契机，推动双方务实合作取得更多成果，实现互利共赢"。[2] 6 月 18 日，缅甸总统吴温敏在接受新任中国驻缅甸大使陈海递交国书时表示，"缅方珍视缅中传统'胞波'友谊，高度重视发展对华关系，感谢中方在缅甸和平进程、若开邦等问题上给予缅方的支持与帮助，将与中方共同努力，积极推动两国共建'一带一路'和中缅经济走廊，继续深化缅中全面战略合作伙伴关系，更好造福两国和两国人民"。[3] 8 月 27 日，中国国务委员兼外长王毅会见到访的缅甸国务资政府部部长吴觉丁瑞。9 月 21 日，缅甸副总统吴敏绥率团赴中国南宁，出席第 16 届中国—东盟博览会，他在致辞中表示，"中国是缅甸最重要的贸易伙伴，也是第二大投资来源国，未来我们还将努力加强两国的经济合作"，"我们愿意与中国在两国层面、地区层面和国际层面保持合作"。[4] 12 月 7 日，中国国务委员兼外长王毅访问缅甸，分别与杜昂山素季、吴温敏、敏昂莱等缅甸政要举行会谈，缅甸领导人表示，中缅"双方要以明年两国建交 70 周年为契机，加强高层交

---

① 丁宝秀：《习近平会见缅甸国务资政》，中国新闻网，2019 年 4 月 24 日，http://www.chinanews.com/gn/2019/04 – 24/8819211.shtml。

② 李骏：《李克强会见缅甸国务资政昂山素季》，中国新闻网，2019 年 4 月 25 日，http://www.chinanews.com/gn/2019/04 – 25/8819801.shtml。

③ 赵妍：《中国新任驻缅甸大使陈海向缅甸总统温敏递交国书》，中央广电总台国际在线，2019 年 6 月 19 日，http://news.cri.cn/20190619/b8efceef – 7f46 – 644b – f4e9 – 9d2d2440ffe2.html。

④ 廖敏佳等：《缅甸：支持正在实施的所有旨在加强中国—东盟合作的计划》，中国新闻网，2019 年 9 月 21 日，http://ku.m.chinanews.com/wapapp/zaker/cj/2019/09 – 21/8962083.shtml。

往，共建'一带一路'，发展好缅中经济走廊，推动各领域务实合作取得更多成果"。①

（二）经贸合作质量不断提升

贸易往来方面，根据中国海关总署统计分析司数据，2019 年中缅贸易总额达 1289.1 亿元人民币，同比增长 28.5%，其中中国向缅甸出口 849 亿元人民币，同比增长 22.1%；中国从缅甸进口 440.1 亿元人民币，同比增长42.8%。② 而这其中，中国云南省与缅甸的贸易额达 559.9 亿元人民币，同比增长 29.3%，占中缅贸易总额的 43.4%。2019 年 1 月 23 日，时任中国驻缅甸大使洪亮与缅甸政府代表签署了澜湄合作专项基金 2018 年缅方项目协议，根据协议中国将对缅甸 19 个项目提供资助，这其中包括增强澜湄合作意识、农村发展与减贫、鱼类产品加工、跨境动物和动物制品交易检疫、橡胶种植和生产、可持续种子测试网络、桑蚕研发、农业图书馆体系、水质评估、ICT 发展、农业农村数据统计、食品安全等。出席签约仪式的缅甸外交部常秘吴敏都表示，"澜湄合作已在缅甸生根发芽，让越来越多的缅甸民众得到了实惠"，"缅甸外交部将根据今天签署的澜湄合作专项基金 2018 年缅方项目协议，积极协调缅方项目执行单位，加快推进项目实施，为缅甸和本地区人民带来更多福祉"。③ 2 月 18 日，缅甸国务资政杜昂山素季召开"一带一路"指导委员会会议，称赞"一带一路"给缅甸乃至整个地区带来良好利益，认为缅甸要把握这一机遇，协调好相关工作和政策。④ 2 月 21～22 日，中缅经济走廊联合委员会第二次会议及第二届中缅经济走廊论坛在中国云南昆明召开，缅甸计划与

---

① 范梓萌：《王毅同缅甸国务资政兼外长昂山素季会谈》，中国政府网，2019 年 12 月 8 日，http://www.gov.cn/xinwen/2019 - 12/08/content_ 5459474. htm。

② 钱景童：《2019 年中国和缅甸进出口总值大幅增长 28.5%》，央视网，2020 年 1 月 14 日，http://news.cctv.com/2020/01/14/ARTI5jpNylsBt6fYhQmzQWbh200114. shtml。

③ 鹿铖：《澜湄合作在缅甸生根发芽汇集民众》，光明网，2019 年 3 月 20 日，https://epaper.gmw.cn/gmrb/html/2019 -03/20/nw. D110000gmrb_ 20190320_ 1 - 12. htm。

④ 朱箫：《昂山素季："一带一路"对缅甸乃至整个地区都有益》，新华社，2019 年 2 月 19 日，https://finance.sina.com.cn/roll/2019 - 02 - 19/doc - ihrfqzka7048543. shtml。

财政部部长吴梭温率团出席。3 月 13 日，应缅甸投资与对外经济关系部邀请，中国国家国际发展合作署副署长邓波清率团访问缅甸，时任缅甸工业部部长吴钦貌秋在座谈中表示，"希望中方继续向缅提供发展援助，特别是加强工业信息领域经验分享和技术交流，帮助缅培养更多熟练技术工人，促进缅人力资源和现代工业发展"。[①] 11 月 5 日，中缅合作的缅甸皎漂燃气电站项目《购电协议》签约仪式在内比都举行，缅甸皎漂燃气电站项目由中国电建海外投资公司与缅甸 Supreme 公司共同开发，项目位于若开邦皎漂，装机容量 13.5 万千瓦。11 月 22 日，第六届缅甸—中国（云南）合作论坛（"滇缅合作论坛"）在缅甸内比都举办，云南省副省长张国华、缅甸外交部常秘吴梭汉分别率滇缅各界代表出席，双方围绕互联互通与经贸投资，农业、畜牧业和旅游业领域发展，教育、卫生和人文交往领域发展，边境管理四个议题进行了密切交流和充分讨论。

（三）各领域交流互动更加密切

在中缅高层领导的共同倡导、推动下，两国人文交流日益紧密，各领域的交往更加频繁，为深化"胞波"情谊和提升中缅关系层次提供了坚实支撑。2019 年 6 月 3 日，"中国旅游文化周"系列活动开幕式在缅甸仰光中国文化中心举行，中国驻缅甸大使馆临时代办李小艳、中国云南省省长阮成发、缅甸仰光省首席部长吴漂敏登，以及来自缅甸旅游协会、缅中友协、缅甸中国企业商会、缅甸各旅游和文化从业机构代表、媒体界等来宾共百余人参加活动。缅甸酒店与旅游部代表吴奈温表示，"目前仰光国际机场中国和缅甸之间的航线每周共 10 条 72 班次"，"相信通过两国领导人互访和两国人民之间的友好往来，将增进缅中友谊，促进缅中友好关系不断发展"。2019 年，中国赴缅甸旅游的人数已经突破 100 万人次，中国成为赴缅甸游客数量最多的国家。[②] 6 月 22 日，缅甸高僧代表团应邀访问中国，先后赴昆

---

① 《中国国家国际发展合作署副署长邓波清一行访问缅甸》，中华人民共和国驻缅甸联邦共和国大使馆，2019 年 3 月 18 日，http：//mm. china – embassy. org/chn/sgxw/t1646199. htm。

② 昂觉钮（Aung Kyaw Nyunt）：《缅甸旅游业快速发展》，《缅甸时报》（缅文版）2019 年 12 月 2 日，https：//myanmar. mmtimes. com/news/102143. html。

明、北京、西安参观访问。8月11日，中国援建缅甸国家体育馆维修改造项目开工，缅甸国家体育馆由中国政府于20世纪80年代出资援建，是象征中缅"胞波"友谊的标志性工程。为进一步发挥国家体育馆的作用和功能，中国政府决定帮助缅方对体育馆进行全面维修改造，更好地服务于缅甸人民的体育文化生活。8月30日，中国云南省缅甸"光明行"公益活动启动仪式在仰光举行。此次"光明行"活动由云南民间国际友好交流基金会联合云南省卫健委、昆明医科大学第二附属医院组成医疗队，与缅甸维萨卡基金会、迪德谷瑞比恒医院合作实施，计划为200名白内障患者进行免费手术治疗。近年来，中国已有十多家医疗和慈善机构在缅甸累计开展30次"光明行"义诊活动，为当地6000多名患者带来光明。此外，4月22日，缅甸海军"辛漂信"号护卫舰驶抵中国青岛港，参加庆祝中国海军成立70周年海上多国活动。缅甸语版的《红楼梦》电视连续剧于8月起在缅甸国家电视台晚间黄金时段播出，缅甸宣传部部长吴佩敏表示，"近年来，缅中两国关系保持良好发展势头，各领域合作活跃。《红楼梦》缅甸语版开播是中缅文化交流合作的成果"，将"增进缅中两国人民之间的了解和感情"。①

二　与美欧关系发展遇冷，西方欲借"人权"问题塑造缅甸转型

（一）维持与民盟政府的基本交往，鼓励缅甸继续改革

3月21日，国务资政杜昂山素季出席了缅甸与欧盟关于加强缅甸教育和技能培训的融资协议签署仪式，根据协议欧盟将向缅甸教育部和计划与财政部援助2.21亿欧元，用于提升缅甸教育质量和实施职业技能培训。4月10日，美国驻缅甸大使馆内比都办公室奠基仪式举行，缅甸国际合作部部

---

① 《驻缅甸大使陈海出席连续剧〈红楼梦〉缅甸语版开播仪式》，中国外交部，2019年8月13日，https://www.fmprc.gov.cn/web/zwbd_673032/gzhd_673042/t1688280.shtml。

长吴觉丁和美国驻缅甸大使斯科特·马歇尔出席活动。吴觉丁表示，此举表明美国希望与缅甸政府建立更紧密合作的愿望，驻内比都办公室的建立将有助于美国大使馆更好地与缅甸政府各部门及联邦议会更多地接触交流。5月3日，美国国务院负责政治事务的副国务卿戴维·黑尔访问缅甸，拜会了缅甸国务资政杜昂山素季，就加强美缅关系，开展合作及美国对缅甸提供援助等问题交换了意见。6月1～8日，国务资政杜昂山素季前往捷克和匈牙利两国进行友好访问。6月4日，第三届缅甸—欧盟经济论坛在内比都举行，缅甸副总统吴敏绥出席论坛开幕式并发表讲话称，论坛的举办是缅甸和欧盟加强合作的有力证明，将为欧盟投资者进入缅甸提供更多机会。6月14日，第五次缅甸—欧盟人权对话在内比都举行。9月24日，正在纽约出席第74届联大的缅甸国务资政府部部长吴觉丁瑞与美国副国务卿戴维·黑尔举行会谈，就加强双边关系，缅甸政治转型、和平进程以及若开问题等进行了讨论。10月1日，缅甸投资与对外经济关系部部长吴当吞会见美国驻缅甸大使斯科特·马歇尔、美国—东盟贸易委员会主席兼首席执行官亚历山大·费尔德曼一行，来访的美国企业代表交流了他们在缅甸的投资现状，吴当吞希望美国—东盟贸易委员会的成员们更多地向其他商业伙伴宣传缅甸良好的营商环境，邀请更多的投资者来缅甸考察投资。10月29日，缅甸国务资政、外交部部长杜昂山素季会见到访的美国助理国务卿戴维·史迪威，双方围绕双边关系、交流合作、政治转型等议题交换了意见。同时，美国国际开发署宣布启动名为"缅甸透明度与包容性增长"的援助计划，计划为期四年，耗资1900万美元，用于减轻缅甸冲突和经济不平等。11月3日，美国和缅甸官员与学者在仰光举行研讨会，围绕缅甸饥饿与营养问题的解决进行交流。美国国际开发署项目负责人表示，"美国致力于帮助缅甸实现繁荣，更好的健康是繁荣的重要组成部分。增加双边贸易和投资也是我们对缅甸人民承诺的一部分"。[①] 11月4日，杜昂山素季在泰国曼谷与美国国家安全事务

---

① *U. S. Supports Regional Forum in Yangon to Promote Food and Nutrition Security in Asia*, U. S. Embassy in Burma, October 30, 2019, https：//mm. usembassy. gov/press - release - u - s - supports - regional - forum - in - yangon - to - promote - food - and - nutrition - security - in - asia/.

助理罗伯特·C. 奥布莱恩举行会谈，就促成双边关系，打击毒品犯罪、贩卖人口，防止和打击非法野生动物贸易，若开问题等交换了意见。11 月 14 日，美国驻缅甸大使到访克钦邦密支那，与当地官员讨论了美国国际开发署向克钦邦农业项目提供援助事宜。12 月 12 日，缅甸联邦选举委员会与美国和平研究所举办会议，讨论 2020 年大选安全措施及相关的准备工作。12 月 5 日，缅甸计划、财政与工业部部长吴梭温会见了美国财政部负责亚洲事务的副部长帮办罗伯特·克拉勃罗德和美国驻缅甸大使斯科特·马歇尔，讨论了两国金融合作、美国为缅甸金融部门提供技术援助、打击洗钱活动等问题。

（二）借"人权"问题持续施压，意图塑造符合西方价值观的缅甸转型

在西方主要国家看来，尽管缅甸政治转型已经持续近十年，但由于现行宪法对缅军干政权力的保留，既有的转型并不符合西方利益，因此他们试图借"人权"问题向缅甸施加压力，希望迫使缅军减少对政治生活的参与。3 月 22 日，联合国人权理事会对欧盟提出的《缅甸人权状况》决议草案进行审议，缅甸常驻联合国日内瓦代表吴觉莫吞坚决反对此决议案，认为该草案基于片面和偏见编写，旨在向缅甸施加压力，是对缅甸这样的转型发展中国家的歧视与片面对待。同时，决议草案充满报复性和惩罚性话语和措施，没有理解与和解，没有寻求和平解决问题的方案。最终该决议草案以 37 票赞成、3 票反对、7 票弃权获得通过。中国、古巴和菲律宾投票反对，日本、印度、尼泊尔、安哥拉、喀麦隆、刚果民主共和国、塞内加尔投弃权票。8 月 26 日，美国众议院外交事务委员会主席艾略特·恩格尔等四名国会议员发表声明，呼吁"对犯下罪行的缅甸军方领导人实施制裁，要求国务院对这些罪行的性质作出决定，并推动缅甸经济发展"，他们还要求美国国务卿蓬佩奥采取更多行动以制裁缅军在"罗兴亚人"问题上的做法，认为"国务卿应该给这些罪行贴上称为种族灭绝罪、战争罪或反人类罪的标签。让缅甸承认对罗兴亚人的迫害是对受害者实现正义的必

要步骤"。① 同一天，美国参议院外交关系委员会主席里施也发表声明，谴责"缅甸军方的暴行"，敦促"缅甸政府确保罗兴亚人安全、有尊严和自愿返回缅甸，包括给予他们公民身份和所有权利"。② 11 月 14 日，美国驻联合国使团发表声明，"谴责在缅甸各地，包括若开邦、克钦邦和掸邦持续存在的严重侵犯和践踏人权的行为"，"呼吁缅甸当局深化民主改革，建立文官对军队的控制，追究侵犯和践踏人权的责任人，保护和促进人权和基本自由，允许联合国、人道主义组织、人权组织和媒体畅通无阻地进入缅甸各地，确保所有流离失所者能够安全和有尊严地自愿返回其原籍地，为受害者伸张正义"。③ 11 月 11 日，冈比亚向国际法院提起针对缅甸政府的诉讼后，西方主要国家普遍表示欢迎，并借机向缅甸特别是缅军施加更大的压力。11 月 25 日，美国助理国务卿帮办托马斯·狄南诺在禁止化学武器组织年会上宣布，美国确定缅甸存有芥子气化学武器，此举严重违反《禁止化学武器的全球公约》。对此，缅甸军方发言人否认相关指责，强调缅甸无意拥有此类武器，从未实施任何与化学武器有关的项目。12 月 10 日，美国政府借"国际人权日"之机，宣布对缅甸军方高层的制裁决定，冻结缅甸国防军总司令敏昂莱等人在美全部资产，禁止任何美国人和美国企业同制裁对象保持生意往来。欧盟在冈比亚提起诉讼后表示，将重新考虑欧盟对缅甸的制裁措施。德国宣布暂停对缅甸的一切援助和签证发放，呼吁其他欧盟国家恢复对缅经济制裁。

---

① "Engel, Chabot, Cardin, Young Call for Accountability on Second Anniversary of Rohingya Genocide," U. S. House of Representatives Committee on Foreign Affairs, August 26, 2019, https: // foreignaffairs. house. gov/2019/8/engel – chabot – cardin – young – call – for – accountability – on – second – anniversary – of – rohingya – genocide.

② "Risch Statement on Anniversary of Initiation of Mass Atrocities against the Rohingya," U. S. Senate Committee on Foreign Relations, August 26, 2019, https: //www. foreign. senate. gov/ press/ chair/release/risch – statement – on – anniversary – of – initiation – of – mass – atrocities – against – the – rohingya.

③ "Statement on Agenda Item 70c Situation of Human Rights of the Rohingya Muslims and Other Minorities in Myanmar," United States Mission to the United Nations, November 14, 2019, https: //usun. usmission. gov/united – states – statement – on – the – situation – of – human – rights – of – the – rohingya – muslims – and – other – minorities – in – myanmar/.

三 与俄日印及东盟国家关系稳定发展，借此抗衡外部压力

（一）与俄罗斯关系从防务合作向其他领域拓展

4月20日，缅军总司令敏昂莱大将率团赴俄罗斯访问。缅军代表团先后参观了俄航空工厂、无线电厂等，敏昂莱与俄国防部和军方官员讨论了缅俄双边关系和防务合作，他表示，印太地区的和平稳定有赖于地区各国之间基于主权平等和相互尊重的规则。6月6~10日，缅甸国务资政府部部长吴觉丁瑞、计划与财政部副部长吴瑟昂出席在俄罗斯圣彼得堡举办的第23届圣彼得堡国际经济论坛。6月18~20日，缅甸投资与对外经济关系部部长吴当吞率团赴俄罗斯出席第十届国际安全高官会及缅甸—俄罗斯经济研讨会。8月3日，缅甸陆军代表团参加在俄罗斯举办的"2019年俄罗斯国际军事竞赛"。9月18日，俄罗斯联邦数字发展、通信和大众传媒部副部长阿列克谢·沃林在与缅甸官员会谈时表示，俄罗斯愿意在数字领域向缅甸提供更多的技术支持，帮助缅甸起草《网络安全法》，建设电子政务平台，发展智慧城市等。10月16日，俄罗斯国防部副部长亚历山大·佛明率团访问缅甸，敏昂莱接见俄罗斯代表团一行。11月2日，缅甸海军"马达班"号登陆舰访问俄罗斯符拉迪沃斯托克港。12月底，缅甸向俄罗斯购买的6架雅克-130教练机和2架米-35P直升机交付缅甸空军。

（二）与日本和韩国的关系持续深化发展

4月10日，日本和缅甸签署援助协议，日本政府将向缅甸提供4.44亿日元用于购买农业机械和建筑设备，另提供28.28亿日元用于改善缅甸航空监视系统项目。5月，日本又宣布向缅甸提供总计6.12亿日元的奖学金，资助缅甸公务员赴日本大学学习培训。5月29日，日本驻缅甸大使在接受采访时表示，日本不主张国际社会就若开问题对缅甸施压、制裁，这样做只会让问题更加复杂，日本政府愿与缅甸人民和缅甸政府合作，努力寻求事件的妥善解决，日本准备对从孟加拉国返回的缅甸难民提供帮助。7月31日，国务资政杜昂山素季会见到访的日本外相，双方就缅甸政治转型、发展援助、民族和解等问题进行了交流。8月14日，内比都举行了2019年湄公河—日本友谊年活动，国务资政杜昂山素季出席活动并表示，湄公河—日本合作项目始于2007年，目的是促进湄公河流域国家的社会和经济发展，缅甸感谢日本对湄公河地区国家发展提供的帮助，希望借此次活动增进双方的友谊，互相学习和分享经验。10月9日，缅甸国防军总司令敏昂莱大将访问日本并同日本外相茂木敏充举行会谈。10月20日，杜昂山素季抵达日本东京，参加日本德仁天皇登基仪式。在日本期间，杜昂山素季与日本首相安倍晋三举行会晤，安倍晋三敦促缅甸政府采取措施妥善解决若开问题，并承诺日本政府和民间将继续为缅甸提供最大限度的支持。[①] 11月29日，日本驻缅甸大使丸山一郎表示，"日本致力于帮助缅甸少数民族武装组织与政府签署停火协议地区受冲突影响的人，日本坚定支持缅甸和平进程"，"如果少数民族武装组织与政府签署停火协议，日本将为少数民族武装组织控制地区的平民提供人道主义援助"。[②] 12月16日，日本皇室瑶子女王赴缅甸访问，杜昂山素季会见了瑶子女王，就缅日两国的传统文化交流和友好关系交换了意见，瑶子女王是首位访问缅甸的日本皇室成员，在缅甸期间她前往仰光一处日本人公墓吊

---

① Nan Lwin, "Japanese PM Urges Myanmar Military, Govt to Address Rights Issues in Rakhine," *The Irrawaddy*, Oct. 21, 2019, https：//www. irrawaddy. com/news/burma/japanese – pm – urges – myanmar – military – govt – address – rights – issues – rakhine. html.

② SitHtet Aung, "Japan Reaffirms Support for People in Conflict Zone," *Myanmar Time*, November 29, 2019, https：//www. mmtimes. com/news/japan – reaffirms – support – people – conflict – zones. html? ＿＿cf＿chl＿jschl＿tk＿＿＝877568825dfce7180dafdc2369d14211bf5be5b0 – 1614240924 – 0 – AW＿vvqd4DEszg8D1PFc6Ck0 – G4ySqMydrEi2kGaCcFprUViOkX7x7o2sM – RuKV05iHJM4SQYvBORgfFuuSuYNoEMBb5uBraB8LoR2u5m6Prd9tDFS＿7WBk16mePqT＿KrHJSt＿pjIO1E7kCSZoY5GKHQvklUqhm4SAU＿9＿QD5jXv6HQ＿cU＿rYOcSfzQ0cQFNgVuYDx624rMv – EPEU7fyJwcFFfjgJUEAlpx1N0sXplurLPeHz – 3g4LCnDooqfMo7tl4v6WBVkt6IbTNB7gbUwg1rtgx8fjnR7Sn5FL9r＿FKGBoTGVllE1wW8fbT4jwzZkPCk1GZzmJ31 – S7p2vHX97zILrt2U7ToLjZW6cHk6VyFKUkmXd5q5vC0qMyvvytDGqQ.

唔，并参观佛教寺庙。12月21日，缅甸民族和解日本政府特别代表笹川阳平与日本驻缅甸大使丸山一郎先生赴克钦邦访问，并宣布随着克钦邦局势稳定，日本将向该地区难民安置及发展提供援助。

9月3日，韩国总统文在寅访问缅甸。缅甸总统吴温敏在欢迎致辞中表示，此次访问是缅韩关系的里程碑，两国自1975年建交以来，双边关系与合作不断发展，联系日益紧密，缅甸感谢韩国提供的发展援助，由韩国支持的"新村运动"为缅甸的经济社会发展带来了巨大益处，缅韩达拉友谊桥也是两国友好关系的有力证明。在文在寅到访缅甸之前，《缅甸新光报》于8月27日发表题为《不断发展的缅韩合作》的文章，指出缅韩两国建交44年来，友好合作不断巩固和发展，截至2018年11月，韩国已成为缅甸第五大投资国，投资额达到2.54亿美元，两国贸易额达到7.9亿美元。韩国国际合作机构（KOICA）助力缅甸开展教育、卫生和小额贷款，在仰光建设师范学校，开设缅甸发展研究所，关注和研究缅甸社会经济发展。访问期间，杜昂山素季与文在寅举行了会谈，韩国承诺加大对缅甸投资与加强合作，文在寅还出席了在仰光举行的韩缅工业园奠基仪式和缅韩经济合作论坛。[①] 9月23日，"缅甸—韩国公共行政合作论坛"在内比都举行，论坛旨在对缅甸行政管理机构改革提供智力支持，出席论坛的韩国内政和安全部副部长表示，韩国总统刚刚结束对缅甸的访问，两国领导同意建立互信，并与缅甸分享韩国发展经验，论坛的举办将有助于加强两国行政官员之间的友谊和信任。

（三）与印度保持较为紧密的高层交往

5月24日，缅甸国务资政杜昂山素季致电印度总理莫迪，向其在选举中获胜连任表示祝贺，她表示，"期待与印度政府密切合作，进一步加强和深化两国长期和久经考验的友谊"。5月30日，缅甸总统吴温敏率团赴印度

---

① Nan Lwin, "South Korean President Enhances Bilateral Economic Ties with Myanmar," *The Irrawaddy*, Sep. 3, 2019, https：//www. irrawaddy. com/news/burma/south – korean – president – enhances – bilateral – economic – ties – myanmar. html.

新德里，访问并出席莫迪就职典礼。6月4日，缅甸投资委员会批准了印度 Adani 集团在仰光阿隆镇的以 BOT 模式进行港口建设的项目。该项目总投资 3亿美元，占地54英亩，预计工时为30个月，运营期为50年，是目前印度对缅最大投资项目。7月9日，印度驻缅甸大使向缅甸政府移交250座预制房屋，用于安置若开邦难民。根据缅甸和印度签署的协议，印度将在5年内向若开邦提供2500万美元的援助，从教育、医疗、农业、畜牧业、电力分配、农村交通以及获得洁净水方面发展若开邦。7月25日，缅军总司令敏昂莱赴印度访问，与印军高层就加强两国军队交流与军事合作进行了会谈，并签署了关于防务合作的谅解备忘录，印度邀请缅军参加"米兰"海军演习，缅甸还计划从印度购买一艘潜艇。8月25日，印度陆军参谋长访问缅甸。11月3日，印度总理莫迪在参加东盟—印度峰会期间与缅甸国务资政杜昂山素季举行会谈，莫迪表示，印度高度重视与缅甸的关系，缅甸是"东进政策"和"睦邻优先政策"的重要对象之一。印度将继续致力于通过缅甸与东南亚国家间的互联互通，协助提升缅甸警察、军队、公务员的能力及教育交流合作。杜昂山素季重申了对缅印关系的重视，赞赏印度对缅甸转型与发展给予的支持帮助。

（四）与东盟关系总体稳定，若开问题引发分歧

1月28日，杜昂山素季接见了越南副外长阮国栋，越南向缅甸捐赠10万美元用于若开邦恢复重建。3月12日，缅甸国际合作部部长吴觉丁出席了缅甸—越南双边合作委员会会议，与会的两国代表一致表示将在2020年缅越建交45周年之际将双边贸易额提升至10亿美元以上。3月7日，第16届东盟成员国军事首脑会议在泰国举行，缅军总司令敏昂莱出席会议，并以《应对持续发生的恐怖主义》为题发表演讲。借出席会议的机会，敏昂莱对泰国进行了正式访问。4月8日，缅甸国务资政兼外交部部长杜昂山素季会见了来访的马来西亚外长赛夫丁，双方就若开问题交换了意见。4月30日，杜昂山素季赴柬埔寨访问，与柬埔寨首相洪森举行会晤，就加强双边关系与合作达成共识。5月22日，缅甸同菲律宾召开了第三届"缅—菲合作委员

会会议"，两国部长就促进双边关系和扩大合作进行了讨论，表示未来将加强两国在文化、教育、国防、农业、渔业和旅游业方面的合作，并在区域和国际机构中加大相互支持的力度。5月27日，杜昂山素季在内比都会见了东盟秘书长，就若开局势、东盟立场等进行交流。6月7日，杜昂山素季致电泰国总理巴育，祝贺其再次当选为总理。6月16日，越南副总理、政治局委员王庭惠率团对缅甸进行工作访问，两国领导就强化贸易投资等议题交换了意见。6月21日，杜昂山素季率团前往泰国出席第34届东盟峰会，参加峰会的东盟各国领导一致同意在若开问题上加大向缅甸政府提供帮助力度。在泰国期间，杜昂山素季还会见了印度尼西亚总统和泰国总理。9月25日，越南人民军总参谋长到访缅甸。12月16～18日，应缅甸总统吴温敏的邀请，越南总理阮春福对缅甸进行正式访问，两国就加强全面合作伙伴关系发表联合声明，并签署了《越南—缅甸全面合作伙伴关系行动计划(2019—2024)》《农业农村发展合作备忘录》等多项协议。双方领导对缅甸—越南全面合作伙伴关系取得的进展表示满意，同意于2020年共同举办建交45周年纪念活动，促进人文交流，重视并加强两国在防务和安全领域交流合作机制，扩大在打击犯罪和非传统安全领域合作。双方还承诺在2020年底前制定加强全面经济合作战略，将越南在缅甸的投资增加一倍。双方一致同意在地区和国际机制中保持密切协调与合作。在南海问题上，双方强调不使用或威胁使用武力，遵照国际法准则通过和平手段解决争端，呼吁全面有效落实《南海各方行为宣言》，建立有效、实质、具有法律约束力的行为准则。越南表示将继续支持缅甸为确保若开邦的和平、稳定、法治和促进和平与和解所做的努力。

然而，"罗兴亚人"问题对缅甸与部分东盟国家的关系造成了负面影响。7月中旬，马来西亚总理马哈蒂尔公开谴责缅甸政府军的"种族灭绝"行为，要求缅甸给予"罗兴亚人"公民身份及自治权利等。7月31日，缅甸外交部常务秘书会见马来西亚驻缅甸大使，对马哈蒂尔的言论表示不满和抗议。在8月25～30日举行的第40届东盟国家议会联盟大会上，印度尼西亚议员提出关于"罗兴亚人"人道主义危机的决议草案，遭到缅甸议员代表团的驳斥和拒绝。印尼议员代表团则做出强硬回应，威胁退出本次会议。[①] 9月12日，缅甸政府安排东盟成员国驻缅甸使团团长和高级外交官代表团访问若开邦，代表团成员会见了当地印度教徒和穆斯林民众。缅甸政府希望借此展示若开邦现状，帮助外国使节了解真实情况。

新的一年，缅甸民盟政府外交工作的重心依然是应对"罗兴亚人"问题带来的国际压力，避免国际社会特别是西方可能的介入干预，赢得有利于自身发展的外部环境，吸引外国投资与发展援助，提振经济，确保国内局势的稳定、主权的完整，并顺利举办新一届大选，争取继续执政。

---

① Nyein Nyein, "Most ASEAN Members Back Myanmar's Repatriation, Aid Efforts in Rakhine," *The Irrawaddy*, Aug. 28, 2019, https：//www. irrawaddy. com/news/burma/asean – members – back – myanmars – repatriation – aid – efforts – rakhine. html.

专题篇

Special Topics

B.6
缅民盟政府能源政策的国际互动
——以对缅能源援助为例

范伊伊*

摘　要： 过去十年，缅甸的改革进程不断推进。在民盟政府的领导下，
能源政策体系逐步构建，相关法律法规陆续出台，政府领导
和管理架构搭建不断调整完善，宏观社会和经济政策中能源
领域发展方向越发明确，能源电力领域专项政策也基本成型
并相互协调。本报告发现，缅甸从能源规划、机构设置、平
台搭建到具体项目融资过程，国际发展援助扮演了重要角色。
作为参与缅甸能源领域政策制定、机制改革最直接的方法，
能源援助主要方式包括通过技术援助支持编制规划、修订法
律，帮助缅甸政府部门、技术官员加强能力建设，支持研究

* 范伊伊，中国商务部国际贸易经济合作研究院国际发展合作研究所助理研究员。

机构开展能源领域相关研究，或直接为能源项目提供融资支持，改善缅甸营商环境，以及支持缅甸的智库、民间组织、大学及私营部门等参与缅甸能源政策制定进程。

关键词: 缅甸 能源政策 对外关系 国际援助

能源是经济增长和社会发展的重要物质基础，能源政策是国家推动经济、社会、环境均衡发展的主要治理工具，反映政府的综合治理能力。在民盟政府的领导下，缅甸的改革进程不断推进，能源是推动缅甸现代化建设、提高人民生活水平一个不可逾越的议题。与东南亚其他国家相比，缅甸现代能源电力的可及性低，能源产业发展处于初级阶段，能源供给结构有待优化（如图 1 所示）。能源问题居缅甸面临的诸多经济发展难题之首。

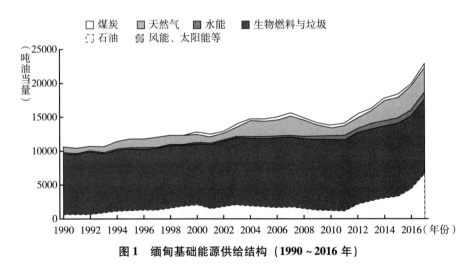

图 1 缅甸基础能源供给结构（1990～2016 年）

资料来源：国际能源署（IEA）2019 年缅甸国别能源数据，https：//www.iea.org/countries/myanmar，检索日期：2020 年 8 月 31 日。

本报告以对缅能源援助为例，旨在展现国际社会如何利用援助参与缅甸能源改革进程，为缅甸能源政策研究提供基础信息。

一　民盟政府的能源政策由来、构成及特点

（一）巩发党政府的能源政策"遗产"

2010 年缅甸大选开启了民选政府执政时期。吴登盛总统领导的巩发党政府开始在能源政策改革上进行探索。但由于能源问题本身的复杂性，尤其是推动改革涉及利益方众多，虽然取得了一些突破，但为民盟留下了一个有待完善的法律、政策与管理体系。

第一，巩发党政府力图完善能源电力相关法律法规。

2012 年之前，缅甸能源电力领域最主要的法律是 1984 年出台的《电力法》和与之配套的 1985 年《电力规则》，这些法律由缅甸工业部推动颁布，缺乏现代电力法律框架的许多内容，如公共机构的责任、电力投资许可和批准程序、确定电价和争端解决的原则与程序等问题。2012 年底，巩发党政府着手起草新的电力法。新的《电力法》于 2014 年 10 月 27 日经议会通过正式颁布，旨在逐步将发电、输电和配电分开，为私营部门提供一个投资框架，并根据国际标准建立相应的电力监管机构。[①]

第二，通过设立国家级委员会，加强对能源电力政策的统筹协调。

巩发党政府于 2013 年 1 月通过《第 2013/12 号总统办公室通知》[②]，宣布成立国家能源管理委员会（National Energy Management Committee），该委员会的职能包括"根据国家能源需求和能源供应需求情况，制定国家能源政策；根据国家能源政策制定国家能源法规，推动国家能源发展；与缅甸投资委员会协调私营部门的投资项目；针对电力行业的当前需求推出短期项目"等。2014 年 9 月，在时任第二副总统吴年吞的推动下，国家电气化执

---

① "Electricity Law," https：//www. moee. gov. mm/en/ignite/page/15，检索日期：2020 年 8 月 31 日。

② "President Office Notification No. 12/2013，" Myanmar President Office，检索日期：2020 年 8 月 31 日。

行委员会（National Electrification Executive Committee）成立，时任电力部（MoEP）部长吴钦貌梭为委员会主席，畜牧水产与农村发展部、建设部、财政部和科技部四位部长为副主席，该委员会的成立最直接的目的是有效管理世界银行贷款支持的国家电气化项目。[①] 设立这两个国家级别的委员会，均为了加强各职能部委之间在能源领域的协调与合作，但同时也能看出能源部和电力部是两条线。

第三，推动制定能源相关政策文件，意在设定能源政策改革方向。

缅甸政府于 2013 年 1 月颁布《经济社会改革框架（2012—2015）》[②]（以下简称《框架》）。作为巩发党政府政治经济改革的纲领性文件，《框架》就能源政策的表述涉及多个方面。在"政府财政政策及管理"章节，《框架》表示要"增加教育、医疗卫生的财政投入，减少政府在能源、公共工程和电力方面的投入"；在"包容性增长与减贫"章节，要"把提高农村的电气化水平，可持续的社区能源发展作为优先发展领域"；在"能源和矿业"章节，要"制订综合的电力领域发展计划，满足未来的电力消费需求，推出相应的法律法规改革举措"；在"环保"章节，《框架》强调缅甸政府"重视对气候变化国际合作的承诺，鼓励生物质能等其他清洁能源技术发展"。

在国家能源管理委员会的领导下，巩发党政府制定了能源领域两大规划——《国家能源总体规划》[③] 和《国家能效及节能政策》[④]。《国家能源总

① "National Electrification Executive Committee Meeting Held," *The Global Newlight of Myanmar*, September 21, 2015, https：//www. globalnewlightofmyanmar. com/national – electrification – executive – committee – meeting – held/，检索日期：2020 年 8 月 31 日。

② "Framework for Economic and Social Reforms：Policy Priorities for 2012 – 15," MIMU, January 14, 2013, https：//themimu. info/sites/themimu. info/files/documents/Ref% 20Doc_ Framework ForEconomicAndSocialReform2012 –15_ Govt_ 2013%20. pdf，检索日期：2020 年 8 月 31 日。

③ Myanmar National Energy Management Committee, "Myanmar National Energy Master Plan," Burma Libarary, December, 2015, https：//www. burmalibrary. org/docs22/2015 – 12 – Myanmar_ Energy_ Master_ Plan. pdf，检索日期：2020 年 8 月 31 日。

④ Myanmar National Energy Management Committee, "National Energy Efficiency and Conservation Policy, Strategy and Roadmap for Myanmar," Asian Development Bank, 2015, https：// www. adb. org/sites/default/files/project – documents/46389/46389 – 001 – tacr – en. pdf，检索日期：2020 年 8 月 31 日。

体规划》的草案于 2013 年底由国家能源管理委员会提交至吴登盛总统，总统办公室据此颁布《国家能源政策》[①]，政策牵头制定编写的部门为能源部。但关于该规划草案的讨论、修订和征求意见历时长达 2 年，其间经历多个修订版本，最终于 2015 年 12 月出台最终版。该规划对缅甸 2014～2030 年的能源消费总量、能源生产和消费结构进行了梳理和预测，提出一系列发展目标，指出在 2030 年将发电能力提高三倍，并支持大力发展水电、天然气发电和煤电。该规划（英文版）共 943 页，除了执行摘要和附录外，正文部分包括七个章节，分别是缅甸经济展望、能源供需历史情况、能源资源储量梳理、能源需求预测、长期最优能源结构、能源供需展望和体制机制保障等。

值得注意的是，在日本援助的支持下，缅甸电力部于 2013 年几乎与能源部同期开始编制另一份规划，名称为《国家电力发展总体规划》。该规划对缅甸能源电力发展设置了三个情景方案：第一个方案以国内能源消费量为目标，第二个方案以资源组合成本最低为目标，第三个方案以平衡消费和投资者之间的利益为目标。

另一份能源领域的国家级规划为《国家能效及节能政策》，主要参与制定的部门为缅甸工业部。该政策旨在提高缅甸的能源利用效率，通过减少能源使用和温室气体排放，设定目标为 2020 年之前减少 12% 的能源使用量，2025 年之前减少 16%，2030 年之前减少 20%。该政策从工业、商业、家用和公共设施四个领域分别进行了数据分析，并提出了带项目预算的六大行动计划，包括机构建设、数据库建设、法律法规、能力培训、意识增强、融资机制。

此外，根据《联合国气候变化框架公约》（UNFCCC），缅甸政府于

[①] Myanmar National Energy Management Committee, "National Energy Policy," SPECTRUM, 2014, https://www.spectrumsdkn.org/en/home/other – sectors/energy/people – centred – energy – policy – conference – 25 – 26 – february – 2015/conference – presentations/138 – national – energy – policy – 2014/file，检索日期：2020 年 8 月 31 日。

2015 年 8 月向联合国提交了《国家自主贡献报告》,[①] 该报告由缅甸环保与林业部（MOECF）起草，提出缅甸将着重关注林业和能源两大领域，包括确保总领土面积的 30% 为保留林和公共保护森林，能源领域承诺发展可再生能源、提高能源效率，将关注水力发电、农村电气化、工业节能以及高效厨灶等具体领域。此后能源产业发展与经济的低碳转型进程结合更加紧密。

第四，缅甸能源领域的非政府组织兴起，与大学、智库机构等联合举办相关会议、研究和倡导活动，影响缅甸的能源政策走势。

在全球气候变化联盟（GCCA）的支持下，缅甸气候变化联盟（MCCA）于 2013 年成立，旨在将气候变化在缅甸政策制定和改革议程中主流化，为政府、地方当局、非政府组织提供能力建设，为发展伙伴、民间社会和私营部门提供信息共享交流的平台。成立于 2012 年的缅甸绿色经济增长联盟（GEGG），通过举办绿色经济增长论坛，联动国内外基金会、非政府组织、研究机构等资源和力量，推动缅甸政府制定与低碳发展相关的政策，例如，2013 年第二届论坛上专门设定 "保障低碳发展与绿色经济路径" 和 "面向个人和企业的可再生和低碳能源，促进缅甸绿色增长" 等作为分论坛主题。世界自然基金会（WWF）的 "缅甸电力发展愿景" 项目于 2016 年发布研究报告，设定到 2050 年缅甸将通过多种可再生资源来满足经济社会发展的能源需求。

总的来说，在巩发党政府执政初期，缅甸没有形成统一的能源政策。除了能源部、电力部、工业部等主要部门外，缅甸的农业部、环保与林业部、科技部等部门也从各自领域出发，从农村电力能源、能源项目的环境影响、能源技术发展等方面制定相关政策，但相互之间缺少统筹和协调。其中，《国家能源总体规划》和《国家电力发展总体规划》两份规划编制工作并行，印证了缅甸电力和能源部门一直以来存在 "踩脚" 情况，同时反映了各部门背后国际力量的争论与较量。

---

① Ministry of Environmental Conservation and Forestry, "Myanmar's Intended Nationally Determined Contribution," UNFCCC, August 25, 2018, https：//www4.unfccc.int/sites/ndcstaging/PublishedDocuments/Myanmar%20First/Myanmar%27s%20INDC.pdf，检索日期：2020 年 8 月 31 日。

（二）民盟政府的能源政策及其特点

杜昂山素季领导的民盟赢得了 2015 年议会选举后于 2016 年组阁执政。在巩发党政府打下的基础上，民盟政府在能源法律法规、机构组织方面继续深化改革，梳理清楚了能源电力两大规划，同时颁布《缅甸可持续发展规划》《应对气候变化政策》等综合发展规划，并在各类政策规划的指引下，民盟政府也着手推动能源项目落地。总的来看，民盟政府的能源电力改革取得了一定成绩，到 2019 年 12 月，缅甸已实现全国 50% 的通电率，并确定了到 2021 年全国通电率达 55%，2025～2026 年达 75% 和 2030 年达到 100% 全面通电的发展目标。

第一，出台细分领域的法律法规。

2016 年，民盟领导的议会组建成立的电力和能源发展委员会（Electricity and Energy Development Committee），成为民盟主导下议会新组建的第一个专门委员会。[①] 2017 年 8 月 1 日，缅甸议会颁布了第 2017/20 号法律《石油和石油产品法（2017）》，同时宣布废除 1934 年的《石油法》。《石油和石油产品法（2017）》包含了关于石油和石油产品的进出口、运输、储存、精炼、分销、检查和测试以及发放相关许可证的规定。政府还起草了《石油和石油产品法》相关附则，石油和天然气勘探有关的法律草案已提交给议会审议。在《国家能效及节能政策》的指导下，工业部开始组织起草《能源效率和节约法（草案)》和《节能指南和手册》，预计 2020 年完成。2018 年 9 月，缅甸电力能源部可再生能源和水电开发司也着手制定《可再生能源法》。[②]

第二，以裁撤合并为主，重组管理机构。

---

① Renaud Egreteau, "Parliamentary Development in Myanmar: Overview of the Union Parliament, 2011 - 2016," The Asia Foundation, May 2017, https://asiafoundation.org/wp - content/uploads/2017/05/Parliamentary - Development - in - Myanmar.pdf，检索日期：2020 年 8 月 31 日。

② Thiha Ko Ko, "Renewable Energy Law in the Works to Speed Up Development," *Myanmar Times*, Spetember 19, 2018, https://www.mmtimes.com/news/renewable - energy - law - works - speed - development.html，检索日期：2020 年 8 月 31 日。

　　民盟政府上台后首先理顺了电力部与能源部分割、政出多门的局面。2016 年 4 月 1 日，将原有的电力部、能源部合并成电力能源部（MOEE）。此后，缅甸的能源电力发展统一归为一个部门领导。缅甸工程协会会长、国家能源管理委员会委员吴温凯（U Win Khaing）被任命为新部门的部长。电力能源部设有 2 名副部长，分管能源和电力，下设 4 个司（department）、5 个公司（enterprise）和 2 个集团（cooperation）（见图 2）。

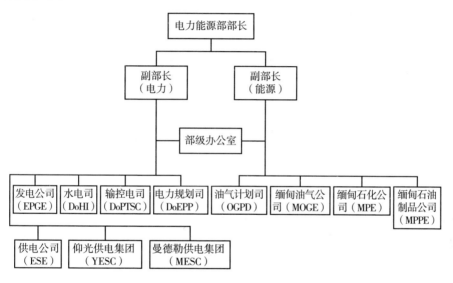

图 2　缅甸电力能源部组织领导架构

资料来源：作者根据缅甸电力能源部官网介绍绘制，https：//www.moee.gov.mm/，检索日期：2020 年 8 月 31 日。

　　同期，农业部、环保部、教育部也都进行了重组或职能调整。例如，农业部与畜牧水产和农村发展部合并，组建为新的农业、畜牧与灌溉部（MALI）。改组后的农业、畜牧与灌溉部，工业部，自然资源和环保部等部门在能源领域的分工更加明确，分别对应农村地区能源发展、节能、应对气候变化等职能改组。部门重组的同时，民盟政府宣布取缔 100 多个跨部门的委员会，其中就包括巩发党政府时期组建的国家能源管理委员会和国家电气化执行委员会。

第三，政策规划体系逐渐完备。

在宏观政策方面，2016 年 7 月，民盟公布"十二项国家经济政策"[①]，作为民盟经济领域的施政纲领，其第四点明确指出要"优先建设电力、公路和港口等基础设施"，此后解决缅甸生活和工业用电缺口，实行电力设施覆盖和输变电线路改造成为缅甸政府经济发展的优先事项。新组建的电力能源部于 5 月颁布对应的"百日计划"，将城市用电和农村通电作为新政府能源政策的"早期收获"项目。2018 年底，缅甸政府通过《缅甸可持续发展规划》[②]，规划表明"缅甸将有效利用自然资源，走低碳、绿色的经济发展道路"，可见民盟政府在注重能源行业发展的同时，也更加关注低碳、绿色的可持续发展道路，具体设定目标为"通过适当的能源生产组合，为居民和工业企业提供价格合理的可靠能源"。

在电力能源部的领导下，缅甸开始更新原电力部牵头编制的《国家电力发展总体规划》。更新后的《国家电力发展总体规划》实现了与《国家能源总体规划》的数据和目标对接，计划到 2030 年将 9% 的可再生能源和 38% 的水力发电纳入能源结构，在 2020 年实现全国 50% 的电气化，到 2030 年全面实现电气化。整合后的两项规划更加注重清洁能源的发展，缅甸电力能源部电力规划司司长于 2018 年公开表示，"缅甸当前清洁能源占比不高，但开发潜力巨大，考虑到面临严峻的环境挑战，经过综合比较分析之后，缅甸政府倾向于采用更先进的技术来发展新能源与可再生能源"。

除了能源和电力发展规划，缅甸的应对气候变化政策也陆续出台，包括

---

① "Economic Policy of the Union of Myanmar," MIMU, August, 2016, https：//themimu. info/sites/themimu. info/files/documents/Statement_ Economic_ Policy_ Aug2016. pdf，检索日期：2020 年 8 月 31 日。

② "Myanmar Sustainable Development Plan, 2018 - 2030," MIMU, 2018, http：//www. themimu. info/sites/themimu. info/files/documents/Core_ Doc_ Myanmar_ Sustainable_ Development_ Plan_ 2018_ -_ 2030_ Aug2018. pdf，检索日期：2020 年 8 月 31 日。

2018 年颁布的《缅甸气候变化政策（2018—2030）》①《缅甸气候变化总体规划（2018—2030）》②。这两份文件由缅甸自然资源和环保部颁布，总共识别了六个优先领域及确定了发展路径：实现气候智能型农业、渔业及牧业，以保障粮食安全；对自然资源实施可持续管理，以实现健康生态；建立有复原力且低碳的能源、交通和工业系统，以实现可持续发展；建设有复原能力、有包容性且可持续发展的城市和乡镇，让人们得以在其中生活发展；实施气候风险管理，以保障人们的健康及幸福；发展教育及科学技术，以建立适应性强的社会。

第四，建立"项目信息库"（Project Bank）机制，推动能源电力领域项目与可持续发展规划对接。

2020 年 2 月，缅甸政府推出"缅甸项目信息库"在线平台，公开提供缅甸政府主导的大型项目的关键信息数据，包括项目说明、进展情况、预估总成本、融资计划和联系人信息等。该信息库的所有项目均由缅甸各政府部门牵头主导，对接"缅甸可持续发展计划"（MSDP）。该项目库在 2 月上线时有 58 个项目，加上 2020 年 8 月又新增 71 个项目，现共 129 个项目。这 129 个项目中，能源电力领域项目（即电力能源部负责的）共 28 个，是项目数量最多的领域（见表 1）。

表 1　缅甸项目信息库（**Project Bank**）分部门统计

部门	个数(个)
缅甸中央银行(Central Bank of Myanmar)	1
中央办公室(Central Offices)	1
农业、畜牧与灌溉部(Ministry of Agriculture, Livestock and Irrigation)	12

① "Myanmar Climate Change Policy（2018 – 2030）," UN Myanmar, 2018, https：// myanmar. un. org/en/26015 – myanmar – climate – change – policy，检索日期：2020 年 8 月 31 日。

② "Myanmar Climate Change Master Plan（2018 – 2030）," UN Habitat, 2018, https：// unhabitat. org. mm/wp – content/uploads/2019/06/MCCMP_ ENG_ READY – TO – PRINT_ 27 – May – 2019. pdf，检索日期：2020 年 8 月 31 日。

续表

部门	个数(个)
商务部(Ministry of Commerce)	3
建设部(Ministry of Construction)	21
电力能源部(Ministry of Electricity and Energy)	28
电力规划司(DoEPP)	13
输控电司(DoPTSC)	3
水电司(DoHI)	3
发电公司(EPGE)	5
供电公司(ESE)	2
缅甸油气公司(MOGE)	1
仰光供电集团(YESC)	1
健康与体育部(Ministry of Health and Sports)	3
内政部(Ministry of Home Affairs)	1
劳动移民与人口部(Ministry of Labour,Immigration and Population)	1
自然资源和环保部(Ministry of Natural Resources and Environmental Conservation)	9
计划与财政部(Ministry of Planning,Finance and Industry)	16
社会福利与救济安置部(Ministry of Social Welfare,Relief and Resettlement)	3
交通部(Ministry of Transport and Communications)	27
孟邦(Mon State Government)	1
内比都发展委员会(Naypyitaw Development Committee)	2
总计	129

资料来源：缅甸项目信息库（Myanmar Project Bank），https：//projectbank.gov.mm/en/，检索日期：2020 年 8 月 31 日。

第五，清洁能源项目实现了零的突破。

缅甸政府分别于 2016 年 6 月和 8 月上马第一个风电项目（羌达风力发电站）和第一个光伏发电项目（敏巫光伏发电站）。2018 年，电力能源部开始以天然气替代及进口电力来解决短期面临的电力短缺问题，在一年内发布了三个液化天然气（LNG）发电项目，总装机容量为 3096 兆瓦，并开始从中国、印度等国进口液化天然气。缅甸政府希望通过公平竞争和充分的问责制来确保合理价格，积极引入新技术，在保证电力供应的同时，尽量减轻不同发电方式对环境和社会产生的不良影响。可见历经两届政府近十年时间，从 2013 年的《经济社会改革框架（2012—2015）》颁布到 2018 年电力、能源、气候变化、工业节能等政策形成，低碳发展的理念已逐步嵌入缅甸的政策话语，并通过清洁能源项目不断推动政策落地。

二　国际对缅能源援助

从巩发党政府到民盟政府，缅甸在十年间不断推动能源政策体系构建，相关法律法规陆续出台，政府领导和管理架构搭建并不断调整完善，宏观社会和经济政策中能源领域发展方向越发明确，能源电力领域专项政策也基本成型并相互协调。到民盟政府后期，能源项目也开始顺着规划的方向逐步落地。纵观缅甸整个能源规划、机构设置、平台搭建到具体项目融资的成型过程，国际机构、外国政府和非政府组织无处不在，其中国际援助资金发挥了重要作用，包括亚洲开发银行、世界银行、日本国际协力机构等在内的多双边发展援助机构扮演了重要角色。

（一）国际对缅能源援助概况

根据经济合作与发展组织（OECD）发展援助委员会（DAC）统计，2009 年到 2018 年，OECD 成员国、世界银行、联合国等多边发展机构对缅甸能源领域的官方发展援助（ODA）[1] 承诺额共计约 24.12 亿美元，占这十年间各领域援助金额 234.41 亿美元的 10.29%。[2] 能源领域的官方发展援助是对缅援助的第二大领域，仅次于交通仓储领域的 24.73 亿美元，高于排名

---

[1]　DAC 负责统计主要援助国和国际组织提供的官方发展援助（ODA）数据。根据 DAC 于 1965 年发布的《关于援助财政条件和方式的建议的补充书》，官方发展援助的标准包括：（1）由援助国的官方机构实施；（2）以促进发展中国家的经济发展和福利改善为宗旨；（3）援助的条件必须是优惠的，赠予成分必须在 25% 以上。没有达到 ODA 标准的官方资金，包括政策性银行贷款等，被统计为"其他官方资金"。

[2]　经济合作与发展组织（OECD）Creditor Reporting System（CRS）统计数据，https：// stats. oecd. org/Index. aspx？DataSetCode＝CRS1#，检索日期：2020 年 5 月 31 日。

第三的政府与公民社会领域的 23.78 亿美元。①

从 2012 年缅甸民主化改革被国际社会认可,对缅能源援助开始增长,到 2015 年达到顶峰 10.8 亿美元,2015 年大选后回落,但随着民盟政府逐步站稳脚跟后对缅能源援助又开始快速回升(见图 3)。十年来,累计的 24.12 亿美元能源援助中,OECD 发展援助委员会(DAC)成员国②提供双边能源援助总计约 13.67 亿美元,多边机构提供的能源援助为 10.45 亿美元。

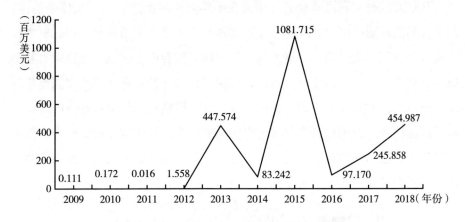

图 3 2009～2018 年对缅能源援助(承诺额)

资料来源:经济合作与发展组织(OECD)Creditor Reporting System(CRS)数据库,https：//stats. oecd. org/Index. aspx？DataSetCode = CRS1#,检索日期：2020 年 5 月 1 日。

从双边援助国看,这十年来日本对缅能源援助承诺额最高,达 10.37 亿美元(详见表 2),且从 2009 年到 2018 年每年都有能源领域的援助投入,2015 年最高达 6.53 亿美元。韩国为 2.29 亿美元,排名第二,德国以 0.52 亿美元排名第三,之后依次是挪威、美国、新西兰、英国、意大利、澳大利

---

① 根据 OECD DAC CRS 统计数据库的领域分类标准,能源领域的发展援助(Aid to the Energy Generation and Supply sector)包括能源政策、研究、培训,能源分配以及按类型划分的能源生产等 17 个子类,http：//www. oecd. org/development/financing – sustainable – development/ development – finance – standards/dacandcrscodelists. htm,检索日期：2020 年 5 月 31 日。

② 1961 年,经济合作与发展组织(OECD)设立了发展援助委员会(DAC),作为国际社会负责协调发达国家向发展中国家提供援助的核心机构。目前,DAC 拥有包括欧盟在内的 30 个成员,绝大部分为发达经济体,中国并非 DAC 成员,所以以下数据并不包含中国。

亚、法国等。从多边援助机构看，世界银行国际开发协会是这十年来对缅能源援助累积承诺额最高的多边机构，总援助额高达 5.83 亿美元，亚洲开发银行排名第二，为 4.45 亿美元，全球环境基金（GEF）为 1563 万美元，联合国系统仅 UNDP 提供了 103 万美元的能源援助。

表 2　2009～2018 年缅甸能源领域援助（承诺额）情况

单位：百万美元

	2009 年	2010 年	2011 年	2012 年	2013 年	2014 年	2015 年	2016 年	2017 年	2018 年	总计
双边援助国											
日本	0.037	0.153	0.016	0.467	196.200	12.890	653.100	2.110	146.410	25.670	1037.053
韩国	—	0.020	—	—	108.510	—	3.615	0.024	0.306	116.530	229.01
德国	—	—	—	0.058	0.095	0.073	0.078	2.421	49.679	0.065	52.47
挪威	—	—	—	1.019	1.501	12.350	1.034	4.322	7.802	3.776	31.80
美国	—	—	—	—	2.713	0.416	2.201	0.349	0.007	0.108	5.79
新西兰	—	—	—	—	—	—	—	—	0.452	3.985	4.44
英国	—	—	—	—	—	—	—	0.157	0.037	2.401	2.60
意大利	0.074	—	—	—	—	—	—	—	1.072	0.433	1.51
澳大利亚	—	—	—	0.014	0.026	—	—	0.544	—	0.523	1.11
法国	—	—	—	—	—	—	—	0.837	—		0.84
多边援助机构											
世界银行	—	—	—	—	133.180	—	420.970	—	29.178	—	583.33
亚洲开发银行	—	—	—	—	2.583	57.093	0.175	86.411	—	298.900	445.16
全球环境基金(GEF)	—	—	—	—	2.692	—	—	—	10.434	2.500	15.63
联合国	—	—	—	—	0.066	0.423	0.544	—	—	—	1.03

资料来源：经济合作与发展组织（OECD）Creditor Reporting System（CRS）数据库，https：//stats. oecd. org/Index. aspx？DataSetCode＝CRS1#，检索日期：2020 年 5 月 1 日。

在能源领域下的次领域中，能源分配（Energy Distribution）次领域的援助总额最高，为 9.57 亿美元，占比高达 70%，这主要由于单个项目的援助金额比较大。可再生能源援助项目金额也高达 2.07 亿美元，占 15%，此外还有 1.79 亿美元的援助投向能源政策领域，占比为 13%（详见图 4）。值得

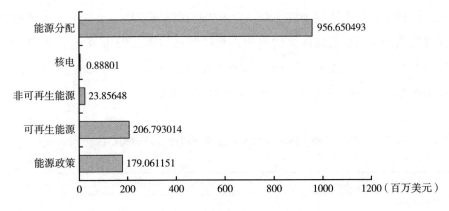

图4　2009～2018年对缅能源援助（承诺额）次领域分布

资料来源：经济合作与发展组织（OECD）Creditor Reporting System（CRS）数据库，https：//stats. oecd. org/Index. aspx？DataSetCode＝CRS1#，检索日期：2020年5月1日。

注意的是，能源政策与其他能源类基础设施不同，属于"软援助"，这样高的软援助金额也说明能源政策是国际社会对缅甸能源领域最为关切的点之一。

（二）国际对缅能源援助的方式及途径分析

2012年缅甸开始改革后，国际援助大量涌入。能源援助是各国参与缅甸能源领域政策制定、机制改革最直接的手段。主要方式包括：通过技术援助支持编制规划、修订法律，为缅甸政府部门、技术官员提供能力建设，支持研究机构开展能源领域相关研究，或直接为能源项目提供融资支持，帮助缅甸改善营商环境等。除了直接为缅甸政府提供资金和技术援助，各大援助方还支持缅甸的智库、民间组织、大学及私营部门等参与缅甸能源政策制定进程。

1. 综合型技术援助

对缅甸能源政策影响最大也最直接的一类是综合型技术援助，包括直接支持规划编制，为政府官员和技术人员提供能力建设等。从巩发党到民盟，能源领域几大政策规划背后都有国际援助的支持。例如，亚洲开发银行支持国家能源管理委员会、能源部、工业部等部门编制《国家能源总体规划》

《国家能效及节能政策》，日本支持电力部制定的《国家电力发展总体规划》，再如在能源电力相关法律法规修订上，以挪威为代表的国际援助力量也通过技术援助深度参与这一过程。

最有代表性的是亚洲开发银行的技术援助项目——"缅甸：加强国家能源管理委员会在能源政策规划上的能力及体制建设"[①]。该项目总金额为175万美元，于2013年4月通过审批正式启动，一直持续到2017年6月，前后持续时间长达4年。该项目一开始由亚开行出资并进行项目管理，由能源领域的技术咨询公司智能能源系统（Intelligent Energy Systems）和缅甸国际咨询（Myanmar International Consultants）组织专家具体承担技术工作，到2015年1月向缅甸政府提交《能源领域评估、政策和路线图》。到2016年，利用亚开行专项资金"日本减贫基金"（Japan Fund for Poverty Reduction）又为该项目注资，亚开行还在此基础上展开了关于能效及节能的技术援助。最终《国家能源总体规划》和《国家能效及节能政策》分别于2016年1月和2月由缅甸政府发布。该项目主要目标是帮助缅甸政府编制并推出一份未来20年的能源领域长期总体规划，具体开展的活动包括：（1）整合相关部委和机构内现有的零散的中长期能源规划；（2）为编制能源总体规划进行能源经济学分析，包括对能源需求的预测、对所需投资的预测及融资模式判定；（3）梳理缅甸现有能源管理体制，加强国家能源管理委员会、经济发展委员会和有关部委在制定和实施能源政策，特别是可再生能源开发方面的协调能力；（4）为规划活动编制一套详细的能力建设计划，培训缅甸国家能源管理委员会、经济发展委员会和相关部委的政府工作人员，以提高缅甸官员落实长期能源规划的能力；等等。

另一个具有代表性的项目是日本的技术援助——"缅甸国家电力开发规划能力建设项目"。在该技术援助的支持下，日本于2012年前后开始支持缅甸电力部开展国家电力规划。该援助项目由日本国际协力机构（JICA）

---

① "Institutional Strengthening of National Energy Management Committee in Energy Policy and Planning," ADB Myanmar, https：//www.adb.org/projects/46389 - 001/main # project - pds，检索日期：2020年8月31日。

组织、日本 NEWJEC 公司和关西电力公司具体承担"国家电力开发规划能力建设数据收集"任务，该技术援助的产物之一就是缅甸《国家电力发展总体规划》，初稿于 2014 年 9 月提交。除了规划文本外，还包括技术转移、能力培训、机构建设等内容。虽然初稿早已在 2014 年提交，但这一援助项目一直持续到 2019 年 4 月，JICA、NEWJEC 公司和关西电力公司联合向缅甸政府提交了《缅甸国家电力开发规划能力建设项目完成报告》后才算正式结束。此后，在总体规划的基础上，日本对缅甸大城市的电力供应提供技术援助。例如，2014 年 4 月，JICA 与日本中部电力有限公司完成《缅甸仰光大区电力改善项目事前调查最终报告》，又与日本工营公司就日缅合作的迪洛瓦经济特区的电力供应提供了技术援助。

然而，亚开行的《国家能源总体规划》和 JICA 的《国家电力发展总体规划》在一开始缺少协调、各有议程，甚至存在竞争关系。直到 2015 年 2 月 23 日，缅甸政府牵头召开援助国协调会议的电力工作组会议，亚开行才与 JICA 开始商定，在两项技术援助项目之间开展协调，并各自相应地追加了技术援助的金额。此后，两个项目组开始共享已有的数据，电力总规划和能源总规划采用了更加一致的标准，亚开行采用了 JICA《国家电力发展总体规划》中的一些基础信息调整适用于自身规划的预测，并调整了规划的年限，将其延长到 2030 年，与 JICA 的援助项目相一致。

能源电力有关法律法规修订方面，挪威一直是积极参与推动的一大国际力量。先是通过亚洲开发银行为缅甸的《电力法》修订提供了援助资金。除了多边渠道外，2015 年，挪威批准向当时的能源部与自然资源和环保部提供 1000 万美元的技术援助，用于制定电力尤其是与水电相关的法律和法规，并通过聘请能源环境专家组成驻地咨询小组，驻扎在缅甸政府内部，为其提供能力建设。挪威还投入了大量援助资源，帮助缅甸设计水电相关的法律法规和标准，为缅甸官员进行培训和能力建设，在缅甸相关论坛活动上分享挪威的水利发展经验等。[①]

---

① 信息来源于采访挪威驻缅甸大使馆发展援助参赞，采访时间为 2019 年 8 月 9 日。

2. 为重大能源项目提供优惠的融资支持

第二类援助是直接为重大能源项目提供融资，尤其是优惠贷款支持，并通过技术援助完善该领域政策、优化市场条件。"缅甸项目信息库"显示，电力能源部负责的 28 个项目总金额高达 61.03 亿美元，其中发展援助投资支持的项目 8 个，与缅甸政府财政投资一起支持的项目 4 个（详见图 5），其中日本援助的项目包括：巴鲁昌 1 号 Sedawgy 水电站修复项目，Thilawa 联合循环电厂项目，国家输电网络发展项目一期、二期工程，Myanaung 23 - MW 燃气发动机发电厂，Ywama 300 兆瓦联合循环电厂，区域基础设施改善项目。

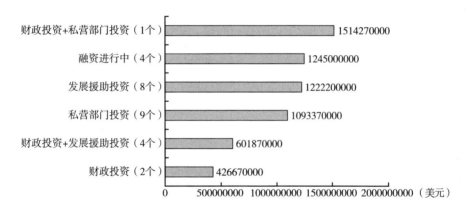

图 5   "缅甸项目信息库"电力能源部项目投融资情况

资料来源：缅甸项目信息库（Myanmar Project Bank），https：//projectbank. gov. mm/en/，检索日期：2020 年 8 月 31 日。

此类援助最具代表性、规模最大的是 2015 年 9 月世界银行支持的"国家电气化项目"[①]。该项目资金共计 5.67 亿美元，有四个组成部分。第一部分是电网扩建，支持配电公司扩大配电网络，并将社区和家庭与国家电网连接起来。第二部分是离网电力开发，通过 4 亿美元优惠贷款支持缅甸偏远地

① "National Electrification Project," The World Bank Group, https：//projects. worldbank. org/en/projects - operations/project - detail/P152936，检索日期：2020 年 8 月 31 日。

区开发太阳能微电网的离网部分改造，项目覆盖至钦邦、克钦邦、掸邦、若开邦、德林达依省等地区的农村，项目将于2021年9月结束。目前，超过215000户家庭，8000多家诊所、学校和宗教建筑因此实现电气化。到2021年，离网项目受益范围将增加覆盖30000户家庭，13000所诊所、学校和宗教建筑。第三部分是技术援助和项目管理，为自然资源和环保部与劳动和社会发展部提供能力建设，提高相关部门执行国家电气化计划的能力，同时改善与电气化和可再生能源有关的政策和监管框架。最后，第四个部分是风险储备机制建设，作为世界银行国际开发协会（IDA）支持缅甸应急反应机制构建的一部分。

3. 前期咨询及示范类援助

第三类援助对能源政策的影响相对间接，主要是利用援助支持开展大型项目的可行性研究，推动示范项目，为私营部门投资合作创造更好的条件。

在援助为项目开发提供前期咨询支持方面，英国国际发展部（DFID）向世界银行国际金融公司（IFC）提供援助资金支持，用于为仰光供电局（自2015年4月起更名为仰光电力公司）的项目（Myingyan 250 MW IPP）提供咨询服务。此外，英国还向亚开行提供了资金支持，用于给缅甸制定能源和环境领域的公私伙伴关系（PPP）融资技术框架。在英国援助的支持下，2015年InfraCo Asia在缅甸成立分公司Infra Capital Myanmar，作为一个援助资金支持、商业化运作的基础设施项目开发机构，旨在为缅甸离网发电以及其他农村基础设施提供项目开发前期咨询服务。①

可行性研究也是前期咨询的重要领域，日本在此方面是实践最早、覆盖领域最全的援助国。早在2000年，日本援助就开始支持调查在缅甸边境和农村地区引入可再生能源；2003年，由日本国际协力机构、日本工营公司、日本能源经济研究所等完成《缅甸关于农村地区引入可再生能源调查最终报告书》，主报告共5卷，包括摘要、概要、农村电气化指南、可持续型小水电操

---

① "Myanmar Rural Electrification Services," InfraCo Asia, https：//infracoasia. com/our-portfolio/myanmar-rural-electrification-services/，检索日期：2020年8月31日。

作手册、开发计划，支持报告共 3 卷，包括操作手册附录、机构/社会经济学、可再生能源。2015 年 1 月，日本再次针对缅甸农村可再生能源进行技术援助，这是日本政府通过援外带动中小企业在缅投资的具体体现，具体举措包括日本国际协力机构（JICA）组织川端铁工、角野制造所、亚洲航测等公司，并提交《缅甸农村能源自主援助项目调查（中小企业合作促进）最终报告》。2013 年，亚开行承担日本援助项目"农村地区生计与收入改善项目"，该项目特别关注伊洛瓦底江三角洲、中央干旱区、德林达依地区和掸邦山地，对为贫困家庭提供太阳能家用系统和日光灯进行可行性研究。2013 年 JICA 联合日本煤炭能源中心完成了《缅甸煤电领域数据搜集调查最终报告》，但在对缅甸煤电的基础情况进行信息搜集和摸底后，并没有进一步开展援助煤电项目。

美国贸易发展署（USTDA）于 2015 年对缅甸提供能源政策援助，向缅甸电力部派驻专家，为其提供能源项目的咨询服务，制定了《天然气项目准备指南》，对三个能源项目进行可行性研究，帮助缅甸政府开展电力项目评估，通过援助鼓励其使用国际最佳实践方式，为缅甸政府日后审批电力项目制定技术模板。[①]

援助支持示范项目方面，2013 年，世界银行批准了 1.4 亿美元的国际开发协会的贷款，以支持用一个新的联合循环燃气轮机发电厂取代直通（Thaton）现有的燃气轮机站，这是缅甸改革后世界银行在缅甸的一个能源电力项目，[②] 除了项目之间融资外，该项目还支持缅甸电力部、国家电力公司（MEPE）开展能力建设与咨询活动。联合国开发计划署（UNDP）一直在进行缅甸能源获取途径方面进行示范合作，包括支持在 12 个村庄建造 12 个微型水力发电厂；UNDP 还与泰国可再生能源协会合作使用一项循环基金，评估用 LED 照明系统替换烛光的可行性。德国复兴信贷银行（KFW）和德国国际合作机构（GIZ）为缅甸农村地区提供离网发电的技术和资金支

---

① "Natural Gas Project Preparation Guide," USTDA, https：//ustda. gov/wp - content/uploads/ USTDA - Natural - Gas - Project - Preparation - Guide. pdf，检索日期：2020 年 8 月 31 日。

② "Electric Power Project," The World Bank Group, https：//projects. worldbank. org/en/projects - operations/project - detail/P143988，检索日期：2020 年 8 月 31 日。

持，扩大农村电网覆盖，推动缅甸的农村电气化进程。已划拨了700万欧元的援助，其中200万欧元用于技术援助，500万欧元用于投资掸邦南部太阳能系统示范项目。泰国政府为仰光的两座120兆瓦燃气发电厂和仰光三镇的配电网络修复提供2000万美元赠款。

4. 支持能源领域的民间社会发展

最后，国际援助支持缅甸本地智库、高校、非政府组织等参与缅甸的能源政策制定。例如，全球气候变化联盟（GCCA）就接受了欧盟的资金支持，由联合国人居署（UN Habitat）和联合国环境规划署（UNEP）为缅甸气候变化联盟（MCCA）提供技术援助，直接参与《缅甸气候变化政策和总体规划》的编制。世界自然基金会（WWF）的"缅甸电力发展愿景"项目就受到来自MAVA基金会和丹麦国际发展署（DANIDA）的资金支持。[①] 缅甸绿色经济增长联盟（GEGG）举办的论坛就有大量援助机构资助，例如，2013年第二届论坛"保障低碳发展与绿色经济路径"分会是由日本资助的，"面向个人和企业的可再生和低碳能源，促进缅甸绿色增长"分会由挪威支持。绿色增长组织（GGGI）、德国国际合作机构（GIZ）在2017年为缅甸提供了国家自主贡献（NDC）相关的信息监测汇报与评估的技术援助。[②] 日本国际协力机构于2012年与缅甸新能源与工业技术开发组织（NEDO）达成了一项合作协议，旨在在缅甸引进可再生能源和节能技术。东盟在欧盟委员会的资助下，制定了"东盟能源管理计划"（AEMAS），在缅甸工程学会（MES）的支持下进行了培训并认证了42位能源项目经理。联合国工业发展组织（UNIDO）发起"缅甸工业能源效率的提高"项目，包括政策支持、能力建设和示范项目，于2015年1月开始到2019年12月结束，持续60个月。

① "Myanmar's Electricity Vision," WWF, December 2016, https：//www. wwf. org. mm/en/news _ room/publications/？288192/myanmar – electricity – vision，检索日期：2020 年 8 月 31 日。

② "The Status of Monitoring, Reporting and Verification of Nationally Determined Contributions to Climate Actions in Myanmar," GGGI, September 2017, https：//gggi. org/site/assets/uploads/ 2017/11/Myanmar – MRV – DRAFT – FINAL – Nov14 – ar – DK1. pdf，检索日期：2020 年 8 月 31 日。

（三）中国对缅能源援助与经济合作

近年来，中缅两国在能源政策沟通、应对气候变化、清洁能源技术运用等方面开展了大量援助实践，为缅甸提供了包括物资供应、技术示范、能力培训等各种形式的援助。2017 年 3 月，中国国家发展改革委用应对气候变化南南合作基金向缅甸自然资源和环保部提供应对气候变化的物资援助，提供物资包括 1 万台清洁炉灶、5000 套 100 瓦太阳能家用光伏发电系统，其为缅甸普通农民家庭提供清洁能源、改善生活条件，并为缅甸减排温室气体、应对气候变化做出贡献，项目还包括对来自缅甸 7 个省和 7 个邦林业及干旱区绿化部门近 40 名官员和技术人员进行有关使用和维护的技术培训，提高管理能力。① 2018 年 8 月，中国科技部支持"生物质气化发电在缅甸的示范与推广"项目，通过利用米厂废弃的稻谷壳燃烧产生气体发电，稻谷壳燃烧后产生的生物质炭可以作为农田肥料，满足当地民众的电力需求，推动环境保护，该示范项目装机容量 200 千瓦，将为其所在地的大米加工厂和周围村落提供电力。② 中国的地方政府也参与推动了中缅能源合作，2018~2019 年，在云南省对缅援助专项资金的支持下，开展缅甸绿色能源扶贫示范及配套技术、缅甸绿色建筑等人力资源开发合作项目。共计捐助光伏智慧路灯等设备 177 套，培训绿色能源应用技术十余类，培训当地技术人员 236 人，项目极大促进了云南省优势绿色能源技术向缅甸转移。虽然中国对缅在能源领域的援助近年来有了一定的实践探索，但各个项目因出资方不同，项目设计相对独立，之间的配合协调有限。此外，由于援助方式单一、运作周期短，难以产生长远效应。

与此同时，作为供应链上的一环，中国企业完全具备进入缅甸市场的产品和技术优势，在缅参与了大量能源领域的经济合作项目。2020 年 1 月

---

① 庄北宁：《中国向缅甸赠送应对气候变化物资》，新华网，2017 年 3 月 2 日，http：//www. xinhuanet. com/overseas/2017 - 03/02/c_ 1120556253. htm。

② 庄北宁：《中国援缅生物质气化发电示范推广项目试车剪彩》，新华网，2018 年 8 月 30 日，http：//www. xinhuanet. com/world/2018 - 08/30/c_ 1123356378. htm。

17～18日，中国国家主席习近平对缅甸进行国事访问期间，中缅双方共签署了33个项目文件，其中3个与能源电力有关，包括《关于开展中缅电力互联互通项目可行性研究的谅解备忘录》、《关于加快推进梅林江天然气发电项目的意向书》和《关于促进产能及投资合作的谅解备忘录》，可见能源领域是中缅两国合作的重点。近年来，中国企业在缅甸电力供应、实现能源安全的过程中发挥非常重要的作用，以各种形式参与了几乎所有类型的能源项目，涉及水电站、燃煤电站、燃气电站、液态天然气电站、风电、光伏、输变电等各大领域，合作形式包括承担工程建设运营、物资出口供应、投资经营等多种形式。例如，中国能建为项目总承包（EPC）中标世界银行直通（Thaton）燃机联合循环发电项目，项目位于缅甸联邦共和国孟邦直通镇，设计装机容量118.9兆瓦，被当地人誉为"直通之光"[1]。再如，中国公司联合体（中成进出口股份有限公司—深圳市雷铭科技发展有限公司）中标世界银行贷款"国家电气化项目"的一部分总承包合同，负责设计、供货和安装，共计12万多套设备分布在全缅甸5个省81个城市2277个村。所有部件均为中国生产，并将承担一年的维护工作。[2]

结　语

能源是缅甸发展的瓶颈，其复杂性尤其是涉及利益方众多导致改革推进艰难。杜昂山素季领导的民盟执政后，继承了巩发党政府在能源政策领域的政治遗产，继续推动能源法律法规、机构组织等方面的深化改革——通过改组、合并部门机构，明确各部门职能分工，同时不断推动能源政策体系构建，梳理能源电力两大规划关系，推动相关法律法规陆续出台。与此同时，缅甸的宏观社会和经济政策中能源领域发展方向也

---

[1] 《中国能建签约缅甸首个世行贷款EPC项目》，中国对外承包工程商会，2016年2月1日，https：//www.chinca.org/sjtcoc/info/65359。

[2] 《中国企业承建缅甸家用及公共设施用太阳能设备举行交接仪式》，商务部网站，2017年11月14日，http：//obor.sh－itc.net/article/shiwunew/dwjmhznew/201711/1439951_1.html。

有了《缅甸可持续发展规划》这样综合经济、环境、社会为一体的总体发展规划，并通过"缅甸项目信息库"的方式，着手推动项目落地。可以说缅甸的能源电力政策有了一些起色，是民盟执政五年在经济领域可以交出的成绩单之一。

纵观缅甸整个能源规划、机构设置、平台搭建到具体项目融资的成型过程，国际机构、外国政府和非政府组织无处不在，其中国际援助资金扮演了重要角色。2009年到2018年，OECD成员国、世界银行、联合国等多边发展机构对缅能源领域的官方发展援助承诺额共计约24.12亿美元，占这十年间各领域援助金额234.41亿美元的10.29%，是对缅援助的第二大领域。日本、韩国、世界银行、亚开行是在缅能源领域援助的最大援助方。从国际对缅能源援助，可以看出缅甸能源政策的国际互动情况。一是通过实施综合型技术援助，直接支持缅甸政府规划编制、修订法律，为政府官员和技术人员提供精准设计的能力建设项目。二是利用援助支持开展可行性调查研究、实施示范项目，为私营部门投资项目创造更好的条件，从而推动更多的大型投资合作项目。三是为重大能源项目提供优惠的贷款，并通过技术援助完善该领域政策、优化市场经营条件。四是利用援款支持缅甸本地智库、高校、非政府组织等参与缅甸的能源政策制定。

国际援助对缅甸的能源政策制定进程和机构改革起到了一定的推动作用，尤其是日本、亚开行牵头制定的几大规划以及世界银行的国家级项目，为缅甸政府提供了翔实的能源数据、信息和技术支持，相关组织机构的管理能力也相应得到提升。然而，由于缅甸政府并没有在公开场合承认任何一项援助规划的"合法性"，在能源领域对缅援助的效果是否达到各大援助机构的预期仍存争议：有在缅能源企业认为缅甸政府不具备执行国家电力能源规划的能力，也有一些观察者认为这是缅甸政府故意为之，让援助机构间展开竞争，从而比较出更有利于自身发展（尤其是带援助资源）的规划政策。

对各大援助国而言，通过技术援助引入本国专家成为缅甸的政府顾问，参与技术标准制定，并对规划后续项目持续跟踪，进而通过可行性研究、示范项目等前期咨询服务，引入私营部门参与，在整个过程中让本国企业与缅甸政府机构建立了互相信任，树立品牌。这种以技术援助带动项目合作，引导私营部门参与后续投资经营等经济活动，展现了援助的引领带动作用。

民盟执政以来的缅印关系

胡潇文*

摘　要：　近年的缅印关系以经贸为先行驱动，以互联互通为路径，以安全防务关系为重点，以印度主动推进并扩大在缅甸的影响力为内在动力。在经济领域，缅印双方通过各层面的努力，不断提升和扩大缅印经济合作的层次和规模，但由于基础设施落后以及边界安全问题频发，印缅经贸发展较为缓慢。为了改善这一情况，缅印近年着力推进互联互通建设，继续推进印缅泰三边高速公路和铁路以及卡拉丹（Kaladan）多模式联运项目的修建。缅印将安全防务合作作为两国合作的重点，双边军方高层互访频繁，军事交流互动不断推进并联合打击边界非法武装，印方还帮助缅甸军方进行"能力建设"。缅印也是重要的海上合作伙伴，双方积极开展在孟加拉湾的海上安全合作，印度还加快了进军缅甸能源领域的步伐。近年，印度积极在缅甸国内的和平进程中发挥作用，并将缅甸纳入自己主导的地区和国际合作机制，通过不断提升自己在缅甸的影响力，推进缅印关系的深入发展。

关键词：　缅印关系　民盟　互联互通

缅甸民盟新政府上台后，积极同周边国家开展外交活动，实施"平衡

---

* 胡潇文，云南大学国际关系研究院副研究员。

外交"。①在印度看来，缅甸秉持的"独立、积极和不结盟的、平衡的"外交理念，与印度莫迪政府的"睦邻优先政策"和"东进政策"是可协调、可对接的。对于缅甸来说，与印度发展外交关系有助于打造安全稳定的周边环境，有助于缅甸外交的平衡及发挥区域内的地缘影响力。对于印度来说，缅甸新政府的上台为印度重塑与缅甸的关系提供了契机，也为印度提供了更大的战略空间。印度要全力以赴加强与缅甸的伙伴关系，"以迅速弥补失去的时间"②。因此，2016年民盟执政以来，缅印两国高层互访十分频繁，缅印关系也在这个过程中稳步推进。

2016年8月22日，印度外长斯瓦拉吉对缅甸进行了为期一天的访问并会见了杜昂山素季和时任缅甸总统吴廷觉，这是民盟新政府与印度政府的首次正式接触。随后，缅甸总统吴廷觉于2016年8月27～30日对印度进行了正式访问，这是民盟执政以来，印缅双方高层的首次接触。同年10月，缅甸国务资政兼外长杜昂山素季访问印度，受到"国家元首级"的超规格礼遇。2017年9月，印度莫迪总理访问缅甸，这是莫迪上任后首次访问缅甸，也是印度总理30年来第二次对缅甸进行正式访问。2018年1月26日印度共和国日之际，缅甸政府国务资政杜昂山素季再次访问印度，作为参加共和国日阅兵典礼的嘉宾之一，与莫迪总理再次会面。2018年12月10～14日，当西方国家不断在"罗兴亚人"问题上对缅甸施压之际，印度总统访问了缅甸并对其表示了支持，肯定了21世纪彬龙大会及民盟政府为民族和平进程所做出的努力，成为中俄之后第三个在"罗兴亚人"问题上对缅甸政府表示支持的国家。2019年11月3日，莫迪与杜昂山素季在东盟—印度峰会期间再次会面。2020年2月22～29日，缅甸总统吴温敏访问印度，这是其2020年的首次外访，也是在全球

---

① 孙现朴:《21世纪以来印缅关系发展：动因及前景》,《江南社会学院学报》2017年第2期。

② Ashok Sajjanhar, "India-Myanmar: Time to Rev up Bilateral Ties," September 1, 2016, http://www.ipcs.org/comm_ select.php? articleNo =5116. Ashok Sajjanhar 是印度前驻哈萨克斯坦、瑞典和拉脱维亚大使，曾在印度特派团担任高级职务。

新冠肺炎疫情形势日益严峻的"非常时期的"访问。[1] 2020 年 4 月 30 日，在新冠肺炎疫情在全球范围加剧扩散的时候，印度总理莫迪同杜昂山素季通了电话，莫迪强调缅甸是印度"邻国优先政策"的重要支柱，表示印度愿意为缅甸提供一切可能的支持。[2]

在频繁展开的缅印高层政治交流中，我们可以看到缅印关系发展的基本框架：以经贸关系为先行驱动，以互联互通为路径，以安全防务关系为重点，以印度主动推进并扩大在缅甸的影响力为内在动力。

一 缅印的经济合作

经济合作是缅印合作的先行驱动，是缅印合作的首要领域，但同时也是双方合作的一个弱项。2016 年民盟上台后，公布了缅甸"十二项国家经济政策"，从发展市场经济、扩大就业、推进基础设施建设、鼓励外商投资等多方面规划了缅甸经济未来的发展方向，为缅印经济合作提供了机遇。缅甸欢迎印度加强对缅的投资和经贸关系，而印度也一直渴望能提升在缅甸的经济影响力。但是，印缅经济从贸易总量到投资合作规模都不大。两国经贸在政策协调、边贸安全、总量提升方面都面临诸多问题。近年双方经济领域合作的主要目标，就是通过各层面的努力，提升缅印经济合作的层次和扩大规模。

从政治层面来看，推进经济领域的合作是双方高层会面绕不开的话题。2017 年，两国高层会面时，强调了必须通过消除所有贸易壁垒来改善市场准入，以促进两国之间贸易的必要性，同意继续举行边贸委员会和边境市场委员会的会议，以促进边贸的发展。2018 年的高层互访中，双方讨论了如何改善市场准入以促进两国之间的贸易发展，决定进一步发挥边贸市场的作用。2020 年，双方开始探讨建立印度—缅甸数字支付机制，以及双边以本

---

[1]　孔鹏：《非常时期缅甸总统吴温敏的印度之行》，《世界知识》2020 年第 6 期。

[2]　"Telephone Conversation between Prime Minister and State Counsellor of Myanmar Daw Aung San Suu Kyi," Ministry of External Affairs of India, April 30, 2020.

币结算的机制，促进跨境贸易。

在机制层面，两国不断推进机制化建设。近年，印度工业联合会（CII）与缅甸工商联合会（UMFCCI）建立了长期合作机制。印度南部商会（SICCI）主席于2017年初率领高级代表团访问了缅甸，并与缅甸工商联合会签署了合作协议，同时与曼德勒商会建立了合作关系。双方定期在缅甸组织印度企业展和印度产品展，[①]但从双方贸易合作的实际进展来看，缅印经济合作仍然还有巨大的发展空间。

（一）缅印双边贸易和边境贸易

1. 缅印双边贸易和投资

印度是缅甸的第五大贸易伙伴，第七大全球出口目的地，第四大进口来源国。2018年，印度占缅甸全球出口的2.9%、全球进口的5.1%。[②] 印度还是缅甸的第十大外商投资来源国，但是印度只占缅甸外国直接投资的1.36%。[③]从结构来看，缅甸主要向印度出口食用蔬菜、水果、豆类、木制品等初级产品或初级产品的简单加工品，这些产品产值占2018年印度从缅甸进口额的88%；缅甸主要从印度进口矿物燃料、石油、医药产品、糖类商品，这些产品占2018年印度对缅甸出口总额的44%，缅甸还是2018年印度第二大糖类商品出口目的地。[④]

2016年民盟执政以来，缅印贸易缓慢向前推进。但是，2017年，缅印贸易额相比上年出现26.17%的大幅下降，从2016年的22亿美元跌至16亿

---

① "Commercial Activities," Embassy of India, https：//embassyofindiayangon. gov. in/pdf/menu/ Commercial_ ACTIVITY_ MAY3 – 18. pdf.

② "India-Myanmar Trade and Investment：Prospects and Way Forward," Export-Import Bank of India, June 2019, p. 31.

③ Shine Zaw-Aung, "Myanmar-India Relations-Trade and Economic Perspectives," *Mizzima*. December 10, 2016, http：//www. mizzima. com/business – pinion/myanmarindia – relations – percentE2percent80percent93 – trade – andeconomic – perspectives.

④ "India-Myanmar Trade and Investment：Prospects and Way Forward," Export-Import Bank of India, June 2019, p. 33.

美元，这主要是因为印度对大豆类产品实施了限制措施。[①]印度是缅甸最大的豆类出口市场，缅甸已经持续 30 多年向印度出口干豆类产品，由于印度的干豆价格下跌，印度突然于 8 月份对缅甸的大豆实施了进口限制措施，导致缅甸豆类产品严重滞销，造成短时间内两国间的贸易危机，[②]进而也影响了两国间的年度双边贸易。2018 年缅印贸易额较 2017 年增长了 2.46%，但是仍然没有恢复到 2016 年的水平。

同时，2015 年以来，缅甸在印缅双边贸易中处于贸易逆差的地位，且逆差值在 2016～2018 年越来越大（见表 1）。缅甸从印度进口的商品数额逐年增长，2018 年，缅甸占印度全球出口的 0.4%，高于 2008 年的 0.1%；但缅甸出口到印度的数额，占印度全国进口中份额从 2008 年的 0.3% 下降至2018 年的 0.1%。[③]

表 1　缅印双边贸易（2015～2018 年）

单位：百万美元

	2015 年	2016 年	2017 年	2018 年
缅甸从印度进口	1070.65 （38.46%）	1107.89 （3.48%）	966.19 （-12.79%）	1200.00 （24.20%）
缅甸对印度出口	984.27 （-20.08%）	1067.25 （8.43%）	639.64 （-40.07%）	445.30 （-30.38%）
缅甸贸易逆差	-86.38	-40.64	-326.55	-754.70
总额	2054.92 （2.5%）	2175.14 （5.85%）	1605.83 （-26.17%）	1645.30 （2.46%）

资料来源：DGFT, Dept of Commerce, India；"India-Myanmar Trade and Investment：Prospects and Way Forward," EXIM Bank of India, September 2019。

①　"Bilateral Economic & Commercial Relations," Embassy of India, https：//embassyo findiayangon. gov. in/pdf/menu/BILATERAL_ May3 - 19. pdf.

②　"India's policy change on pea imports impacts Myanmar," Ministry of Information, The Republic of the Union of India, https：//www. moi. gov. mm/moi：eng/? q = news/8/11/2018/id - 11343.

③　"India-Myanmar Trade and Investment：Prospects and Way Forward," Export-Import Bank of India, June 2019, p. 31.

在投资领域，截至 2019 年 11 月，印度在缅甸的投资额为 7.7 亿美元，缅甸对印度的投资额为 897 万美元。其中，印度的药企在缅甸取得了较大成功，投资额从 2010 年的 5000 万美元升至 2018 年的 1.99 亿美元，在缅甸占有 40% 的市场份额。[1]

从投资结构来看，2009 年 1 月至 2018 年 12 月，印度对缅甸投资的 80% 是在石油和天然气领域，其他领域包括金融服务、木制品等。印度石油天然气公司、塔塔汽车公司、艾萨能源公司等众多有实力的印度企业已经进驻缅甸。目前印度在缅甸的投资在 49 个国家中排名第 11 位，相比在缅甸的投资均超过 200 亿美元的新加坡和中国，印度对缅投资还有很大的提升空间。

2. 缅印边境贸易

缅印早在 1994 年 1 月就签署了《边境贸易协定》，并于 1995 年 4 月正式开始执行。目前，两国实际运营的边境贸易口岸只有 2 个，一个是莫雷（Moreh，印度曼尼普尔邦）—德穆（Tamu，缅甸实皆省）口岸，另一个是佐科达（Zowkhathar，印度米佐拉姆邦）—伊科达（Rhi，缅甸克钦邦）口岸，但是由于佐科达—伊科达口岸基础设施建设滞后，缅印边境贸易主要还是在莫雷—德穆口岸进行。[2]缅印口岸数量不足，与缅泰 6 个、缅中 5 个的边贸市场相比，确实有增设口岸的需求。[3]然而，缅印虽然有增设边贸口岸的计划，但大多数计划都没能得到有效落实。2008 年两国曾协商在缅甸与印度纳加兰邦交界处的索马拉（Somara）建口岸，但最后不了了之；2013 年 7 月获批的位于缅甸实皆省版松（Pan saung）的边贸市场至今都还没有建成。[4]2019 年 8 月，印度又筹划在米佐拉姆邦南部增设 4 个边贸市场，同

① "Ministry of External Affairs of India," *India-Myanmar-Bilateral Brief*, January 2020.

② Nisha Taneja, "India-Myanmar Border Trade," India Council for Research on International Economic Relations, June 2019, p. 11.

③ Shine Zaw Aung, "Myanmar – India Relations: Trade and Economic Perspectives," https://www.myanmarisis.org/publication_ pdf/shine – zaw – aung – myanmar – india – relations – trade – and – economic – perspectives – msis – website – TIVbRE.pdf, p. 7.

④ Nisha Taneja, "India-Myanmar Border Trade," India Council for Research on International Economic Relations, June 2019, p. 13.

时承诺将对佐科达—伊科达口岸的海关站点进行升级改造。[①]

近年缅印边贸出现了快速发展,2015~2018年每年贸易总额都在不断增长(见表2),2017年双方边贸突破1亿美元,虽然与同年的缅中贸易68亿美元相比,[②]数额还很小,但是增速已经很快。缅印边贸2018年更出现了较大增长,达到2.24亿美元,比上年增长了87%。缅甸在与印度的边贸中长期处于贸易顺差地位,而且顺差额也在逐年增加。

表2　缅印边境贸易(2015~2018年)

单位:百万美元

	2015年	2016年	2017年	2018年
缅甸从印度进口	19.663	24.958	22.918	25.051
缅甸对印度出口	53.027	73.844	96.866	199.382
总额	72.690 (18%)	98.802 (37.8%)	119.784 (21%)	224.433 (87%)

注:印度商业和工业部Directorate General of Commercial Intelligence and Statistics(DGCI&S)公布的数据与缅甸商务部公布的数据存在巨大差异,如2017~2018财年,缅方的数据为1.19亿美元,而印度公布的数据仅为基本可以忽略不计的0.02美元。从印度官方的数据来看,缅印边贸额十分微小。印度研究机构指出,这可能是由于印方的数据只包括了来自莫雷口岸的信息,没有包括佐科达口岸的数据,或者佐科达口岸数据太小而没被纳入统计。笔者认为这与缅印双方的统计标准和统计方式有关。本报告采用的是缅甸官方的数据。

资料来源:缅甸商务部贸易数据,https://www.commerce.gov.mm。

边贸的增长可能归因于政策上的变更。印度先后对缅印边贸政策进行了两次大的变更。第一次是2015年11月,印度储备银行(RBI)发布通告,禁止印缅边境市场开展物物贸易,要求进行正常贸易。第二次是2015年12月,印度外贸总局(DGFT)发布公告,将印缅的两个边境口岸的贸易类型从"边境贸易"(Border Trade)上升为"一般贸易"(Normal Trade),将边

---

① "Six Border Haats to Come up soon," August 21, 2019, http://timesofindia.indiatimes.com/articleshow/70767318.cms?utm_ source = contentofinterest&utm_ medium = text&utm_ campaign = cppst.

② 《2017—2018财年中缅边贸额仍居首位》,中华人民共和国驻曼德勒总领事馆经贸之窗,http://mandalay.mofcom.gov.cn/article/jmxw/201804/20180402734402.shtml。

贸交易纳入一般贸易的税收和管理体系中，这是为了促进边贸向更大规模的双边贸易转变。[1] 2018 年 5 月 11 日，缅印双方签署的《印度和缅甸陆地边界过境协定》宣布生效，莫雷—德穆口岸和佐科达—伊科达口岸国际出入境关口同时开放。这个被认为具有里程碑性质的边境协议，也为推动边贸的发展发挥了积极作用。[2]

但总体来看，印缅边贸规模还十分有限。缅甸对外贸易的四分之一来自边境贸易，这些边境贸易主要是与中国和泰国开展的，与印度的边贸仅占缅甸边贸总额的不到 1%。

3. 缅印双边贸易发展缓慢的原因

第一，基础设施落后。两国目前的一般贸易主要通过海上运输完成，陆路运输十分有限，而且主要通过印度—缅甸友谊公路运送，[3] 该道路由印度边境道路建设局（Border Roads Organisation）建设，2001 年启用，2009 年翻修后交由缅甸政府管理，现在成为印缅泰三边公路的一部分。但是作为货运主干道，短短 160 公里的道路就有 69 座单行道桥梁，无法承担大量货运的需求。[4] 民盟政府上台后，并没有打算对该路段进行修缮或扩建，因此印缅间的陆路运输成为一个短期内无法解决的问题。截至 2016 年，印度只有两个城市有飞往缅甸的航班。动工多年的卡拉丹多模式联运运输项目完工时间一再拖延，至今仍未完成，短期内难以缓解两国间的交通瓶颈。

---

① Ram Upendra Das，"Enhancing India-Myanmar Border Trade：Policy and Implementation Measures，" Department of Commerce，Ministry of Commerce and Industry，Government of India，2016，p. 37. 该政策或可以解释为何印度官方的边贸数据额过小，印方可能将一些边贸交易认定为一般贸易，从而没有纳入边贸数额。

② Rupakjyoti Borah，"The Opening of an India-Myanmar Land Border Crossing：A Boon for Northeast India，" https：//thediplomat. com/2018/08/the-opening-of-an-india-myanmar-land-border-crossing-a-boon-for-northeast-india/.

③ "India-Myanmar Trade and Investment：Prospects and Way Forward，" Export-Import Bank of India，June 2019，p. 12.

④ Sampa Kundu，"The Current Conundrums in India-Myanmar Bilateral Trade，" *Extraordinary and Plenipotentiary Diplomatist*，Vol. 6，Issue 1，January 2018.

边贸方面，佐科达—伊科达口岸基础设施建设落后，因此设施较好的莫雷－德穆口岸成为两国主要的边贸口岸，但是莫雷—德穆口岸缺乏仓储、易腐物品冷藏设备、测试实验室等基本基础设施，因此缅甸入境印度的样品必须送到英帕尔检测，前后花费 7 天的时间，增加了交易的总时间和交易成本，贸易商需要承担大量的卸货、装载和储存费用。① 2015 年以来，印度在莫雷边界修建了综合检查站及客运和货运楼，2019 年 9 月设施建设基本竣工。但是缅甸一侧的德穆口岸的基础设施还没有得到升级和改造，印度答应尽早帮助缅甸德穆口岸建设现代化综合检查站，印缅边贸的基础设施提升还有待时日。

第二，印度对与缅甸贸易和融资的限制。由于支付方式复杂，印缅间的交易时间长，且贸易费用高昂。2016 年，经印度储备银行的批准，印度和缅甸之间的贸易正式通过亚洲清算联盟（ACU）进行。② 尽管如此，实际操作中，印度储备银行尚未对缅甸与亚洲清算联盟的其他成员国同等对待，由于印缅双方并没有就贸易中的汇率问题达成一致，因此缅甸境内的两家印度银行［印度国家银行和联合银行（代表处）］还都仍然通过新加坡进行交易，经由新加坡的跨国交易费用是印度银行服务费用的三倍，服务成本高昂。③ 此外，印度的银行不愿意接受来自缅甸的信贷，而大部分需要预付款的进口商又必须以银行信贷的方式开展业务，这又进一步增加了贸易成本。④ 最后，印度方面的高贸易壁垒使得缅甸货物难以大规模进入边境贸易市场。

第三，缅印边境长期存在非正规贸易和非法交易。缅印边境贸易的

---

① Nisha Taneja, "India-Myanmar Border Trade," India Council for Reseach on International Economic Relations, June 2019, p. 22.

② 《缅印两国改变贸易方式》，商务部，2016 年 1 月，http://www.mofcom.gov.cn/article/i/jyjl/j/201601/20160101226930.shtml。

③ Pratim Ranjan Bose, "Banking Curbs Stagnating Trade with Myanmar: Businesses," January 9, 2018, https://www.thehindubusinessline.com/economy/policy/banking - curbs - stagnating - trade - with - myanmar - businesses/article9960551.ece.

④ 《印度与缅甸陆上贸易概述》，中国—东盟区域发展省部共建协同创新中心，2020 年 4 月 26 日，https://cari.gxu.edu.cn/info/1354/18190.htm。

不便利带来的后果是非正规交易的盛行。非正规交易主要指易货贸易，只要交易额在两万美元以下，很多商品都是以物物交换的形式进行的，如缅甸商人用豆类交换印度商人手中的林木业产品，[①] 而这些交易难以被纳入统计范围。非正规交易还面临地方武装如阿萨姆步枪队（The Assam Rifles）的滋扰，[②] 以及地方势力的非法收费，造成地方的腐败和贸易的不稳定。边境的非正规交易影响了边境交易的声誉，也没能给边民带来实惠。[③]

第四，安全风险。印度东北部的分离主义势力和地方武装经常跨越印缅边境进入缅甸，并在缅甸境内修建营地、培训武装人员，并滥用本来用于便利边界地区跨境少数民族流动的"自由流动机制"（Free Movement Regime）。[④]对此，印度方面 2018 年提出要对该机制进行改善，以规范管理双方边界地区。

二　缅印间的互联互通

在经济领域发展始终差强人意的背景下，近年，缅印开始着力推进互联互通建设，如果能解决互联互通的难题，缅印间的经贸就能得到进一步的推进。同时，缅甸是印度进入东盟的第一个关口和唯一的陆路桥梁，积极开展与缅甸的互联互通，是印度"东进政策"的核心诉求之一。缅甸的国家规划里也提到要优先发展电力、公路、港口等基础设施建设，因此，缅印在互联互通和基础设施建设上是有共同利益的，缅印间的互联互通建设成为近年

---

① Shine Zaw Aung, "Myanmar － India Relations：Trade and Economic Perspectives," https：//www. myanmarisis. org/publication_ pdf/shine－zaw－aung－myanmar－india－relations－trade－and－economic－perspectives－msis－website－TIVbRE. pdf, p. 7.

② Pratim Ranjan Bose, "Will Check Post at India-Myanmar Border Boost Organized Trade?" https：//www. thehindubusinessline. com/news/national/will－checkpost－at－india－myanmar－border－boost－organised－trade/article29397430. ece.

③ "Ask an Expert", https：//idsa. in/askanexpert/India－Myanmarbordertrade.

④ 该机制允许印度与缅甸边境线向外 16 公里以内地区的跨境少数民族自由进出边境而不需要检查签证等证件。

缅印关系发展的一个重要部分。

2016 年缅甸总统吴廷觉访问印度期间，两国签署了四个协议，其中两个都与互联互通有关，包括推进印度—缅甸—泰国三边高速公路的修建及对部分路段的升级，以及敦促卡拉丹多模式联运运输项目于 2016 年 12 月完成；2017 年莫迪访问缅甸时，缅甸对印度帮助完成卡拉丹河项目下的实兑港的升级改造表示赞赏，并继续讨论了港口经营问题，双方强调要在基础设施建设、交通、卫生等领域加强合作，讨论了签署跨境货物运输协定的可能性；2018 年印度总统访问缅甸期间，双方领导人再次敦促卡拉丹河最后阶段项目的推进，双方计划启动印缅边界机动车协议的谈判。2020 年，双方同意通过简化过境程序和发展基础设施，推动旅客的流动和货物的运输。双方承诺尽早完成关于悬而未决的双边机动车辆协定的讨论，以促进车辆的跨境流动。①2018 年 5 月印度外交部部长斯瓦拉吉访问缅甸期间，双方签署了具有里程碑意义的《陆地过境协议》，它使两国人民能够通过护照和签证跨越陆路边境，进行医疗、教育、朝圣和旅游。该协议还为生活在边境地区的人们提供了通行证，边民无须特别许可即可在边境 16 公里内活动。②该协议有效促进了双边的交流互通。

印缅间的互联互通主要有以下几个大项目。

1. 印缅泰三边高速公路和铁路

印缅泰三边高速公路是印度"东进政策"下最重要的互联互通项目之一，它起于印缅交界处的莫雷—德穆口岸，穿越缅甸的曼德勒和内比都，最后到达缅泰边界美索和米雅瓦迪，总长 1360 公里，可以将印度和东南亚国家通过陆路连接起来。三边公路建设的初衷是促进东盟—印度自贸区的发展，但目前该公路的建设承载了更多的战略意义，是印度"东进政策"得以实施、印度—东盟关系发展的基础保障。该公路主要由印度出资修建，由

①　"India-Myanmar Joint Statement during the State Visit of the President of Myanmar to India," Ministry of External Affairs of India, February 26–29, 2020.

②　"Visit of External Affairs Minister to Myanmar," Ministry of External Affairs of India, May 11, 2018.

印度国家公路管理局负责实施。

该项目最早启动的是被称为"印缅友谊公路"的长为160公里的起始段，该路段连接莫雷—德穆—卡莱姆约—卡莱瓦，已于2001年启用。近年，该路段69座桥梁中的多座已经年久失修，严重影响了运输，印度政府已经于2019年开始组织修复。此外，印度还答应帮助缅甸修建其境内120公里的卡莱瓦（Kalewa）—雅尔基（Yargyi）路段，承诺将其升级为高速公路标准，然而，原定于2016年完工的项目，现已推迟至2021年。[1]尽管如此，印度仍然计划将此公路继续延长至柬埔寨、老挝和越南，以实现其在东南亚地区纵深联通的远大目标。

印度、缅甸和泰国之间还在进行包括机动车辆协定、规范与促进货物和客运车辆运输的议定书的政府间谈判。随着2018年8月8日印缅《陆地过境协议》的实施，印缅跨境人员流动将得到改善，印缅边境公共汽车服务有望在将来实现。

目前，印缅之间没有铁路连接，离印缅边境最近的一条铁路线是印度境内在建的由曼尼普尔邦首府英帕尔到边境基里巴穆（Jiribam）的铁路线，该线路2008年获批，预计2022年3月完工。[2]虽然目前项目还在建设中，但是印度政府已经在为该路段的延伸开展可行性研究，希望将该段铁路延伸至曼德勒和仰光，最终目标是建设德里途经缅甸、泰国、柬埔寨最后到达越南河内的铁路线。[3]

印度政府还计划投资60亿卢比（约8000万美元）启动一条从缅甸边境到印度米佐拉姆邦首府艾藻尔（Aizawl）的长约为300公里的高速公路项目，该公路将有4条车道，可以帮助促进缅印边境的货物运输。

① "India-Myanmar Joint Statement during the State Visit of the President of Myanmar to India", Ministry of External Affairs of India, February 26 - 29, 2020.

② "Indian Railways' Jiribam-Imphal Project Completes Major Milestone," *The Economic Times*, April 30, 2020, https://economictimes.indiatimes.com/industry/transportation/railways/indian - railways - jiribam - imphal - project - completes - major - milestone/jiribam - imphal - railway - line/slideshow/75468542.cms.

③ Rajiv Sikri, *Challenge and Strategy: Rethinking India's Foreign Policy*, New Delhi: Sage Publications, 2009, p. 116.

为了促进互联互通，两国还承诺尽早结束悬而未决的双边机动车协定的讨论，以便利车辆的越境转移。[①]

2. 卡拉丹(Kaladan)多模式联运运输项目

该项目将在缅甸实兑和印度加尔各答之间建造一条运输通道，将实兑改造成为一座港口贸易城市，卡拉丹河沿线开展运河修筑、河道疏浚和公路建设等项目。卡拉丹河道并非可以全程通航，只有缅甸境内的实兑港至卡里瓦（Kaletwa）段适合航行，剩下的河段由于河床低浅、水流湍急无法通航，故从卡里瓦至印缅边境将修建公路。

目前对印度米佐拉姆邦的运输只能通过尼泊尔和不丹与印度相连接的狭窄内陆通道进行，[②] 这一项目的实施将打破印度东北部的内陆封锁状态，为该地区创造新的发展机遇。印度方面认为："考虑到西里古里走廊面临的压力以及孟加拉国在孟印公路连接方面给予的阻力，卡拉丹河道运输将大大缩短加尔各答到米佐拉姆邦的运输距离，减轻'鸡脖子'西里古里走廊的运输压力，重要性十分凸显。"[③]该项目本来预计在 2012 年完工，但该项目自 2008 年开始动工以来，遭受到如地形、季风、土地补偿问题、叛乱分子袭击等各方面因素的干扰，项目施工困难重重，进展缓慢。[④] 目前，在印度米佐拉姆邦南部进行的项目基本完工，缅甸部分的实兑港和帕列特瓦的内陆水港的建设也终于在 2019 年 7 月建设完成，[⑤]但是项目剩下的关键部分，即 109 公里长的、连接缅甸布勒瓦（Paletwa）至印度米佐拉姆邦佐林普伊（Zorinpui）的跨境公路却再次停滞，该道路途经罗

---

① "India-Myanmar Joint Statement during the State Visit of the President of Myanmar to India," Ministry of External Affairs of India, February 26 – 29, 2020.

② 《缅甸与印度将合作实施卡拉丹河运输线路全面开发计划》，中华人民共和国驻缅甸联邦共和国大使馆经济商务处，http：//mm. mofcom. gov. cn/article/ddgk/zwjingji/200804/20080405485120. shtml。

③ 《卡拉丹河运输线路计划》，印度东北地区发展局，http：//www. mdoner. gov. in/content/introduction – 1#status。

④ Sampa Kundu, "The Current Conundrums in India-Myanmar Bilateral Trade," Extraordinary and Plenipotentiary Diplomatist, Vol. 6, Issue 1, January 2018.

⑤ "The Government of India Hands over 250 Pre-fabricated Houses to the Government of Myanmar," Embassy of India Yangon, July 9, 2019.

兴亚人与当地若开族人起冲突的地区，施工过程常年受到若开军的干扰，建筑工人被绑架的事件时常发生，印度军队开展"日出行动"（Operation Sunrise）试图铲除若开军在印度米佐拉姆邦南部的基地，以及对抗若开军对项目的滋扰，但是短期内还难以对该行动的有效性进行评估。①目前该项目正在申请将完工时间推迟至 2021 年 6 月，②预计总成本为 4.84 亿美元。③

3. 其他联通项目

在开通航线方面，印度机场管理局与缅甸民航局（DCA）密切合作，为缅甸的木各机场（Pakokku Airport）、吉灵庙机场（Kalaymyo Airport）的升级改造提供帮助，并帮助缅甸培训空管人员。此外，印度还推行了一项7700 万美元的农村互联互通项目，为缅甸、越南、柬埔寨和老挝的村庄提供基本的互联网接入设备。

总之，缅印之间的互联互通被认为"象征着两国关系的核心"，④也是近年两国特别是印度积极推进的一个方向，但是如前所梳理的，很多项目都还停留在纸上或者远没有按照计划完成，互联互通的"不畅"成为两国关系得以进一步发展的一个阻碍。

三 军事安全领域的合作

如果说互联互通是缅印两国关系的核心，那么安全防务合作就是两国合

---

① Subir Bhaumik, "India's Rakhine Headache," April 4, 2020, https：//www. telegraphindia. com/opinion/india－s－rakhine－headache/cid/1765161.

② Sadiq Naqvi, "Act-East Inaction：When Will Kaladan Multi-modal Transport Project Be Complete?" March 2, 2020, https：//www. outlookindia. com/magazine/story/act－east－inaction－when－will－kaladan－multi－modal－transport－project－be－complete/302827.

③ "The Government of India Hands over 250 Pre-fabricated Houses to the Government of Myanmar," Embassy of India Yangon, July 9, 2019, https：//embassyofindiayangon. gov. in/press? id = eyJpdiI6IlM0OUVUSVUzWG1RK2lJaTh5bTJsNFE9PSIsInZhbHVlIjoiOVwvZk1iOVFTNWxCXC93TDI3cTJWbURRPT0iLCJtYWMiOiIzYjFmODgzYmQ2ZDVkNjliOWE3OWNhMTk0MmU5MjJjYmUzNGRmZGUxNzJiN2I1YWY1NTNjMzY4YjA2MjVjMzEyIn0 = .

④ Upendranadh Choragudi, "India-Myanmar Bilateral Relations 'to Reach New Heights'," http：//mizzima. com/article/india－myanmar－bilateral－relations－reach－new－heights.

作的重点。缅印两国有 1643 公里的陆上边界线，而边界地区又是两国反政府武装和叛乱分子活跃的地区，边界安全关乎两国共同利益；同时，缅印都属于印度洋地区国家，海上安全合作以及油气合作涉及两国战略利益，成为近年两国合作的重要部分。

（一）双边传统安全合作

1. 军方高层互访频繁

2017 年 5 月，印度陆军参谋长比平·拉瓦特（Bipin Rawat）对缅甸进行了为期 4 天的访问，与包括国务资政杜昂山素季、三军总司令敏昂莱及其他高级军官进行了会面。两个月后，敏昂莱对印度进行了长达 8 天的回访，并先后与总理莫迪、印度国防部部长、印度国家安全顾问进行了会面。2017 年 9 月，在西方国家对缅甸处理"罗兴亚人"问题不断施压之际，缅甸海军司令丁昂山（Tin Aung San）访问了印度，并与印度国防部部长及陆海空军等高级军官会面，印度表示了对缅甸的支持。在随后的印度总理莫迪对缅甸的正式访问期间，印方没有在缅甸"罗兴亚"难民危机上对缅甸提出任何指责。

2018 年 9 月，印度空军司令本·辛格·达诺阿（Marshal B. S. Dhanoa）访问缅甸，12 月，一个由 78 名印度高级军官组成的代表团到缅甸交流，此次交流旨在增进两国边防部队的互信与合作；与此同时，120 名缅甸国防人员也访问了印度，印度空军为此次行程提供了便利。[①] 2019 年 7 月，缅甸国防军总司令敏昂莱访问印度并签署了关于双边防务合作的新的谅解备忘录，该协议规定缅印两国将在海上训练、海上安全和联合巡防等领域加强合作，并重申安全防务在两国关系中的重要作用，印度重申其将致力于协助缅甸进行国防能力建设，以解决两国共同的安全关切。双方还讨论了如何在若开邦开展合作以稳定当地的局势。

2. 双边军事交流互动不断推进

2017 年 11 月，印度与缅甸在印度梅加拉亚邦开展了为期 6 天的双边军

---

① Bibhu Prasad Routray, "India's Defence Diplomacy with Myanmar: State of Play," *Mantraya Analysis*, No. 33, January 30, 2019.

事演习（IMBAX-2017），该演习是两国就联合国维和行动开展的第一次合作演习，重点在于印方帮助缅军提高军事技能。2019年1月14日，第二次针对联合国维和行动的双边军演（IMBEX 2018-19）在印度哈里亚纳邦举行，缅印双方各15名军官参加了演习，该次演习主要是为了帮助缅甸军队提升联合国维和行动特遣队所需的战术、专业知识和方法等方面的能力。[1]

2018年3月，双方开展了密集的联合军演。3月11~13日，缅甸参加了印度主导的、在安达曼海举行的米兰（Milan）年度海上军事演习；3月15~18日，印缅双方在印度梅加拉亚邦新建的一个联合演习基地开展了第六次印缅联合巡逻演习（India-Myanmar Coordinated Patrol Exercise，CORPAT）；3月25日至4月初，双方又在孟加拉湾开展了为期9天的印缅海军演习（India-Myanmar Naval Exercise 2018，IMNEX-18）。频繁的联合行动标志着印缅深化防务领域合作的强烈愿望。但值得注意的是，印缅海军演习主要是在一些比较基本的层面开展的，包括跨甲板参观、体育赛事、舰队演习、火炮发射和协同反潜演习等，双方还没有进行更高层次联合演习，演习主要为了促进人员交流和对协同操作流程的熟悉。尽管如此，随着缅印军事交流的常规化，缅印的军事安全合作必然会不断向更深层次推进。[2]

3. 联合打击边界非法武装

缅印边界长期受到来自缅甸若开邦武装势力、印度东北部分离主义势力以及非正规交易的影响，边界安全问题堪忧；缅印要实现互联互通和进一步的合作，边界安全成为两国必须着手解决的首要问题。

2016年缅甸民盟政府代表在与印度外长斯瓦拉吉的首次会面中就谈及边界安全问题，缅方表示不会允许其领土被用来开展攻击印度的活动，随后

① "India-Myanmar Joint Training Exercise Begins in Chandimandir," *Tribune*, January 14, 2019, https：//www. tribuneindia. com/news/nation/india – myanmar – joint – training – exercise – begins – in – chandimandir/713632. html.

② Prashanth Parameswaran, "What's Behind the New India-Myanmar Naval Exercise?" March 29, 2018, https：//thediplomat. com/2018/03/whats – behind – the – new – india – myanmar – naval – exercise/.

缅甸总统吴廷觉访问印度时再次重申这一立场，并表示会与印度在边界安全事务上进行合作。2017年印度总理莫迪访问缅甸时，缅甸表示将与印度加强反恐合作，在国防、边防等领域加强合作，①缅甸再次重申不允许任何反叛组织利用缅甸领土向印度政府采取敌对行动。②2018年12月印度总统科温德访问缅甸，双方重申共同致力于打击叛乱活动以及一切形式的恐怖主义，承诺不允许叛乱团体利用一方的领土对另一方进行攻击。③2019年11月莫迪与杜昂山素季在东盟—印度峰会上会面时再次指出维持边界的和平稳定是双方继续加深伙伴关系的重要基础。莫迪强调印度重视与缅甸的合作，确保叛乱组织不会在印缅边境找到活动空间。④2016年以来，双方高层的会面均谈及边界安全问题，具体包括边境走私、恐怖主义、毒品、洗钱、反政府武装。双方多次承诺合作以保持边界和平。2019年7月，两国签署了关于双边防务合作的最新的一份谅解备忘录

为了应对边界武装势力，2019年5月16日开始，印度和缅甸军队在各自的边境地区进行了为期三周的名为"日出行动"的联合打击，主要针对在曼尼普尔邦、那加兰邦、阿萨姆邦的叛乱组织，这些叛乱组织持续对卡拉丹河项目进行滋扰，严重影响缅印关系的发展。报道称，在这次行动中，至少有60名激进分子被捕，多个营地被摧毁。⑤但是，该行动还处在起步阶段，主要目的还是防御，在短时间内难以评估其效果，缅印边境的安全得到根本性改观尚待时日。

---

① 庄北宁等：《缅甸与印度同意将加强反恐合作》，新华网，2017年9月8日，http://www.xinhuanet.com/2017 – 09/08/c_ 1121631058. htm。

② "India-Myanmar Joint Statement Issued on the Occasion of the State Visit of Prime Minister of India to Myanmar," Ministry of External Affairs of India, September 5 – 7, 2017.

③ "India-Myanmar Joint Statement during State Visit of President to Myanmar," Ministry of External Affairs of India, December 10 – 14, 2018.

④ "Prime Minister meeting with State Counsellor of Myanmar," Ministry of External Affairs of India, November 3, 2019.

⑤ "India, Myanmar Conduct Joint Operation to Destroy Militant Camps in Northeast," June 16, 2019, https://www. thehindu. com/news/national/india – myanmar – conduct – joint – operation – to – destroy – militant – camps – in – northeast/article27956142. ece.

4. 能力建设

从两国的联合声明和具体合作来看，缅印防务合作重点强调两个领域，一是加强边境管理，二是印方帮助缅甸军方进行能力建设。近年，印度不断提升其作为缅甸国防设备供应商的地位，根据斯德哥尔摩国际和平研究所的研究，印度目前已经成为缅甸的第五大武器供应国。[1]过去几年，印度协助缅甸在印度的造船厂建造海上巡逻舰，目前已经向缅甸提供了四架海上巡逻机和海军炮艇，几门105毫米轻型火炮、迫击炮、榴弹发射器和步枪等。印度还帮助缅甸训练俄罗斯Mi-35型直升机飞行员，并不断向其提供通信设备、夜视装备、声呐、军事演习软件等在内的军事装备。[2]

2019年7月，印度向缅甸海军交付了第一批本地制造的反潜鱼雷，合同总价值估计为3790万美元。[3]之后，印度向缅甸海军"移交"了一艘苏联时代制造的877EKM型"基洛"级潜艇，缅甸使用印度的贷款支付费用，虽然该潜艇技术上已经落伍，但缅甸海军表示，这艘翻新后的印度潜艇并不是"战斗艇"，而将作为"训练艇"用来培训潜艇兵。[4]

缅甸在其"平衡外交"思想指导下，近年在军备供应渠道上寻求多元化并试图减少对中国的依赖。印度还为缅甸的司法人员、军事人员和警察开展培训，并定期帮助缅甸信息技术研究所（Myanmar Institute of Information Technology）和印—缅中心（India-Myanmar Centre）提供IT方面的技术支持和培训。印度也为缅甸的外交官和公务员提供外交培训和英语技能培训。[5]

① Bibhu Prasad Routray, "India's Defence Diplomacy with Myanmar: State of Play," *Mantraya Analysis*, No. 33, January 30, 2019.

② Pradip R. Sagar, "Myanmar Navy Officers to Visit Vizag to Train in Submarine Operations," *The Week*, August 1, 2019.

③ Ankit Panda, "India, Myanmar Conclude Defense Cooperation Agreement," July 30, 2019, https://thediplomat.com/2019/07/india-myanmar-conclude-defense-cooperation-agreement/.

④ 《缅甸从印度购买二手基洛潜艇 用印度的贷款支付》，新浪网，2019年7月31日，https://mil.news.sina.com.cn/world/2019-07-31/doc-ihytcitm5955345.shtml。

⑤ "India-Myanmar Joint Statement Issued on the Occasion of the State Visit of Prime Minister of India to Myanmar," Ministry of Foreign Affairs of India, September 5-7, 2017.

（二）海上安全合作和能源安全合作

缅甸位于印度洋和太平洋的海上运输路线上，具有很强的地缘优势，其国家发展方案的一个关键内容就是要建立一个高效、综合的运输系统，成为亚洲最新的海上枢纽。缅印是重要的海上合作伙伴，印度一直致力于将自己打造成印度洋地区的"净安全提供者"，印度迫切需要和缅甸建立起稳固的海上安全合作，积极推进与缅甸的能源合作。

2016 年吴廷觉访问印度期间，两国就决心加强在孟加拉湾的海上安全合作，同时，两国同意加强在石油勘探和油气管道建设方面的合作。2017年莫迪访问缅甸期间，双方再次强调加强两国海上安全合作的必要性，指出重点加强在人道主义援助和救灾等非传统安全领域的双边海上合作，确保孟加拉湾和印度洋地区的安全。印度表达了愿意为缅甸的传统能源和再生能源项目提供技术帮助的意愿。2018 年印度总统访问缅甸，双方认为促进缅印电力和能源合作符合两国的利益，印度总统表达了对参与缅甸油气开发的兴趣。2020 年，两国一致同意推进在油气产业方面的合作，缅甸欢迎印度国有油气企业投资缅甸油气的上游产业，并且考虑将开发的一部分油气出口至印度。

（三）能源合作

缅印之间的能源贸易是两国实现互联互通的重要方式，也成为近年缅印贸易发展的一个重要方向。随着缅甸民主改革和民盟的执政，缅甸对能源的需求不断增长，缅甸再次成为各国争相进行能源投资的热点。2016 年 11月，缅甸通过了新的投资法，扫清了外资入缅的障碍，向外企开放包括成品油和天然气零售在内的领域，支持私人和外国投资进入几个能源密集型行业。[①]另外，缅甸虽然近年来通过外国援助（包括印度的援助）对其炼油厂

---

① 《缅甸积极采取措施鼓励外商投资》，中华人民共和国商务部，2017 年 3 月 23 日，http://www.mofcom.gov.cn/article/i/jyjl/j/201703/20170302539716.shtml。

进行了一些升级，但短期内还是需要通过增加进口来满足其不断增长的石油需求。2018 年初，缅甸政府宣布，缅甸将在新的国内天然气资源正式生产前，使用进口液化天然气来解决能源缺口问题。[①]截至 2019 年 7 月，缅甸的石油和天然气领域的外国投资额达到 224.2 亿美元，投资项目多达 154 个。[②]印度计划到 2030 年将天然气在其能源结构中的比重提高到 15%，成为一个"以天然气为基础的"能源国家。故此，印度正积极扩建其国内的管道网，以确保更多的企业部门和消费者能够获得天然气。

在这种背景下，印度加快了进军缅甸能源领域的步伐。莫迪执政以来，一直致力于与周边国家开展能源合作，2016 年以来印度发布了两份具有政策指向意义的能源发展报告，其中一份由东盟—东亚经济研究中心（ERIA）组织撰写的报告特别关注了印度东北部与缅甸的能源合作，强调印度与缅甸、孟加拉国等国的边界要转变为合作与贸易而非冲突的场所，[③]而这一目标正体现了莫迪政府"东进政策"的新考量，即希望通过发展与缅甸的能源合作，振兴印度东北部地区的经济发展。

2017 年 2 月，印度石油部部长访问缅甸，探索了双方合作的机会，包括印度帮助缅甸建立液化天然气码头，向缅甸供应成品油，翻新炼油厂等，并表达了印度企业对参与缅甸油气区块招标的兴趣。2017 年 9 月，位于阿萨姆、距离印缅边境 420 公里的 Numaligarh 炼油厂开始向缅甸出口成品油，该成品油的运输从陆路经由莫雷—德穆口岸进入缅甸。Numaligarh 炼油厂还考虑在缅甸建立燃料储存和配送部门。[④]2019 年 10 月，阿萨姆邦工业厅厅长

① 《世上最古老工业国，缅甸能源发展曲折路》，新华财金社，2018 年 6 月 25 日，http://sc.xfafinance.com/html/Lancang-Mekong/Business/2018/275093.shtml。

② 《缅甸天然气出口量猛增》，中国能源网，2019 年 9 月 20 日，https://www.china5e.com/news/news-1071018-1.html。

③ Omair Ahmad, "India Eyes Regional Ambitions through Energy Trade," *The Third Pole*, June 10, 2019, https://www.thethirdpole.net/2019/06/10/india-eyes-regional-ambitions-through-energy-trade/.

④ Gireesh Chandra Prasad, "India Starts Exporting Petroleum Products to Myanmar," *Mint*, September 4, 2017, https://www.livemint.com/Industry/Ur70ccMKdXnEpTTQnXoyAK/India-starts-exporting-petroleum-products-to-Myanmar.html.

表示，随着阿萨姆邦 Numaligarh 炼油厂和 Bongaigaon 炼油厂的扩建，印度将扩大对缅甸的成品油出口，并计划在印缅之间修建一条油气管道。①印度早先还计划建造一条从加尔各答出发、途经孟加拉国进入缅甸实兑市的印孟缅三方油气管道，但在印度与孟加拉国谈判过境合作时，双方没有达成协议，故该方案一直搁置。近年，缅甸陆续公开油气招标，2020 年缅甸计划开放15 个海上区块和 18 个陆上区块，并筹划修订《石油法》。2020 年，印度石油天然气部与缅甸电力和能源部签署合作备忘录，为两国未来的能源合作提供保障。

缅甸政府近年在大力改善电力不足的情况。根据世界银行的数据，缅甸的 GDP 增速从 2015 ~ 2016 财年的 7.3% 下滑至 6.5%，很大程度上归咎于该国电力匮乏导致商业活动的减少。缅甸全国目前仅 1/3 人口实现了电气化。2017 年，缅甸政府对其电力和能源部进行了改组，并积极推进对能源部的部署，改组后，缅甸目前已实现电力自给，其发电的主要来源是水电，占总发电量的 58%，天然气占 40%，剩下的 2% 来自燃煤发电厂。②因此，印缅之间的电力合作是在有限范围内展开的。目前，印度和缅甸之间建立了从莫雷到德穆口岸之间的小规模电力联网，可以提供约 3 兆瓦的电力。印缅还计划在环孟加拉湾多领域经济技术合作倡议（BIMSTEC）框架下开展印缅泰三边电力合作项目，建设总长约 8046 公里的跨境输电线路，以帮助缅甸电力可持续发展。③

---

① Bikaash Singh, "Constructing Product Pipeline between India and Myanmar to Transport Petroleum: Assam Industry Minister," Economic Times, October 5, 2019, https://economictimes. indiatimes. com/news/politics – and – nation/constructing – product – pipeline – between – india – and – myanmar – to – transport – petroleum – assam – industry – minister/articleshow/71451365. cms? utm_ source = contentofinterest&utm_ medium = text&utm_ campaign = cppst.

② "Energising Connectivity between Northeast India and Its Neighbours," Economic Research Institute for ASEAN and East Asia, February 26, 2019, https://www. eria. org/publications/ energising – connectivity – between – northeast – india – and – its – neighbours/.

③ 《泰国、缅甸、印度将建跨境输电线路》，全球能源互联网发展与合作组织，https:// m. geidco. org/article/1438。

四 印度在缅甸影响力的提升

目前，印度在亚洲构建影响力的方式，是以联合东盟为基础，在美国、澳大利亚和日本等国家的支持下进行的。①印度需要在联合东盟的基础上发挥自己在亚洲地区的影响力，而缅甸是印度进入东盟的第一道门槛，是印度"东进政策"与"睦邻优先政策"共同的对象国，因此缅甸对于印度有极大的重要性。因此，尽管在经济、安全合作方面印缅还处于发展阶段，但是印度仍积极推进自身在缅甸的作用，印度在缅甸的经济考量也许不在于"逐利"而在于"破"与"立"，打破过去与缅甸经济合作的僵局并开始建立经济关联；安全上"联""防"并重，在缅甸树立大国形象，将缅甸拉入印度主导的地区机制中，这主要从以下几个方面可以看出。

（一）印度积极在缅甸国内和平进程中发挥作用

印度领导人多次在"罗兴亚人"问题上对缅甸政府表示支持。2017年莫迪访问缅甸时，赞赏缅甸政府为和平与民族和解所采取的措施，表示支持缅甸在21世纪彬龙大会下的民族和解与和平进程。莫迪还向缅甸总统吴廷觉表示，"印度和缅甸一样对缅甸境内的'极端暴力,感到担忧"②，"缅甸的光明未来不仅仅是你们的目标，也是我们的愿望"。③"在（缅甸）每一步的前进中，12.5亿印度人民将与缅甸人民站在一起——我们是合作伙伴，也是朋友。"在西方持续对缅甸施压的情况下，印度积极地站在缅甸一边。

2018年印度外长斯瓦拉吉访问缅甸，再次重申印度愿意并致力于帮助

① David M. Malone, "India's 'Look East' Policy," *The Oxford Handbook of Indian Foreign Policy*, New Delhi: Oxford University Press, 2015, p. 241.

② Reuters, "Modi Says India Shares Myanmar's Concern about 'Extremist Violence'," September 6, 2017, https://www.reuters.com/article/us – myanmar – india/modi – says – india – shares – myanmars – concern – about – extremist – violence – idUSKCN1BH0LL.

③ Ashok Sajjanhar, "India-Myanmar: Time to Rev up Bilateral Ties," September 1, 2016, http://www.ipcs.org/comm_ select. php? articleNo =5116.

缅甸政府解决与若开邦有关的问题，指出在若开邦发展计划的支持下，印度已经在不断推进各个项目的执行，特别是临时房屋的建造，保障了流离失所者的安全。[①] 2018 年印度总统访问缅甸时，正值联合国人权理事会发布有关"罗兴亚人"的调查报告并对杜昂山素季施加压力之际，科温德总统在两国联合声明中赞赏缅甸政府为实现和平与民族和解所做的努力，并表示印度正全力支持各族裔武装组织推进和平进程。印度总统此行向若开邦难民捐赠了50 套临时房屋，同时考虑扩大由印度支持的若开邦发展计划。印度总统强调，缅甸的和平与稳定同样符合印度的利益，印度致力于帮助缅甸加强民主体制，并成为一个民主的联邦国家。[②]

2020 年缅甸总统访问印度期间，印度再次表达了对缅甸政府应对和处理若开邦问题的支持。印度在其官方声明中谈及"罗兴亚人"问题时谨慎措辞，称"罗兴亚"难民为"来自若开邦的流离失所者"，避免触碰缅甸的敏感神经。

除了政治表态外，印度还积极给予缅甸帮助。2017 年 12 月，印度承诺在未来五年内提供 2500 万美元的发展援助，以帮助若开邦"恢复正常"，并帮助"罗兴亚"难民返回缅甸。在此之前，印度和缅甸签署了一项帮助若开邦发展的方案协议，为返回那里的难民建造了临时房屋，并向若开邦的农业社区提供拖拉机和农业设备，为实兑的信息技术大学提供电脑和信息技术设备。[③] 目前，印缅合作的若开邦发展项目已经进入第二阶段，印度计划把该发展项目纳入恒河—湄公河合作机制中，并计划推进 12 个项目。[④] 印度还积极在"罗兴亚人"问题上协调缅甸与孟加拉国的关系，在若开邦"罗兴亚人"问题上提升自己的政治影响力。2019 年，印度和孟加拉国签署协

---

① "Visit of External Affairs Minister to Myanmar," Ministry of External Affairs of India, May 10 – 11, 2018.

② "India-Myanmar Joint Statement during State Visit of President to Myanmar," Ministry of External Affairs of India, December10 – 14, 2018.

③ "Myanmar-India Relations as Narendra Modi Secures a Second Term," https://www. bnionline. net/en/news/myanmar – india – relations – narendra – modi – secures – second – term.

④ "India to Carry out Projects in Rakhine," February 28, 2020, https://www. thehindu. com/news/national/india – to – carry – out – projects – in – rakhine/article30937231. ec e.

议，同意对进入孟加拉国和印度的"罗兴亚"难民提供更多措施，包括改善缅甸若开邦的安全和社会经济状况。此外，印度将提供额外的人道主义援助，来帮助在孟加拉国难民营中的难民。通过以上方式，印度通过"罗兴亚"难民问题推进了和缅甸的关系。

（二）将缅甸纳入印度主导的地区和国际合作机制

印度将缅甸视作其主导的地区合作的重要成员，在"东进政策"框架下，印度将缅甸纳入环孟加拉湾多领域经济技术合作倡议（BIMSTEC）及恒河—湄公河合作机制（MGC），强化缅甸是印度主导的地区机制的成员。

近年，印度把地区合作的重心转移到 BIMSTEC 上，在该框架下开展了多项印度主导的基建和合作项目，恒河—湄公河合作机制是印度加强与柬老缅越四国联系的重要机制，[①]这些机制都将缅甸纳入，在互联互通、电网建设等方面，联合缅甸开展建设。

此外，印度近年还努力将自己打造成为全球气候变化机制的主导者，并积极推动缅甸加入这个体系。目前，印度在联合国及欧美国家的支持下，已经成功发起并主导了国际太阳能联盟（International Solar Alliance，ISA）和抗灾害基础设施联盟（Coalition for Disaster Resilient Infrastructure，CDRI）两个与气候变化有关的联盟，并将它们的总部设在了印度。

2018 年 7 月 19 日，缅甸在"东盟—印度对话会"上签署协议，正式加入国际太阳能联盟，成为该框架协议的第 68 个签署国。[②]国际太阳能联盟是2015 年由印度发起的、致力于有效利用太阳能的国际机制，成员国是完全或部分位于热带地区和南回归线之间的、日照充足的国家，目前已有 121 个成员国。2018 年 12 月，印度总统访问缅甸期间，两国对该协议的签署表示肯定，印度派遣了一个综合代表团前往缅甸，研究讨论两国在新能源和可再

---

① Rajiv Sikri, *Challenge and Strategy: Rethinking India's Foreign Policy*, New Delhi: Sage Publications, 2009, p. 119.

② "Myanmar Accedes to International Solar Alliance," *Mizzima*, July 21, 2018, http://mizzima.com/development-news/myanmar-accedes-international-solar-alliance.

生能源方面的合作。缅甸还积极支持印度为增加国际太阳能联盟的成员国所做的努力，缅甸承诺采取必要步骤，推动"所有联合国会员国都能加入 ISA 并推进在太阳能领域的合作"。①

另外，印度已邀请缅甸正式加入抗灾害基础设施联盟（CDRI），该联盟是莫迪于 2019 年 9 月 23 日在联合国气候峰会上发起成立的机制，② 意在提高基础设施系统对气候变化和灾害风险的适应能力，目前成员国包括印度、斯里兰卡、不丹、尼泊尔、马尔代夫、阿富汗等五个国家以及联合国减灾办公室、世界银行、绿色气候基金及其 12 个创始成员国（包括英美德日澳等），缅甸为印度邀请的第一个东南亚国家，两国领导人在 2020 年会面时将这一议程写入双方联合声明。

在两个联盟的基础上，印度还提出了"一个世界、一个太阳、一个网络"项目，计划建立一个连接贯通东南亚、南亚、非洲的太阳能网络群。③ 在 2020 年 5 月的不结盟运动峰会上，莫迪借抗击新冠肺炎疫情的背景，再次提及了两个联盟及它们可能发挥的巨大作用，④借不结盟运动峰会，提升印度的全球影响力。缅甸目前是这两个联盟的参与者或者准参与者，印度通过这两个国际多边机制，将缅甸纳入自身主导的体系中。

（三）缅甸积极支持印度"入常"

在印度加入联合国安理会的进程中，缅甸是积极支持的一方。2017 年莫迪访问缅甸时，双方重申建立一个强大的联合国的重要性，并强调必须早日改革安全理事会。两国重申致力于支持政府间谈判以全面改革安全理事

---

① "India-Myanmar Joint Statement during the State Visit of the President of Myanmar to India," MEA, February 26 – 29, 2020.

② "Prime Minister Announces Coalition for Disaster Resilient Infrastructure at UN Climate Action Summit 2019," MHA of India, https://pib.gov.in/PressReleaseIframePage.aspx?PRID = 1586051.

③ Kanchi Gupta, "India's Emerging Blueprint for International Climate Leadership," Climate Foundation, June 2, 2020.

④ "Intervention by the Prime Minister at Online Summit of NAM Contact Group," Ministry of External Affairs of India, May 4, 2020.

会，缅甸重申支持印度成为扩大和改革后的联合国安理会常任理事国。①
2018 年印度总统访问缅甸期间，双方再次就这一问题进行了讨论，指出双
方在几个共同关心的问题上拥有相似的立场。缅甸重申支持印度努力成为扩
大和改革后的联合国安理会常任理事国。2020 年高层互访，双方再次强调
在联合国和其他地区组织包括东盟、环孟加拉湾多领域经济技术合作倡议、
恒河—湄公河合作机制等的密切合作，缅甸再次支持印度努力成为扩大和改
革后的联合国安理会常任理事国。②

结　语

在印缅关系的发展中，印度是主要推动的一方。"印太地区"的概念增
强了印度进一步扩大地区影响力的合理性，并且可以超越"东进政策"，打
破之前局限于南亚的状态。正是这一原因，印度越来越意识到应将向东外交
重点放在印缅关系上。缅甸民主改革及民盟执政以来，对外实施平衡多元外
交，在维持与中国传统友好关系的基础上，积极拓展在东盟中的影响及与其
他国家的关系。因此，在过去几年中，两国几乎每年都有政府首脑互访，两
国不断扩大合作领域，并且积极探索在政治领域的合作与互动。但是，两国
关系更多的建立在政治考量和地区力量平衡基础上，缅印关系实现深入发
展，还需要不断深化根基，寻找更多的支撑。

---

① "India-Myanmar Joint Statement Issued on the Occasion of the State Visit of Prime Minister of India
to Myanmar," Ministry of External Affairs of India, September 5 – 7, 2017.

② "India-Myanmar Joint Statement during the State Visit of the President of Myanmar to India,"
Ministry of External Affairs of India, February 26 – 29, 2020.

B.8
民盟执政四年以来的缅甸与欧盟关系：
先"热"后"冷"

宋清润*

摘　要： 长期以来，缅甸与欧盟的关系较差，民盟执政初期的一年多时间里，缅甸与欧盟的关系一度较好，双方多领域的交往和合作密切。但从 2017 年 8 月底缅甸若开邦发生罗兴亚救世军武装分子袭击军警引发大规模冲突并产生大量难民外逃的事件后，欧盟再度对缅甸施加高压和制裁，缅甸则予以抗争。双方关系再度变差，军政高层友好互动较少，经贸合作亦受影响，截至 2020 年 5 月仍未有实质好转。总体看，民盟政府执政后的四年左右时间，缅甸与欧盟的关系大致经历了先"热"后"冷"的演变过程。当然，尽管双方关系后来有所变差，但欧盟对缅甸难民等弱势群体仍持续提供人道主义援助。欧盟与缅甸关系较难维持长期友好的原因主要是缅甸国内长期存在武装冲突，并产生大量难民，而欧盟则十分关注缅甸上述情况，频频干预缅甸内政，引发缅甸的不满和抗议。

关键词： 缅甸　民盟政府　欧盟

缅甸与欧盟的关系经历了复杂的演变过程。从 20 世纪 90 年代初开始一

---

* 宋清润，北京外国语大学亚洲学院副教授，东南亚研究中心研究员，中国（昆明）南亚东南亚研究院泰国研究所特聘研究员，云南大学周边外交研究中心特约研究员。

直到 2010 年底，欧盟对缅甸的政治状况和人权状况不满，长期对缅甸实施制裁，双方关系总体较差。2010 年 11 月，缅甸举行大选，2011 年 3 月，民选的巩发党政府上台之后，缅甸加快政治转型和对外开放进程，逐渐获得欧盟的认可。缅甸与欧盟的关系有了改善。欧盟逐渐取消对缅甸的制裁，增加与缅甸的政治互动，增加对缅甸的援助，欧盟企业对缅甸的投资也有所增加。2015 年 11 月，缅甸再度举行大选，2016 年 3 月，民盟取代巩发党执政。由于民盟长期受到欧盟的认可和支持，因此，民盟政府上台后，缅甸与欧盟的关系一度持续改善。但从 2017 年 8 月底开始，缅甸若开邦发生罗兴亚救世军武装分子袭击军警引发大规模冲突并产生大量难民外逃的事件后，欧盟再度对缅甸施加高压和制裁，缅甸则对此不满和抗争，双方关系再度恶化，截至 2020 年 5 月仍未有实质好转。总体看，民盟政府执政后的四年左右时间，缅甸与欧盟的关系大致经历了先"热"后"冷"的演变过程。

一　民盟执政后缅甸与欧盟关系一度较好

（一）相关背景与推动因素

缅甸巩发党政府是民选政府，但毕竟是军方支持的政府，政府高官多数是退役军官，还有少量现役军官。因此，一方面，在巩发党执政时期，缅甸的一些改革举措逐渐受到欧盟一定认可，欧盟也部分取消对缅甸的经济制裁，与缅甸的交往和合作有所增加。但是，另一方面，巩发党政府未能获得欧盟的完全认可，缅甸与欧盟关系的改善还有障碍。

缅甸民盟是在野党时，就长期受到欧盟的支持，其执政后的约一年半时间里，民盟政府更是获得欧盟较强的认可和支持，缅甸与欧盟的关系也一度较好。杜昂山素季曾在英国牛津大学学习，在英国生活多年，其丈夫是英国人。她 1988 年回到缅甸，参与创建民盟并担任民盟领导人，长期开展反对缅甸前军政府的斗争。杜昂山素季及其领导的民盟受到欧盟的长期支持。杜昂山素季个人在欧盟及其成员国中有较大影响力，获得后者给予的很多荣誉称号。例如，她被英国牛津大学等多所高校授予荣誉博士学位，还被牛津市授予"荣誉市民"称号，等等。在巩发党执政期间，杜昂山素季作为在野党领导人，也多次访问欧洲，备受礼遇。在缅甸 2015 年 11 月 8 日大选中，杜昂山素季领导民盟击败缅甸军方支持的巩发党，获得压倒性胜利。2016 年 3 月 31 日，民盟政府执政，杜昂山素季出任新政府的国务资政、总统府部部长、外长等要职，成为缅甸国内外公认的民盟政府实际领导人。因此，杜昂山素季领导的民盟政府有助于缅甸持续改善与欧盟的关系，有助于缅甸在经济社会发展方面争取欧盟更多的支持。

缅甸民盟政府从国家利益出发，肯定是希望搞好与欧盟关系的。但由于缅甸实力相对于欧盟而言较为弱小，缅甸与欧盟关系调整的主导权很大程度上掌握在欧盟手中。欧盟于 2011~2015 年逐步放松对缅甸制裁，缅甸民盟政府执政后不到 3 个月，在与缅甸逐步开展接触合作的基础上，欧盟于 2016 年 6 月 20 日发布新的对缅战略（英文全称是：Council Conclusions on EU Strategy with Myanmar/Burma），其阐释了欧盟对缅新战略的背景、未来对缅甸政策走向等内容，说明欧盟在缅甸民盟政府执政后，高度重视对缅关系。

在缅甸民盟政府上台前后，欧盟内部多个部门就根据缅甸新的形势变化，将欧盟的对缅政策进行了沟通和磋商。欧盟表示，欢迎缅甸在 2015 年 11 月举行大选后，实现新旧政府权力的和平移交。欧盟认为：其在缅甸存在战略利益，须重视加强与缅甸的关系；缅甸民盟新政府拥有巩固民主以及实现国家和平、民族和解和繁荣的历史性机遇。这不仅有利于缅甸及其人民，还能进一步加强东盟的发展，增强亚太地区的稳定。此外，缅甸转型有可能成为该地区的一个积极榜样。[1]

欧盟新对缅战略的主要基调和内容：增加和缅甸的接触与合作，与缅甸

---

① "Council Conclusions on EU Strategy with Myanmar/Burma," Council of the European Union, June 20, 2016, https：//www. consilium. europa. eu/media/37409/st15033 - en18. pdf.

建立特殊伙伴关系，帮助缅甸实现民主、和平与繁荣。欧联重申，将竭尽所能支持缅甸令人瞩目的转型和国家发展。欧盟将扩大与军方等缅甸所有利益攸关方的接触，支持缅甸成为一个充满活力的民主国家，鼓励缅甸立法符合国际标准，继续敦促缅甸充分尊重基本人权，尽快结束国内一些族群间的冲突和实现民族和解，保护妇女儿童的权利。①

欧盟这个新的对缅战略显示，其对缅甸转型的成绩总体较为肯定，对民盟政府执政后的缅甸发展充满希望，也表示会持续加大对缅甸的支持力度。当然，在新的对缅战略里，欧盟仍表示对缅甸国内冲突、人权等部分内政问题的关注。总体而言，欧盟新的对缅战略是此后一年半左右缅甸与欧盟关系发展的重要推动因素。

（二）缅甸与欧盟维持一年半左右的较好关系

从缅甸民盟政府 2016 年 3 月 31 日执政后，大致到 2017 年 8 月 25 日若开罗兴亚救世军武装分子袭击缅甸军警引发冲突和难民出逃危机之前，这大约一年半时间里，缅甸与欧盟的政府高官有多次互动，关系较为密切。

1. 双方在政界、法律界、学界等领域有多次互动与交流，推动了双方多领域的合作

欧盟成员国有多位官员访问缅甸。比如，2016 年 6 月初，意大利外交与国际合作部部长保罗·真蒂洛尼（Paolo Gentiloni）访问缅甸，他是缅甸民盟政府成立后首位访缅的西方政要。他与昂山素季（Aung San Suu Kyi）、吴廷觉（U Htin Kyaw，时任总统）、敏昂莱（Min Aung Hlaing，国防军总司令）等缅甸军政高官会晤。这次访问显示了意大利以及欧盟对缅甸民盟政府的大力支持，也说明此时欧盟与缅甸的关系较为密切。保罗·真蒂洛尼表示，意大利会积极支持缅甸民盟政府发展国家、实现国家和平，也会扩大两

---

① "Council Conclusions on EU Strategy with Myanmar/Burma," Council of the European Union, June 20, 2016, https://www.consilium.europa.eu/media/37409/st15033 – en18.pdf.

国的经济合作。而缅甸对保罗·真蒂洛尼给予较高礼遇，也说明缅甸非常重视与意大利和欧盟的关系。两国领导人签订了文化、科技领域的合作协定，意大利将帮助缅甸保护文化遗产、支持缅甸发展旅游业。① 7 月 20 日，杜昂山素季会晤了到访的英国牛津大学副校长尼克·罗林斯（Nick Rawlins），磋商双方在教育方面的合作，包括对仰光大学升级改造、对缅甸教师培训等。10 月 3 日，杜昂山素季等缅甸官员宴请到访的英国议会下议院议长约翰·伯考（John Bercow），并磋商两国交流与合作。10 月 25 日，杜昂山素季会晤挪威前首相、奥斯陆和平与人权中心（Oslo Center for Peace and Human Rights）创始人兼主席谢尔·马格纳·邦德维克（Kjell Magne Bondevik），磋商合作推动缅甸和平进程等议题。② 10 月 31 日，杜昂山素季会见捷克工业和贸易部部长扬·姆拉代克（Jan Mla'dek），磋商扩大两国在农业、工业、贸易、能源等经济领域的合作。③ 11 月 22 日，杜昂山素季在缅甸举办的"第三届缅甸—欧盟人权问题研讨会"（3rd Myanmar-EU Seminar on Human Rights）上致开幕词，呼吁双方加强合作，更好地保护人权。缅甸国际合作部部长吴觉丁（U Kyaw Tin）与欧盟人权问题特别代表斯塔夫罗斯·兰布里尼蒂斯（Stavros Lambrinidis）共同主持研讨会，双方代表讨论如何合作保护难民、工人、少数民族等群体的权益。④ 2017 年 2 月初，芬兰对外贸易和发展部部长凯·米凯宁（Kai Mykkanen）访问缅甸，受到杜昂山素季等缅甸政要的接见，双方讨论如何加强两国在国家治理、法治、经贸、教育、环保等

---

① "Official Visit by Minister Gentiloni to Myanmar," Ministry of Foreign Affairs and International Cooperation（Italy），June 4, 2016, https：//www. esteri. it/mae/en/sala ＿ stampa/ archivionotizie/comunicati/2016/04/visita－ufficiale－del－ministro－gentiloni. html.

② "State Counsellor Receives Former PM of Norway, AIIB President," Myanmar State Counsellor Office, October 26, 2016, https：//www. statecounsellor. gov. mm/en/node/351.

③ "State Counsellor Receives Industry and Trade Minister of Czech Republic," Myanmar State Counsellor Office, November 1, 2016, https：//www. statecounsellor. gov. mm/en/node/354.

④ "Daw Aung San Suu Kyi Addresses Opening Ceremony for 3rd Myanmar-EU Seminar on Human Rights," Myanmar State Counsellor Office, November 23, 2016, https：//www. statecounse llor. gov. mm/en/node/377.

领域的合作。①

同时，缅甸多位军政高官也出访欧盟。前总统吴登盛首次访问欧洲是在2013年2月25日到3月8日，是在巩发党政府执政约2年后，因为那时缅甸与欧盟的关系刚刚开始松动和改善。而2017年5月1~10日，也就是民盟执政后一年多，杜昂山素季便开启了她担任缅甸国务资政以来的首次欧洲之行。这也从一个角度说明，民盟政府初期，缅甸与欧盟的关系比巩发党政府时期缅甸与欧盟的关系要好得多。杜昂山素季此次访欧接连访问欧盟总部比利时的布鲁塞尔、意大利和英国，而且杜昂山素季为此次出访欧洲，还未应邀出席美国5月4日在华盛顿举行的第30届美国—东盟对话会议和第二次美国—东盟外长特别会议，而是派其他官员赴美参会，尽管在美国举办的相关会议与美国和东盟建交40周年有关。这也显示杜昂山素季本人对欧洲的重视，② 杜昂山素季在欧洲也受到极高礼遇。

5月1日，杜昂山素季出访的首站是比利时。她2日与比利时国王菲利普·利奥波德·路易斯·马里（Philip Leopold Louis Maria）、首相夏尔·米歇尔（Charles Michel）等领导人会谈。双方讨论了"比利时向缅甸警察和水资源管理部门提供援助"的问题，讨论了比利时未来向缅甸政治转型、民族和解、国家和平等领域提供援助的议题，磋商如何提升双边合作。2日，杜昂山素季还访问欧盟总部。欧洲理事会主席唐纳德·图斯克（Donald Tusk）等官员欢迎到访的缅甸国务资政杜昂山素季，讨论如何提升双方关系。欧盟委员会副主席、欧盟外交与安全政策高级代表费代丽卡·莫盖里尼（Federica Mogherini）2日与杜昂山素季举行会谈。双方讨论了欧盟如何更加有效地支持缅甸实现政治转型、推进和平与民族和解进程等议题。两人会谈后共同举行记者招待会。莫盖里尼在会谈后表示，欧盟将从政治、经济、

---

① "State Counsellor Receives Minister for Foreign Trade And Development of Finland," Myanmar State Counsellor Office, February 9, 2017, https://www.statecounsellor.gov.mm/en/node/667.

② 刘平：《美国东盟外长会议重点讨论朝鲜和南海问题》，中青在线，2017年5月5日，http://news.cyol.com/content/2017-05/05/content_16031535.htm。

技术等层面继续全力支持缅甸实现民主过渡、推进和平与和解进程。杜昂山素季表示，缅甸与欧盟都十分重视双方的友好关系，彼此之间存在较好的相互理解与信任。但是，尽管双方在很多领域已经达成了一致意见，缅甸与欧盟在"是否由联合国人权理事会向缅甸若开邦派遣调查团"问题上存在分歧。欧盟希望缅甸接受调查团，但杜昂山素季表示，缅甸政府已经在调查若开邦的族群问题，并采取了相关行动，因此，缅甸仍旧拒绝联合国人权理事会派遣调查团到缅甸若开邦深入调查。[①]

5月3~4日，杜昂山素季抵达意大利进行访问，受到意大利总理保罗·真蒂洛尼的欢迎，并与意大利总理以及外长安杰利诺·阿尔法诺（Angelino Alfano）等官员会谈，讨论了加强双边关系与合作事宜，以及意大利向缅甸的政治转型、民族和解和国家和平提供支持的事宜。此外，同日，杜昂山素季还与罗马教皇方济各（Pope Francis）会谈，讨论了缅甸在政治方面的发展进步，讨论了缅甸政府在民族和解与国家和平方面所做出的努力。随后，两人宣布缅甸与梵蒂冈正式建立外交关系，将互派大使。[②]

5月5日，杜昂山素季与英国女王伊丽莎白二世（Her Majesty Queen Elizabeth II）、王储查尔斯（Prince Charles）、外交大臣鲍里斯·约翰逊（Boris Johnson）、国防大臣迈克尔·法伦（Michael Fallon）等官员，就加强双边合作关系、英国帮助缅甸提升警察素质等问题进行了讨论。杜昂山素季还参观了伦敦的圣玛丽医院（St Mary's Hospital），观看医院演示用现代技术和设备救治病人的场景。而圣玛丽医院和缅甸卫生与体育部当时正在合作，经常在缅甸向医生讲授医学课程。[③] 8日，杜昂山素季与伦敦市官员会谈，

---

① "Daw Aung San Suu Kyi Meets King of Belgium, PM and EU Heads," *The Global New Light of Myanmar*, May 3, 2017, p. 3；《昂山素季访问欧盟总部并举行会谈》，缅华网，2017年5月4日，https：//www. mhwmm. com/Ch/NewsView. asp？ ID = 22913。

② "State Counsellor's Meeting with Pope Leads to Diplomatic Ties," *The Global New Light of Myanmar*, May 5, 2017, p. 3.

③ "State Counsellor Attends Dinner Hosted by Boris Johnson, Visits St. Mary's Hospital," *The Global New Light of Myanmar*, May 7, 2017, p. 1.

并被授予伦敦市的最高荣誉——"伦敦城自由奖"（Freedom of the City of London），该奖项此前曾被授予王室成员、国家首脑、全球性名人等，是伦敦市的重要奖项。①

2. 双方在军事层面有了新互动和新合作

从20世纪90年代开始，欧盟长期对缅甸军方实施武器禁运，限制缅甸高级军官入境。但在民盟2016年3月执政之后，欧盟则开始解除对缅甸军方的一些制裁，双方军官开始互动，开展少量军事交流与合作。同时，欧盟2016年也开始重新支持缅甸警察的改革进程，帮助缅甸警察更加熟悉相关国际规范，更注重尊重人权，行动更专业化。②

2016年11月6～8日，应欧盟军事委员会（European Union Military Committee）主席科斯卡拉克斯（Kostarakos）邀请，缅甸国防军总司令敏昂莱大将首次出访欧洲。他赴欧盟总部布鲁塞尔与科斯卡拉克斯等欧盟官员会晤，讨论加强缅甸军队与欧盟成员国军队在人员交流、训练等方面的合作。敏昂莱还出席欧盟军事委员会会议并发言，成为唯一发言的亚洲国家军官。他在介绍缅甸防务状况的同时，突出介绍缅甸在政治转型与民族和解等方面的理念和进展。他还参观了布鲁塞尔的滑铁卢战争纪念馆等战争纪念场馆。③ 敏昂莱得以访问欧洲，与缅甸民盟执政和缅甸政治转型获得欧盟较大认可有直接关系。因为，在此前20多年时间里，缅甸军方长期受到欧盟制裁，缅甸国防军的高级军官是不可能受邀访问欧盟的。

2017年4月底，敏昂莱访问奥地利和德国。在奥地利，敏昂莱除了与奥地利军官磋商加强两军交流之外，还参观了钻石飞机工业（Diamond Aircraft）公司，该公司所生产的钻石飞机在全球轻型飞机市场上享有盛誉。敏昂莱访问德国时，与德国武装部队总参谋长福尔克·维克尔（Volker

① "State Counsellor Receives London's Highest Honour," *The Global New Light of Myanmar*, May 9, 2017, p. 1.
② "Myanmar（Burma）and the EU," European External Action Service, December 5, 2016, https：//eeas. europa. eu/delegations/myanmar－burma/1569/myanmar－burma－and－eu_ en.
③ "C-in-C of Defence Services Holds Talks with EU Military Council Chairman," *The Global New Light of Myanmar*, November 8, 2016, p. 2.

Wieker）将军等高官会晤，并就加强两国军事合作及缅甸派遣军官赴德国学习等事宜举行会谈。敏昂莱在会谈中表示，两国需要加强双方的军事交流合作以及两国关系。福尔克·维克尔将军也表示，相信敏昂莱此访证明了缅甸和德国的军事交流已经更上一层楼。敏昂莱还邀请维克尔将军访问缅甸。①敏昂莱参观了德国陆军战斗训练中心，了解了德国陆军训练情况。他还参观了德国军事史博物馆，了解了德军及其武器装备发展的历史。敏昂莱还与德国著名的弗里德里希·艾伯特基金会（Friedrich-Ebert-Stiftung）工作人员讨论了缅甸政治转型及军政关系等问题。②

此外，缅甸国防军与多支少数民族地方武装的冲突是缅甸军事安全领域的一个重要现象，此前的巩发党政府推进缅甸和平进程，民盟政府继续推进和平进程，而欧盟也非常关注缅甸的和平进程，对此提供了多种援助。欧盟认为，和平是缅甸政治、经济、社会发展的关键前提条件，因此，在民盟执政之后，欧盟大力支持缅甸的和平进程，包括向缅甸和平对话进程和停火监督机制持续提供协助、向冲突区提供人道主义援助和帮助经济社会恢复等。③当然，欧盟始终十分关注缅甸的人权问题。欧盟认为缅甸掸邦、克钦邦、若开邦等地区武装冲突不止造成人员伤亡和难民问题，因此，欧盟2016年仍继续维持对缅甸的武器出口禁运（欧盟对缅甸的武器禁运是每年延长一次），也限制欧盟国家向缅甸出口可用于军事的技术和装备。

3. 缅甸与欧盟的经贸合作有所增多

在投资方面，2016年3月31日是巩发党政府届满卸任和民盟政府宣誓就职之日，截至当日，根据缅甸投资与公司管理局（Directorate of Investment and Company Administration）的数据，缅甸批准的英国、法国、德国等欧盟

---

① "Myanmar Eyes Close Military Ties with Germany," *The Global New Light of Myanmar*, April 28, 2017, p. 2.

② "Senior General Min Aung Hlaing Concludes Germany Visit," *The Global New Light of Myanmar*, May 1, 2017, p. 9.

③ "Myanmar（Burma）and the EU," European External Action Service, December 5, 2016, https：//eeas. europa. eu/delegations/myanmar－burma/1569/myanmar－burma－and－eu_ en.

成员国累计对缅甸投资总额约为58亿美元，其中英国投资近41亿美元，占欧盟国家对缅甸投资总额的七成多。① 在欧盟与缅甸关系较好的2016年3月31日至2017年7月31日的近一年半，欧盟国家对缅甸投资总额约为65亿美元，增长约7亿美元，由此可见，增幅不是很大，更未出现欧盟国家对缅甸投资"井喷"的现象。② 因为，缅甸投资环境仍总体较差：经常停电，道路较差，物流效率低，缺乏足够的熟练工人，等等。

在贸易层面，按照世界银行的数据库中关于缅甸外贸的年度数据统计：2015年，缅甸与欧盟国家的进出口贸易总额约为6亿美元，其中，缅甸对欧盟国家的出口总额不到3亿美元，缅甸从欧盟国家进口总额为3亿美元多；③ 2016年，缅甸与欧盟国家的进出口贸易总额约10亿美元，其中，缅甸向欧盟国家的出口总额近6亿美元，缅甸从欧盟国家的进口总额约4亿美元，缅甸贸易顺差约2亿美元；④ 2017年，缅甸与欧盟国家的进出口贸易额有较大增长，总计约23亿美元，其中，缅甸对欧盟国家的出口总额约15亿美元，缅甸从欧盟国家的进口总额接近8亿美元。⑤ 这说明，缅甸民盟政府2016年3月底上台后，缅甸与欧盟关系明显好转，其也有助于扩大双边贸易规模。

① "2016/March-Foreign Direct Investment by Country," Directorate of Investment and Company Administration, March 31, 2016, https：//www. dica. gov. mm/sites/dica. gov. mm/files/document - files/2016_ march_ fdi_ by_ country. pdf.

② "2017/ July Foreign Direct Investment by Country," Directorate of Investment and Company Administration, July 31, 2017, https：//www. dica. gov. mm/sites/dica. gov. mm/files/document - files/fdi_ by_ country_ 0. pdf.

③ "Myanmar Product Exports and Imports by Country and Region 2015," World Integrated Trade Solution, https：//wits. worldbank. org/CountryProfile/en/Country/MMR/Year/2015/TradeFlow/EXPIMP/Partner/all/Product/Total，检索日期：2020年5月20日。

④ "Myanmar Product Exports and Imports by Country and Region 2016," World Integrated Trade Solution, https：//wits. worldbank. org/CountryProfile/en/Country/MMR/Year/2016/TradeFlow/EXPIMP/Partner/all/Product/Total，检索日期：2020年5月20日。

⑤ " Myanmar Product Exports and Imports by Country and Region 2017," World Integrated Trade Solution, https：//wits. worldbank. org/CountryProfile/en/Country/MMR/Year/2017/TradeFlow/EXPIMP/Partner/all/Product/Total，检索日期：2020年5月20日。

二 缅甸与欧盟关系转"冷"

然而，民盟执政后，缅甸与欧盟的关系好景不长。其实，即便在缅甸与欧盟关系较好的 2016 年和 2017 年上半年，缅甸与欧盟在缅甸若开邦族群冲突、"罗兴亚"难民权益保护等问题上就已经存在分歧了，这点从上文所述的杜昂山素季访欧时与欧盟高官的会谈内容就可见端倪。只不过，当时缅甸与欧盟关系较好，若开邦问题并未严重恶化和造成数十万难民出逃，暂未严重影响缅甸与欧盟的关系。然而，缅甸若开邦 2017 年 8 月底发生严重武装冲突导致大量难民逃亡的事件发生后，欧盟对缅甸政策很大程度上被缅甸"罗兴亚人"问题所主导，欧盟便加大对缅甸军方、政府以及杜昂山素季等军政高官的批评与施压力度，减少与缅甸的官方交往，考虑撤销给予缅甸的一些优惠经贸待遇，中断一些合作项目，甚至增加一些对缅甸军官的制裁。而缅甸政府以及大多数国民反对欧盟等外部力量干涉缅甸内政，从 2017 年 9 月开始至 2020 年 5 月，很少去欧洲访问。双方关系再度恶化，欧盟对缅甸新战略中提出的合作性理念和支持缅甸发展的政策举措，有些就较难实施了。

在缅甸与欧盟的关系中，欧盟仍是较为强势和主动的一方，而缅甸总体仍是较为弱势和被动的一方。欧盟 2020 年 3 月 2 日发布的数据称：若开邦 2017 年 8 月发生罗兴亚救世军武装分子和军警的冲突后，截至 2020 年初，共有超过 70 万"罗兴亚"难民逃至孟加拉国避难，而留在若开邦的约 60 万"罗兴亚人"的生活也非常艰难。此外，2019 年，缅甸政府军和若开邦的一个少数民族地方武装——若开军（以佛教徒为主）的持续冲突让若开邦新增近 7 万难民。由此可见，若开邦这两类冲突造成的难民数量较多。① 自从 2017 年 8 月下旬若开邦冲突以来，欧盟因"罗兴亚"难民等问题，对缅甸采取了多项施压与制裁举措，并对杜昂山素季本人采取了施压和惩罚措

① "Rohingya Crisis: EU Allocates € 31 Million for Bangladesh and Myanmar," European Commission, March 2, 2020, https://ec. europa. eu/commission/presscorner/detail/en/IP_ 20_ 371.

施，这与欧盟自 1988 年杜昂山素季参政后对其长期支持近 30 年的状况迥异，也从一个方面说明缅甸以及杜昂山素季本人与欧盟的关系严重倒退和恶化。

（一）政治、外交层面

在民盟 2016 年 3 月执政后的一年多时间里，欧盟是支持缅甸政治转型与发展的友好伙伴，但从 2017 年 8 月若开邦冲突以来，欧盟与美国等西方国家和组织一道，在"罗兴亚人"问题上严厉谴责和施压于缅甸政府、军方及其主要领导人。而缅甸领导人则强硬回击欧盟的批评，双方关系明显恶化。

欧盟多次讨论缅甸"罗兴亚人"问题。欧盟在谴责若开罗兴亚救世军武装分子袭击缅甸军警、挑起冲突的同时，也频频公开批评缅甸军方"迫害罗兴亚平民"，要求缅甸军方停止这些暴力举措，[1] 还批评缅甸政府未能有力保护罗兴亚人权益，敦促杜昂山素季和缅甸政府要维护罗兴亚人的基本权益，[2] 并与其他西方国家、伊斯兰合作组织（Organisation of Islamic Cooperation）等一道，在联合国安理会、联合国人权理事会、国际法院、亚欧会议等国际机构和机制内施压于缅甸，增加对缅甸部分军官的制裁，并力图推动国际社会加大对缅甸制裁。[3] 例如，2017 年 11 月 20～21 日，缅甸在首都内比都举行第 13 届亚欧外长会议期间，欧盟外交与安全政策高级代表费代丽卡·莫盖里尼、欧盟成员国外长会同其他部分与会国家

---

[1] "EU-Myanmar Relations," European Union External Action, June 25, 2018, https：//eeas. europa. eu/headquarters/headquarters – homepage_ en/4004/EU – Myanmar%20relations.

[2] "Speech by Federica Mogherini at the European Parliament Plenary Session on the Situation of the Rohingya People," European Union External Action, December 12, 2017, https：//eeas. europa. eu/headquarters/headquarters – homepage _ en/37246/Speech%20by%20Federica% 20Mogherini%20at%20the%20European%20Parliament%20plenary%20session%20on%20the% 20situation%20of%20the%20Rohingya%20people.

[3] "Punishing Ethnic Cleansing：EU Sanctions Myanmar Despite UN's Resistance," EU Bulletin, May 28, 2018, https：//www. eubulletin. com/8594 – punishing – ethnic – cleansing – eu – sanctions – myanmar – despite – uns – resistance. html.

外长与杜昂山素季举行特别会议，专门讨论"罗兴亚人"问题，敦促缅甸尽快与孟加拉国签署协议，以使在孟加拉国的"罗兴亚"难民能返回缅甸。①

然而，杜昂山素季等缅甸官员在接受欧洲媒体等国际媒体采访时，公开否认"缅甸当局虐待罗兴亚人"。② 缅甸也极力反对欧盟干涉其"罗兴亚人"问题。因为，缅甸是"和平共处五项原则"的倡导国之一，其外交上奉行不干涉内政原则，自然反对欧盟干涉缅甸内政；缅甸在古代也曾是中南半岛强国之一，民族自尊心比较强；占缅甸人口大多数的佛教徒也与罗兴亚人存在较大矛盾，非常不满欧盟等外部力量干涉缅甸内政，缅甸政府在处理对欧盟关系上也必须顺从国内主流民意。因此，欧盟干涉举措对缅甸解决"罗兴亚人"危机的建设性作用有限，反而激怒了缅甸大多数官员和民众，恶化了缅甸与欧盟的关系。③

欧盟与缅甸的关系恶化，导致双方高层政府官员的互动明显减少，不仅欧盟访问缅甸高官的次数减少了，而且杜昂山素季等缅甸政府高官从2017年8月以后，一直到2020年5月，较少正式访问欧盟。杜昂山素季2019年12月去过一次荷兰，但她此行不是专门去欧洲访问，而是赴海牙国际法院就"罗兴亚人"问题进行抗辩。然而，杜昂山素季在处理"罗兴亚人"问题上的做法难以获得欧盟认可，杜昂山素季此前在欧洲所享有的较高威望和较好形象也折损大半。欧盟的一些官员、民众和媒体近两三年来对杜昂山素季的批评较多，就在杜昂山素季在国际法院就"罗兴亚人"问题进行抗辩期间，英国、法国媒体等欧洲媒体再度批评杜昂山素季处理"罗兴亚人"

---

① "EU-Myanmar Relations," European Union External Action, June 25, 2018, https://eeas. europa. eu/headquarters/headquarters - homepage_ en/4004/EU - Myanmar%20relations.

② Guy Faulconbridge, "Myanmar Leader Says No Ethnic Cleansing of Rohingya Muslims-BBC," *Yahoo News*, April 6, 2017, https://uk. news. yahoo. com/myanmar - leader - says - no - ethnic - cleansing - rohingya - muslims - 212713268. html? guccounter = 1&guce_ referrer = aHR0cHM6Ly9jbi5iaW5nLmNvbS8&guce_ referrer_ sig = AQAAACoXIn9x63t4acy6e1oxIp0O 8N2l0cPmdtmaYjhVRDXZ8US439cyVnsDRxg7PM7IN22pL2mzBdib3fEBQ3CYy5FZDmxzdEdmuG_ FSYcnXEMdQ7CzxtuX8reVowD_ 24xGXIJvDmHObnOUws9_ jMPpfLarY9xvI27cPdOYo nnOcDO6.

③ 宋清润：《罗兴伽人危机与缅甸民盟政府的内政外交》，《东南亚研究》2018 年第 2 期。

问题不当，并为缅甸军方辩护。① 欧盟及其成员国还对杜昂山素季个人非常不满，撤销此前给予她的一些荣誉。例如，2017 年 9 月，英国公共服务业总工会收回授予杜昂山素季的荣誉会员身份；同年 11 月，牛津市正式剥夺她的"荣誉市民"称号；2018 年 8 月，英国爱丁堡市决定剥夺 2005 年授予杜昂山素季的"爱丁堡荣誉市民奖"（Freedom of Edinburgh Award）；② 2019 年初，英国伦敦市决定收回 2017 年授予杜昂山素季的"伦敦城自由奖"；等等。缅甸其他官员访问欧洲的次数也较少，其中比较重要的一次是，2018 年 6 月 19~20 日，国务资政府部部长吴觉丁瑞（U Kyaw Tint Swe）赴挪威出席第 16 届奥斯陆论坛（the 16th Oslo Forum），他与挪威外交大臣伊娜·埃里克森·瑟雷德（Ine Eriksen Søreide）共同主持其中的一个小组讨论，主题是"缅甸通往和平与和解之路"（Myanmar's Path to Peace and Reconciliation），两人在会议间隙还举行双边会晤，讨论两国如何合作促进缅甸实现和平与发展等问题。③

双方在政治外交层面官员互动较少，但双方并未断交，仍维持一定的官方往来。比如，杜昂山素季 2017 年 10 月接见德国驻缅甸大使，11 月会晤丹麦合作发展部部长，12 月会晤芬兰驻缅甸大使，2018 年 5 月接见瑞士驻缅甸大使和西班牙驻缅甸大使，2019 年 8 月接见卢森堡驻缅甸大使，2020 年 2 月接见瑞典驻缅甸大使和法国商务代表团成员，等等，这些外交互动的级别不是对等的首脑级别的双边高层互动，有些还是礼节性互动，对双方关系的改善和推动作用不大。

（二）经贸层面

在民盟执政前四年，欧盟对缅甸投资的年均增量不多，而且，2017 年 8

---

① 《到国际法院抗辩，昂山素季受到缅国内支持但遭西媒批评》，环球网，2019 年 12 月 12 日，https：// world. huanqiu. com/article/9CaKrnKohEY。

② 谷智轩：《第七个，昂山素季又被西方剥夺奖项》，观察者网，2018 年 8 月 22 日，https：//www. guancha. cn/internation/2018_ 08_ 22_ 469236. shtml。

③ "Union Minister for Office of the State Counsellor Takes Part in the 16th Oslo Forum in Norway," Myanmar State Counsellor Office, June 21, 2018, https：//www. statecounsellor. gov. mm/en/node/1994.

月双方关系明显恶化之后的三年，欧盟对缅甸投资额年均增量和增速均比此前一年的同类指标有所下降。在贸易方面，2020 年上半年，因为受到新冠肺炎疫情影响，欧盟部分企业暂停进口缅甸成衣制品，这使得双方的贸易量有所下降。

在欧盟对缅甸投资方面，截至 2020 年 3 月 31 日，也就是民盟政府执政四周年时，欧盟国家累计对缅甸的投资总额约 73 亿美元，比四年前的 58 亿美元增加了约 15 亿美元，也就是说，欧盟国家对缅甸投资年均增长不到 4 亿美元。其中，在欧盟与缅甸关系较好的 2016 年 3 月 31 日至 2017 年 7 月 31 日，欧盟对缅甸投资增长约 7 亿美元，总额约为 65 亿美元，[①] 增幅略高于 2017 年 8 月欧盟与缅甸关系变差之后的两年半时间的增幅，即此后两年半时间，欧盟国家对缅甸投资的增幅比此前一年半的时间有所下降。在民盟政府执政前四年间，欧盟对缅甸投资总体增速不快，可能不仅因为近两三年来双方外交关系较差，还可能与缅甸基础设施差、投资环境不佳等因素有关，因为即便在欧盟与缅甸关系较好的 2016 年 3 月 31 日至 2017 年 7 月 31 日，欧盟对缅甸投资增幅也不是很大。

其中，截至 2020 年 3 月 31 日，英国仍是欧盟中对缅甸投资最多的国家，累计约 49 亿美元，占欧盟同期对缅甸投资总额的近七成。[②] 需要说明的是，此处为了统计民盟执政前四年期间欧盟对缅甸投资的总数据，把英国也纳入截至 2020 年 3 月 31 日的数据统计范畴。其实，截至 2020 年 1 月 31 日英国脱欧之日，英国对缅甸的投资总额是近 46 亿美元，[③] 此后两个月又增加了约 3 亿美元的对缅甸投资。总体看，长期以来，英国对缅甸的投资较

---

① "2017/ July Foreign Direct Investment by Country," Directorate of Investment and Company Administration, July 31, 2017, https：//www. dica. gov. mm/sites/dica. gov. mm/files/document – files/fdi_ by_ country_ 0. pdf.

② "2020/March Foreign Direct Investment by Country," Directorate of Investment and Company Administration, March 31, 2020, https：//www. dica. gov. mm/sites/dica. gov. mm/files/document – files/bycountry_ 9. pdf.

③ "2020/January Foreign Direct Investment by Country," Directorate of Investment and Company Administration, January 31, 2020, https：//www. dica. gov. mm/sites/dica. gov. mm/files/document – files/bycountry_ 8. pdf.

多，而且近两三年来，尽管英国在"罗兴亚人"问题上也批评缅甸，但英国对缅甸投资并未受到其与缅甸外交关系有所变差的影响。这可能与英国部分公司看好缅甸长远发展前景和注重商业利益有关系，也可能与英国部分人和公司对缅甸存在特殊的历史情感有关系，因为在19世纪中后期和20世纪前期，英国曾经长期是缅甸的殖民宗主国，其公司和人员长期在缅甸开展商业活动，感情比较深，在缅甸经营具有一定的历史延续性，也有一定的经营发展基础。

在贸易方面，2018年，缅甸与欧盟国家的进出口贸易总额接近31亿美元，其中，缅甸对欧盟国家的出口总额约25亿美元，缅甸从欧盟国家的进口总额不到6亿美元。[①] 2018年，缅甸与欧盟的贸易额总体比上年仍有较大增长，主要是因为欧盟仍未撤销给予缅甸的贸易普惠制（GSP）待遇。然而，不管是世界银行、缅甸政府还是欧盟方面，笔者均未查到2019年度缅甸与欧盟所有国家的完整贸易数据，因此，本文此处无法分析该年度双方的总体贸易情况。

欧盟与缅甸暂未达成双边投资贸易保护协议。2017年4月，在缅甸若开邦爆发冲突之前，欧盟与缅甸还就是否签署"双边投资贸易保护协议"（An EU-Myanmar Investment Protection Agreement）展开过磋商。然而，若开邦冲突之后，欧盟与缅甸的关系变差，经贸合作也出现了一些问题，不仅难以签署新的协议，而且2018年2月欧盟表示，是否尊重人权是欧盟是否对缅甸采取优惠贸易政策的重要考量因素，[②] 当年，欧盟就曾考虑撤销对缅甸产品的关税优惠待遇（EBA），这令缅甸较为担心。[③]

[①] "Myanmar Product Exports and Imports by Country and Region 2018," World Integrated Trade Solution, https://wits.worldbank.org/CountryProfile/en/Country/MMR/Year/2018/TradeFlow/EXPIMP/Partner/all/Product/Total, 检索日期：2020年5月20日。

[②] "EU-Myanmar Relations," European Union External Action, June 25, 2018, https://eeas.europa.eu/headquarters/headquarters – homepage_ en/4004/EU – Myanmar%20relations.

[③] Felix Heiduk, "Myanmar, the Rohingya Crisis, and Further EU Sanctions," German Institute for International and Security Affairs, December, 2018, https://www.swp – berlin.org/fileadmin/contents/products/comments/2018C52_ hdk.pdf.

欧盟与缅甸的贸易在 2019 年底和 2020 年上半年面临一些困难，尤其缅甸向欧盟出口的主要产品中有 60% 是服装业制品，遭受较大冲击。2019 年底，缅甸工商联主席佐敏温（Zaw Min Win）表示，担心欧盟取消对缅甸的普惠制政策，而导致缅甸出口到欧盟的产品关税被提高。[1] 2020 年上半年，新冠肺炎疫情对缅甸与欧盟的经贸合作带来影响。一方面，据欧盟在缅甸的商会组织 4 月初发布的调查结果称，欧盟在缅甸的企业中，有 60% 的企业生产运营受到新冠肺炎疫情的影响，总体而言，这些企业的收入下降30%～50%，遭遇较大打击。[2] 另一方面，由于欧盟也受到新冠肺炎疫情的影响，经济低迷，影响部分人对成衣的需求。因此，欧盟部分企业因为销量减少，取消从缅甸进口部分成衣的计划。纺织业是缅甸重要的经济产业之一，但在新冠肺炎疫情打击全球经济的情况下，其纺织品不仅出口欧盟的数量减少，出口美国等其他国家的数量也在减少，令缅甸经济雪上加霜，导致不少工人失业和陷入贫困，影响社会稳定。[3]

（三）军事层面

2017 年 8 月若开邦冲突发生后，欧盟除了频频谴责缅甸军方和继续维持对缅甸的武器禁运之外，还"有针对性"地增加对缅甸的军事制裁。欧盟在 2017～2019 年每年都继续延长对缅甸的武器禁运，每次延长期限仍是一年，2020 年 4 月最新的一次延长是将武器禁运期限延长至 2021 年 4 月 30 日。同时，[4] 2017 年 8 月缅甸若开邦冲突之后，英国[5]、德国等欧盟成员国

① 《欧盟再次考虑取消对缅普惠制》，中华人民共和国驻缅甸联邦共和国大使馆经济商务处，2019 年 12 月 20 日，http：//mm. mofcom. gov. cn/article/jmxw/201912/20191202924003. shtml。

② Nan Lwin，"Over 60% of European-Run Firms in Myanmar Hurt by COVID－19：EuroCham Survey," *The Irrawaddy*，April 2，2020，https：//www. irrawaddy. com/specials/myanmar－covid－19/60－european－run－firms－myanmar－hurt－covid－19－eurocham－survey. html.

③ 《184 亿元服装订单被取消，孟加拉遭受重创，缅甸直接被欧盟暂停成衣出口》，搜狐网，2020 年 4 月 5 日，https：//www. sohu. com/a/385617674_ 740195。

④ "EU Renews Myanmar/Burma Sanctions for 1 Year," European Sanctions，April 24，2020，https：//www. europeansanctions. com/region/burma/.

⑤ 当地时间 2020 年 1 月 31 日 23 点，英国正式脱离欧盟。

暂停了与缅甸军方的交往与合作，暂停对缅甸军官的培训，再度限制缅甸国防军总司令敏昂莱等军官访问欧洲，并对这些军官采取经济金融制裁，欧盟还限制缅甸军队和警察从欧盟获得监控设备等军民两用技术。① 此后至 2020年 5 月，敏昂莱等缅甸高级军官再未能访问欧洲，缅甸 2016 年和 2017 年初与欧洲达成的一些军事交流与合作意向或协议，只是执行了一部分，大部分都被终止。而缅甸军谴责欧盟对其的制裁举措，拒绝屈服欧盟，② 想方设法缓解挑战。例如，加大与俄罗斯、中国、日本、东盟国家的军事交流与合作，来抵消欧盟终止与缅甸军方合作和增加对缅甸军方制裁带来的一些负面影响。

此外，欧盟近期仍高度关注缅甸国内冲突及其产生的难民问题。联合国秘书长安东尼奥·古特雷斯（António Guterres）2020 年 3 月 23 日呼吁全球范围内停火，以应对新冠肺炎疫情。欧盟及其成员国，法国、德国、荷兰、捷克、丹麦、芬兰等国驻缅甸大使与美国等国驻缅甸大使 4 月 1 日联合发布声明称，高度关注缅甸钦邦、若开邦等地区的冲突及其产生的难民问题，呼吁缅甸冲突各方响应联合国秘书长的停火提议，结束敌对关系，通过对话实现和平，共同支持抗疫事业。③

（四）援助层面

欧盟持续向缅甸提供一些经济援助、教育援助、人道主义援助等，支持缅甸经济社会发展，帮助缅甸弱势群体改善生活环境。

欧盟持续向缅甸难民提供援助。例如，从 2017 年 8 月底至今，欧盟对

---

① "EU-Myanmar Relations," European Union External Action, June 25, 2018, https://eeas.europa.eu/headquarters/headquarters–homepage_en/4004/EU–Myanmar%20relations.

② Htet Naing Zaw, "Myanmar Military Condemns EU and UK Moves to Continue Sanctions," *The Irrawaddy*, April 30, 2020, https://www.irrawaddy.com/news/burma/myanmar–military–condemns–eu–and–uk–moves–to–continue–sanctions.html.

③ "Statement from Ambassadors to Myanmar," Delegation of the European Union to Myanmar, April 1, 2020, https://eeas.europa.eu/delegations/myanmar–burma/76872/statement–ambassadors–myanmar_en.

缅甸提供人道主义援助的重要群体是 "罗兴亚" 难民。从 2017 年到 2020 年
3 月初, 欧盟共向在缅甸以及从缅甸逃至孟加拉国的 "罗兴亚" 难民提供超
过 1.5 亿欧元的人道主义援助。在这些援助中, 最新的一笔援助资金是欧盟
2020 年 3 月初宣布, 向缅甸和孟加拉国的 "罗兴亚" 难民发放 3100 万欧元
的人道主义援助, 其中, 在缅甸境内的罗兴亚人将获得 900 万欧元的相关援
助。① 当然, 欧盟也继续向缅甸掸邦、克钦邦等冲突地区的难民提供人道主义
援助。

欧盟除了向冲突产生地区的难民长期提供人道主义援助之外, 在 2020
年上半年缅甸暴发新冠肺炎疫情期间, 还向缅甸提供多笔援助, 截至欧盟
2020 年 5 月 8 日发布的数据, 其援助主要有: 欧盟出资 300 万欧元帮助缅甸
社区和民众增强防疫意识和提高能力; 向受疫情冲击而失业的 9000 名缅甸
纺织工人提供 500 万欧元的紧急现金援助; 欧盟联合其他组织向流动工人、
孕妇、老人等最弱势群体提供超过 1460 万欧元的紧急援助; 从既有的常规
对缅援助中调配 200 万欧元向受到疫情冲击的冲突区的流离失所者提供紧急
援助; 专门向若开邦民众提供 300 万欧元援助; 加快近年来对缅甸 2.21 亿
欧元 "一揽子教育" 援助的支付速度, 帮助缅甸教育系统正常运转; 向缅
方抗疫提供数字技术支持, 向缅甸警察等一线战 "疫" 人员提供口罩、洗
手液等医疗防护物资; 等等。除了上述紧急援助之外, 欧盟还向缅甸提供中
期卫生援助, 如提供 520 万欧元以提升缅甸国家卫生实验室以及全国卫生实
验室医生的诊治能力, 还援助缅甸政府提高防控传染病的整体能力。②

此外, 除了欧盟整体向缅提供援助之外, 近年来, 欧盟部分成员国也单
独向缅甸提供援助。例如, 英国国际开发大臣彭妮·莫当特 (Penny
Mordaunue) 2019 年 2 月访问缅甸时表示, 自从 2017 年 8 月下旬若开邦冲突

① "Rohingya Crisis: EU Allocates €31 Million for Bangladesh and Myanmar," European Commission,
March 2, 2020, https://ec.europa.eu/commission/presscorner/detail/en/IP_20_371.

② "EU Rapid Response to the Coronavirus Pandemic in Myanmar," The European Union's Diplomatic
Service, May 8, 2020, https://eeas.europa.eu/delegations/myanmar - burma/78954/eu -
rapid - response - coronavirus - pandemic - myanmar_ en.

之后至 2019 年初，英国共向缅甸若开邦等地的"罗兴亚"难民提供了 2800 万英镑的援助，此后也会继续向缅甸冲突区的难民、妇女等弱势群体提供人道主义援助，并向他们提供职业技术培训援助。不过，2017 年下半年至今，欧盟及其成员国与缅甸官方的关系不睦，加之很多对缅甸难民的援助经常是绕过缅甸政府而直接给难民，这种绕开缅甸政府而直接向缅甸人提供援助的做法，自然增加了缅甸政府对欧盟的不满。①

结　语

从 20 世纪 90 年代初至 2010 年底，缅甸处于军政府时期，其与欧盟的关系长期不好。欧盟对缅甸的政策通常受到缅甸国内政治状况、冲突状况、人权状况等问题的较大影响，而缅甸又在上述方面长期存在问题，这是导致缅甸与欧盟关系经常不睦的重要原因。2011 年 3 月，民选的巩发党政府与欧盟的关系有所转好，欧盟取消对缅甸的经济制裁。但巩发党政府毕竟是军方支持的政府，而且，缅甸国内的民族、人权等问题仍存在（即便有所改善），缅甸与欧盟的关系也并未达到非常友好的程度。2016 年 3 月以来，缅甸民盟成为执政党，虽然民盟在野时曾经与欧盟关系长期较好，但是，民盟执政后，缅甸与欧盟的关系仅仅经历了一年多的较为友好时期，后来，截至2020 年 5 月，又有至少三年的关系冷淡甚至有些对立的时期。一个原因是缅甸仍存在民族宗教冲突，而且这些冲突产生的难民较多，欧盟又频频干涉缅甸内部的民族宗教问题和人权问题。还有一个原因是，民盟成为执政党之后，其首先必须搞好与军方的关系来维持政治总体稳定，必须代表缅甸主流民意来与欧盟开展博弈和斗争，来维护缅甸的尊严和国家利益。毕竟，杜昂山素季也是民族主义者，杜昂山素季及其领导的民盟与欧盟此前的友好关系相比民盟执政地位和国家利益的大局而言，只能退居次要地位。如果民盟届

---

① "UK Aid Protecting Women from Trafficking in Burma-and Helping Them into Jobs," The Government of United Kingdom, February 18, 2019, https：//www. gov. uk/government/news/ uk－aid－protecting－women－from－trafficking－in－burma－and－helping－them－into－jobs.

从于欧盟干涉缅甸内政，就会惹怒军方，惹怒国内绝大多数民众，杜昂山素季以及民盟在缅甸的政治地位和威望也会降至低点，甚至可能丧失执政地位。因此，杜昂山素季和民盟宁可与欧盟斗争，宁可丧失在欧盟曾经有的崇高威望和地位，也会想方设法来维护民盟在缅甸的执政地位，维护缅甸的国家利益。

总体看，自20世纪90年代初以来的约30年，缅甸与欧盟的关系持续改善并达到一定友好程度的年份总共五六年时间，其余20多年则是关系总体较差的时期。缅甸2020年11月要举行大选，不管仍是杜昂山素季及其领导的民盟执政，还是会出现执政党更迭，缅甸国内的民族冲突、难民问题等较难在短期内得到解决。欧盟仍会长期干涉缅甸内政，而缅甸又仍会反感外部力量干涉其内政。这就决定了缅甸与欧盟的关系较难实现长期友好。当然，缅甸与欧盟出于各自的利益需要，未来也一般不会全面断交，会保持一种"既斗争又合作"的状况。只不过，随着形势变化，双方有时斗争面会增强，有时合作面会增强。双方在政治、经贸、人文等方面的交往与合作一般不会全部中断，欧盟也一般不会停止对缅甸的人道主义援助，即便是其不愿与缅甸政府开展人道主义援助合作，也会直接将这些援助给予缅甸难民等弱势群体。

B.9
民盟执政以来的缅日关系

杨祥章　杨鹏超*

摘　要： 日本是缅甸重要的国际合作伙伴，自民盟2016年3月执政以来，缅日两国关系得到进一步发展。政治上，两国高层频繁互动，日本积极支持缅甸解决诺开邦问题及推进国内民族和解。经济上，日本对缅投资额与日本在缅的企业数均呈增长趋势，且日本通过多种渠道为缅甸提供援助。人文交流方面，日本与缅甸的教育、旅游合作力度不断加大，民心相通程度进一步加深。

关键词： 缅甸　民盟政府　日本　双边关系

　　日本作为区域性大国，不仅是缅甸重要的国际合作伙伴，也在缅甸国家的发展和对外关系中扮演着不容忽视的角色。自2016年3月民盟执政以来，日本和缅甸高层保持着频繁的互动，经贸合作持续深化，人文交流密切，在政治、经济和人文领域的合作均稳步发展。

一　政治互信持续增强

　　2016年3月，民盟开始执政。在对外关系上，民盟积极强化与本地区国家的关系。日本对缅甸新政权的诞生表示欢迎，并表示缅甸新政权的稳定

---

* 杨祥章，云南大学缅甸研究院、周边外交研究中心助理研究员；杨鹏超，日本立命馆大学博士研究生。

对缅甸及区域整体的稳定和繁荣不可或缺，将举官民之力支援民盟政权。①此后，两国政府高层互动频繁，政治互信得到提升，日本也以实际行动支持缅甸政府解决若开邦问题。

（一）高层互动频繁

高层互访是改善和提升双边关系的重要手段，高层互访的频率能够体现双方政治关系的紧密程度。自 2016 年以来，日本政府与缅甸民盟政府高层互动频繁，在政治、经济、军事等各领域交流广泛。2016 ~ 2019 年，两国领导人在各种国际场合积极进行会晤，杜昂山素季三次到访日本，日本外相更是每年访问缅甸，军队高层也频繁互动。这显示出缅日都非常重视两国关系的发展，也从侧面反映出日本对民盟政府的影响力在提升，表明日本对缅甸的经济和价值观外交产生了积极的效果。2016 ~ 2019 年缅日两国高层互访状况详见表 1。

表1　2016 ~ 2019 年缅日两国高层互访统计

时间		高层互访相关简况
2016 年	1 月 25 日	缅甸外长温纳貌伦访问日本，与日本外相岸田文雄举行会谈
	2 月 26 日	日本首相助理和泉洋人访问缅甸，与杜昂山素季举行会谈
	5 月 2 ~ 3 日	日本外相岸田文雄访问缅甸，与杜昂山素季举行会谈
	6 月 5 ~ 6 日	日本防卫大臣中谷元访问缅甸
	7 月 24 日	东盟外长会议期间，岸田文雄与杜昂山素季举行会谈
	9 月 7 日	东盟首脑相关会议期间，安倍晋三与杜昂山素季举行会谈
	9 月 20 ~ 22 日	缅甸国防部部长盛温访问日本
	11 月 1 ~ 5 日	杜昂山素季访问日本，并与首相安倍晋三及外相岸田文雄举行会谈
	12 月 25 ~ 27 日	日本国土交通大臣石井启一访问缅甸
2017 年	8 月 4 ~ 5 日	日本副外相岸信夫访问缅甸
	9 月 21 ~ 24 日	日本外务大臣政务官堀井严访问缅甸
	11 月 14 日	东盟首脑相关会议期间，安倍晋三与杜昂山素季举行会谈
	11 月 16 日	日本外相河野太郎与杜昂山素季举行电话会谈
	11 月 19 ~ 22 日	日本副外相中根一幸访问缅甸
	11 月 27 日至 12 月 2 日	缅甸人民院议长温敏访问日本
	12 月 10 ~ 11 日	日本国土交通大臣石井启一访问缅甸
	12 月 13 ~ 17 日	缅甸总统吴廷觉访问日本，与安倍晋三举行会谈

① 日本外务省编『外交青书 2017』，2017 年 9 月 26 日，第 44 页，https://www.mofa.go.jp/mofaj/gaiko/bluebook/2017/pdf/pdfs/2_1.pdf.

续表

时间		高层相关简况
2018年	1月11~13日	日本外相河野太郎访问缅甸,与杜昂山素季举行会谈
	3月23~24日	日本外务大臣政务官堀井严访问缅甸
	5月28日	日本外相河野太郎与杜昂山素季举行电话会谈
	8月5~7日	日本外相河野太郎访问缅甸,与杜昂山素季等举行会谈
	9月12日	世界经济论坛东盟峰会期间,日本外相河野太郎与杜昂山素季举行会谈
	10月5~10日	杜昂山素季访问日本,并出席在东京举办的第十届"日本与湄公河流域国家首脑会议"
2019年	1月14~16日	日本副外相阿部俊子访问缅甸
	5月31日	日本外相河野太郎与访日的缅甸最高顾问府大臣举行会谈
	7月9日	日本外相河野太郎与访日的缅甸联邦政府大臣举行会谈
	7月31日	日本外相河野太郎出席东盟外长相关会议并访问缅甸
	10月9日	日本外相茂木敏充与访日的缅甸国防军司令举行会谈
	10月21日	杜昂山素季访问日本,与安倍晋三举行会谈
	11月17日	第六届东盟防长扩大会议期间,日缅两国防部部长举行会谈

注：职务均为时任。

资料来源：作者根据日本外务省「ミャンマー連邦共和国　過去の要人往来・会談」（https：//www. mofa. go. jp/mofaj/area/myanmar/visit/index. html），日本防卫省「ミャンマー　要人往来・会談」（https：//www. mod. go. jp/j/approach/exchange/area/s_ e_ asia/myanmar/index. html），日本外务省编『外交青书2017－2019』整理。

  缅日两国高层间的会晤并非礼节性来往，常常释放和传递加强双边全面合作的信号，并取得双边外交新的突破。2016年5月初，日本外相岸田文雄访问缅甸，在与杜昂山素季会谈时表示，日本将在缅甸政府所重视的创造就业、农业、保健等领域制定具体的涉缅合作方案，在"日本—湄公河互联互通倡议"的指导下，为缅甸的基础设施建设、人才培养等方面提供支援。另外，在"日缅共同倡议"的指导下，日本支援缅甸法制建设，加强人员交流，完善投资环境，从而实现缅甸国民和日本投资者的双赢。① 日本

---

① 日本外务省「岸田外务大臣とアウン・サン・スー・チー・ミャンマー国家最高顧問兼外相との会談」，2016年5月3日，https：//www. mofa. go. jp/mofaj/s_ sa/sea1/mm/page4_ 002004. html。

防卫大臣中谷元在 2016 年 6 月 5 ~ 6 日访缅，和缅甸国际军总司令以及缅甸国防部部长会晤。谈话内容涉及推进缅日军事合作以及加强对缅提供军事援助等。① 中谷元还与杜昂山素季举行了会谈，这也是缅日两国首次实现了防卫大臣和国家国务资政的历史性会晤。2016 年 9 月 7 日，在东盟首脑相关会议期间，安倍晋三与杜昂山素季举行会晤，安倍晋三向杜昂山素季表示祝贺，并表示日本将全面支持缅甸的经济发展和民族和解，承诺向缅甸提供 1250 亿日元资金，用于支持缅甸减少贫困以及农村开发。2017 年 11 月，东盟首脑相关会议期间，安倍晋三和杜昂山素季举行会谈，并表示再向缅甸提供 1250 亿日元经济援助。安倍晋三对民盟政权做出积极评价，并表示继续举官民之力支援缅甸。2017 年 12 月，缅甸总统吴廷觉访问日本，实现民盟执政以来缅日首脑首次会晤。

在高层往来中，日本不忘向缅甸推销其价值观，拉拢缅甸。2016 年 9 月与杜昂山素季的会晤中，安倍晋三强调缅日两国是在自由、民主、人权等方面具有共同价值观的伙伴。② 2016 年 11 月初，杜昂山素季率政府代表团访问日本。这也是民盟执政以来，杜昂山素季首次访日。安倍晋三与杜昂山素季举行会谈时重申，缅日两国是具有共同价值观的伙伴和朋友，日本将举官民之力全力支援缅甸新政权，使两国关系飞跃发展，并表示将为少数民族地区在农业、电力、机场、人才培养等领域提供援助。杜昂山素季对此表示感谢，表示日本是可以信赖的伙伴，期待来自日本的支援，并期待迪洛瓦经济特区在日本的帮助下取得更大发展。③ 会谈期间安倍晋三也提到"自由开放的印太战略"，强调"印太战略"对该地区和平与稳定的重要性，以此来拉拢缅甸积极参与。在 2017 年 12 月与缅甸总统吴廷觉的会晤中，安倍晋三

---

① 日本防衛省「中谷防衛大臣のミャンマー訪問結果概要」，2016 年 6 月 6 日，https：//www. mod. go. jp/j/approach/exchange/area/2016/pdf/20160606_ mmr – j. pdf。

② 日本外務省「安倍総理大臣とアウン・サン・スー・チー・ミャンマー国家最高顧問との会談」，2016 年 9 月 7 日，https：//www. mofa. go. jp/mofaj/s _ sa/sea1/mm/page3 _ 001800. html。

③ 日本外務省「安倍総理大臣とアウン・サン・スー・チー・ミャンマー国家最高顧問との会談等」，2016 年 11 月 2 日，https：//www. mofa. go. jp/mofaj/s _ sa/sea1/mm/page4 _ 002474. html。

再次强调"自由开放的印太战略"的重要性，并希望能在"印太战略"下，提高区域互联互通水平，给缅甸及整个区域带来稳定和繁荣。① 这也再次凸显日本积极拉拢缅甸参与"印太战略"的意图。

（二）支持缅甸解决若开邦问题及国内和平进程

宗教和历史等多重复杂因素所导致的缅甸国内民族问题和若开邦问题，一直备受国际社会高度关注。自 2010 年开始政治转型以来，缅甸发生了2012 年的若开邦暴动，2015 年的"罗兴亚"难民危机等重大事件。民盟执政后，将民族和解作为要务，但进展不佳，2017 年以来又发生新一轮的"罗兴亚"难民危机，这也使得缅甸招致西方国家和国际组织等多方的谴责。在对待若开邦问题上，日本并没有一味地追随西方制裁缅甸，而是有自身的战略考量。通过在联合国会议上投弃权票以及提供经济资助等途径，日本支持缅甸政府的立场，为其解决若开邦问题与促进民族和解提供帮助。

2017 年 11 月 16 日，联合国大会以缅甸侵害人权为由通过了制裁缅甸的决议，该决议案由伊斯兰合作组织（OIC）提出，美国、英国、法国等均为共同提案国。中俄等国明确表示反对，日本则投了弃权票。② 2018 年 9月，联合国人权理事会以缅甸侵犯人权为由，投票决定成立独立机构来调查缅甸侵犯人权的证据，对此日本再次投下弃权票。日本在国际场合看似对缅甸若开邦问题保持中立，甚至态度消极，实际却是在不得罪西方国家的前提下，从行动上积极支持缅甸政府。

2018 年 1 月，河野太郎外相访缅时表示为难民返回家园提供 300 万美元支持，并承诺向若开邦提供 2000 万美元援助资金来支持当地开发和改善居民生活，河野太郎还访问了若开邦罗兴亚穆斯林村落，和当地村领导进行交流，他也成为难民危机以来首次访问该地区的外国政要。2018 年 10 月，东京举办

---

① 日本外務省「安倍総理大臣とティン・チョウ・ミャンマー大統領との会談」，2017 年 12月 14 日，https：//www. mofa. go. jp/mofaj/s_ sa/sea1/mm/page1_ 000462. html。

② 日本経済新聞「ロヒンギャ迫害非難決議を採択、国連委　日本は棄権」，2017 年 11 月 17日，https：//www. nikkei. com/article/DGXMZO23593540X11C17A1000000/。

第十届"日本与湄公河流域国家首脑会议"期间，杜昂山素季参加会议并再次访问日本。会谈期间，安倍晋三积极评价杜昂山素季对缅甸和平进程、若开邦形势以及经济开发所做的努力，并表示将尽最大努力支持缅甸民主国家建设以及迪洛瓦经济特区建设。杜昂山素季表示，缅甸政府重点致力于经济开发、国内和平和若开邦问题，杜昂山素季积极评价日本对缅甸的支援，并期待日本—湄公河合作取得进展。[①] 2019 年 10 月，杜昂山素季时隔一年再度访问日本，参加日本天皇登基大典，并与安倍晋三进行简短会晤。这也是民盟执政以来，杜昂山素季第三次访日。在谈及若开邦形势与民族和解问题时，安倍晋三表示，为了改善若开邦的状况，日本将尽最大努力支持缅甸政府。有关若开邦人权问题，安倍晋三建议，缅甸可以接受独立国际实事调查团的劝告，缅甸政府和国际军要迅速采取必要措施来加以解决，并表示继续支援缅甸和平进程。杜昂山素季也表示将采取正确应对措施来解决若开邦问题，并对日本对缅甸民族和解及和平进程所做的努力表示感谢。[②] 可见，日本对缅甸国内民族问题及和平走向非常关注，对相关事物的柔性介入也得到了民盟政府的认可。

二 经贸合作稳步推进

缅甸军政府时期，日本对缅甸的投资一直比较低迷。自 2010 年缅甸转型以来，日本政府加强了和缅甸的经济往来，日本企业对缅甸的投资也随之增加。缅甸民盟政权诞生后，日本方面表示，在接下来的五年当中，将通过官民合作向缅甸提供 8000 亿日元的资金支持，以此来全面支援新政权下的缅甸。在此思想的指导下，日本继续扩大对缅投资和为缅提供援助，在缅重大合作项目也取得明显进展。

---

① 日本外务省「安倍総理大臣とアウン・サン・スー・チー・ミャンマー国家最高顾問との会談」，2018 年 10 月 9 日，https：//www. mofa. go. jp/mofaj/s _ sa/sea1/mm/page6 _ 000198. html。

② 日本外务省「安倍総理大臣とアウン・サン・スー・チー・ミャンマー国家最高顾問との会談」，2019 年 10 月 21 日，https：//www. mofa. go. jp/mofaj/s _ sa/sea1/mm/page4 _ 005372. html。

（一）日本对缅投资金额及日本在缅企业数呈增长趋势

2011年以来，缅甸积极进行经济改革，制定和完善了《外国投资法》《经济特区法》《劳动法》等相关法规及制度，不断改善国内投资环境。2013年12月，缅日两国在东京签署《投资协定》，该协定于2014年8月7日正式生效。缅日《投资协定》的签署对日本企业到缅甸投资起到了积极的推动作用。对日本企业而言，缅甸拥有丰富的自然资源和廉价的劳动力，具有巨大的基础设施需求，同时也是潜在的消费市场。2011年以来，日本企业对缅甸投资整体上处于上升态势（见图1），由于图1的统计数据不包含日本经由第三国对缅投资以及对迪洛瓦经济特区的投资，所以，日本对缅实际投资金额要比图中高出很多。

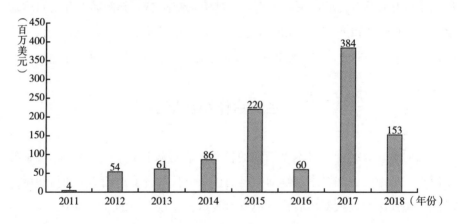

图1　日本对缅甸投资统计（2011～2018年）

资料来源：根据日本贸易振兴机构编『ジェトロ世界贸易投资报告』（2012～2019年）整理。

2017年，日本在缅甸的海外投资中排名第四，投资金额为3.84亿美元，比2016年大幅增长。这是因为有三菱商事和缅甸企业成立合资企业等大型投资项目。由于新加坡税收和地理位置等方面的优势，日本对缅投资多经由新加坡，2017年经由新加坡等第三方的投资额就高达8.55亿美元。2018年的投资金额为1.53亿美元，比2017年的3.84亿美元有大幅回落，这是由于 2018 年没有大型投资项目。但是，投资的项目数量并没有明显差别，2017 年为 12 个项目，2018 年为 11 个项目。如果算上经由新加坡的投资以及对迪洛瓦经济特区的投资，2018 年度日本对缅总共投资 23 个项目，总投资额为 3.75 亿美元。[①]

近年来，在缅甸的日本商会公司的数量在逐年增加，2018 年达到 381 家。日本贸易振兴机构发布的《世界贸易投资报告 2019》显示，截至 2019 年 8 月，公司数量达到 399 家。其中，工业、建筑、流通服务领域的公司数量约占总数的八成（见表 2）。[②] 2019 年 10 月，杜昂山素季访日时在东京发表演说，再次呼吁日本财界扩大对缅投资。如果缅甸政局保持稳定，法律等相关制度进一步完善，日本对缅投资有望继续扩大。

表 2　缅甸日本商会公司数量的变化（2008 ~ 2018 年）

单位：家

领域	2008 年	2009 年	2010 年	2011 年	2012 年	2013 年	2014 年	2015 年	2016 年	2017 年	2018 年
贸易	9	10	10	10	14	19	22	23	26	26	28
金融保险	6	6	6	6	10	12	12	12	15	18	18
工业	11	12	13	13	20	35	48	64	74	85	87
建筑	9	8	8	8	13	30	59	83	104	114	115
流通服务	15	15	14	16	28	50	55	73	88	90	92
运输	—	—	—	—	—	—	26	32	37	41	41
总数	50	51	51	53	85	146	222	287	344	374	381

资料来源：株式会社国際協力銀行『ミャンマーの投資環境』，2018 年 8 月，第 44 页，https://www.jbic.go.jp/ja/information/investment/images/inv_ myanmar201808.pdf。

（二）多渠道为缅提供援助

官方发展援助是日本的外交政策工具，也是实现其国家利益的重要手段。随着 2010 年缅甸开始进行民主化改革，日本随即在 2012 年重新制定了

---

① 日本貿易振興機構編『ジェトロ世界貿易投資報告 2019、ミャンマー』，2019 年 10 月，第 4 页，https://www.jetro.go.jp/ext_ images/world/gtir/2019/12.pdf。

② 日本貿易振興機構編『ジェトロ世界貿易投資報告 2019、ミャンマー』，2019 年 10 月，第 4 页，https://www.jetro.go.jp/ext_ images/world/gtir/2019/12.pdf。

与缅经济合作政策，并提出新的三大方针：一是支援包括少数民族在内的缅甸国民提高生活水平；二是支援缅甸法制建设和人才培养；三是支援缅甸完善基础设施建设。停滞多年的对缅日元贷款也重新开启。日本扩大对缅援助规模的重要原因之一是以此来积极推动缅甸的民主化改革并强化缅日两国关系。此外，缅甸的地缘政治重要性，以及丰富的自然资源、开拓缅甸国内市场等也是日本援助缅甸的重要因素。

2016年3月民盟执政后，基于全面支援缅甸民主化、民族和解、经济发展这一日本的对缅方针，日本政府立刻表示继续加大对缅援助力度。2016年11月杜昂山素季访日期间，安倍首相承诺，从2016年至2020年，日本将通过官民合作向缅甸提供8000亿日元的援助，并提出"日缅合作方案"。该方案具体包括九个方面的内容：（1）地方农业和农村基础设施的发展；（2）充实国民教育和产业政策，创造就业机会；（3）振兴城镇制造业集群及产业；（4）完善连接地方和城市的运输基础设施；（5）促进产业发展的能源合作；（6）城市开发和城市交通建设；（7）完善金融制度；（8）通信、广播、邮政；（9）改善关系国民生活的医疗保健。通过这些项目的援助开发，来平衡地方和城市的发展，促进农业及人才培养等，并在接下来的五年当中，向缅甸少数民族地区提供400亿日元的援助资金，积极支援缅甸少数民族地区和平进展，促进若开邦的和平与稳定。① 另外，在实现停火的缅甸东南部地区，推进对住房、基础设施、农业技术等领域的开发援助。在2017年以后出逃难民达70多万人的若开邦，通过人道主义支援，改善当地现状，促进难民安全返回该地区，帮助修复道路、发展电力、建设学校等。② 2011～2018年，日本为缅甸提供了超过10亿美元的无偿援助（见表3）。

---

① 日本外务省「安倍総理大臣とアウン・サン・スー・チー・ミャンマー国家最高顧問との会談等」，2016年11月2日，https：//www.mofa.go.jp/mofaj/s_sa/sea1/mm/page4_002474.html。

② 日本外务省編『開発協力白書2019年版』，2020年5月，第92页，https：//www.mofa.go.jp/mofaj/gaiko/oda/files/100053677.pdf。

表3　日本为缅甸提供经济援助概况（2011~2018年）

单位：百万美元

年度	日元贷款	无偿援助	技术合作	合计
2011	—	19.70	22.80	42.50
2012	—	54.82	37.96	92.78
2013	406.54	127.75	48.65	582.94
2014	11.14	119.68	83.10	213.92
2015	95.71	202.11	53.31	351.13
2016	199.28	209.58	97.96	506.82
2017	151.96	135.96	91.15	379.07
2018	312.06	136.56	88.28	536.90

资料来源：根据日本外务省编『開発協力白書』（2012~2019年版）整理。

值得注意的是，日本也在加强为缅甸提供军事援助。2016年6月，防卫大臣中谷元访问缅甸时表示，要进一步推进两国防卫合作和交流，继续支援缅甸在救灾、潜水、医学、航空气象等海陆空各领域的能力建设。日本在2015年首次招收缅甸国防军人到日本国防大学留学，也将继续招收缅甸国防军人到日本学习自卫队的教育课程。[①]　缅日两国还积极开展由日本财团支援主办的"日缅将官级交流项目"。在安全保障方面，日本对中国的海洋强国战略非常疑忌。近年来，日本希望利用南海问题、"印太战略"等制衡中国。缅甸具有重要的战略地位，日本通过巨额经济援助加速改善与缅甸的关系，其考量之一也是试图将缅甸拉入其安保战略布局之中。[②]

（三）注重借力多边合作平台

除双边合作之外，日本还通过"日本与湄公河流域国家首脑会议"，"日本与东盟首脑峰会"等多边机制对缅进行援助，扩大与缅经贸合作。

[①]　日本防衛省「中谷防衛大臣のミャンマー訪問結果概要」，2016年6月6日，https://www.mod.go.jp/j/approach/exchange/area/2016/pdf/20160606_mmr-j.pdf。

[②]　胡令远、胥慧颖：《战后日本推进日缅经济关系的经纬、动因及特点——以近年加速对缅经援为中心》，《现代日本经济》2019年第6期，第38页。

日本对湄公河地区长期保持密切关注，为了扩大日本在湄公河流域的影响力，自 2009 年起，日本每年与湄公河五国举行领导人峰会，确立了日本与湄公河国家的合作机制。2012 年，日本制定《新东京战略 2012》，承诺向湄公河流域国家提供 6000 亿日元的援助资金。2015 年 7 月，日本及湄公河区域五国在东京召开第七届"日本与湄公河流域国家首脑会议"，并共同发布了《新东京战略 2015》。在该战略下，2016～2018 年，日本向湄公河流域国家提供 7500 亿日元的政府开发援助，将对湄公河流域国家基础设施建设、产业人才培养、湄公河地区可持续开发、多样化合作等提供支援。[①] 2016 年 5 月，岸田文雄在泰国朱拉隆功大学演讲时提出"日本与湄公河区域互联互通倡议"，同年 7 月，在第九届"日本与湄公河流域国家外长峰会"上正式通过了该倡议。该倡议具体合作内容包括四个方面：（1）完善东西经济走廊和南部经济走廊中没有联通部分的基础设施；（2）通过通关便利化和改善金融等制度，经济走廊互联互通更加顺畅；（3）对经济走廊沿线进行开发（工业园区产业振兴），以及强化相邻区域和经济走廊的互联互通，发展由点及面，不断扩大；（4）强化产业人才培养和人力资源网络，更好支持区域经济增长。[②] 2018 年 10 月 9 日，"日本与湄公河流域国家首脑会议"再次在东京召开，会议通过了《新东京战略 2018》（2019～2021 年）草案，旨在进一步推动日本与湄公河流域国家的合作。基础设施建设、人才培养、气候变化成为新的三大合作重点，并着力实现"可持续发展""自由开放的印太"以及"日本与伊洛瓦底江、湄南河及湄公河经济合作战略组织（ACMECS）"合作的三大目标。[③] 从该战略内容可以看出，安倍有意将该战略和日本 2016 年提出的"自由开放的印太战略"对接，从而推动"印太战略"发展，湄公河五国领导人也都做出积极回应和支持。

继 2015 年"日本与东盟首脑峰会"时提出"产业人才培养合作倡议"，

① 日本外务省「日本・メコン協力ための新東京戦略 2015」，2015 年 7 月 4 日，https：//www. mofa. go. jp/mofaj/s_ sa/sea1/page1_ 000117. html。

② 日本外务省「日・メコン連結性イニシアティブ」，2016 年 7 月 25 日，https：//www. mofa. go. jp/mofaj/files/000176166. pdf。

③ 日本外务省「日メコン協力のための東京戦略 2018」，2018 年 10 月 9 日，https：//www. mofa. go. jp/mofaj/files/000406730. pdf。

2018 年又提出"产业培养合作倡议 2.0"。在今后五年，在包括 AI 在内的数字领域，日本为东盟国家培养 8 万名相关人才，另外通过技术合作积极推动东盟一体化。① 2019 年 11 月 4 日，第十一届"日本与湄公河流域国家首脑会议"在泰国曼谷召开，会议通过了《面向 2030 年可持续发展目标的日本与湄公河流域国家倡议》。也正是在此次会议上，安倍晋三提出了"对东盟海外投融资倡议"。该倡议以东盟地区为中心，在高质量投资、金融、女性、绿色投资等领域扩大对东盟各国的援助。2019 年 12 月，日本外相茂木敏充发布了日本将发放 30 亿美元援助资金的具体计划。②

（四）迪洛瓦经济特区建设取得明显进展

2013 年 5 月，缅日两国签署了共同开发迪洛瓦经济特区的谅解备忘录。该项目日本出资 49%，其中日本政府和民间分别出资 10% 和 39%；缅甸出资 51%，其中缅甸政府和民间分别出资 10% 和 41%。迪洛瓦经济特区也是日本在缅甸投资的最大项目。特区周边的基础设施，如道路、电力、通信、港口等，通过日本政府援助进行建设。经济特区 A 区已经建设完工并投入使用，特区 B 区也基本建成，工程进入收尾阶段，预计 2021 年 4 月 B 区也将全部投入使用（见表 4）。

表 4　迪洛瓦经济特区开发面积和日程

	开发面积	动工时期	投入使用时期	租赁截止日期（期限为 50 年）
特区 A 区	405 公顷（第 1~2 期）	2013 年 12 月	2015 年 9 月	2064 年 6 月
特区 B 区	101 公顷（第 1 期）	2017 年 2 月	2018 年 7 月	2067 年 2 月
	77 公顷（第 2 期）	2017 年 12 月	2019 年 8 月	2067 年 11 月
	46 公顷（第 3 期）	2019 年 2 月	2021 年 4 月（预定）	2069 年 10 月

资料来源：「ミャンマー・ティラワ経済特区　プロジェクト概要（2020 年 5 月 1 日現在）」，Myanmar Japan Thilawa Development Ltd.。

---

① 日本外務省編「開発協力白書　2018 年版」，2019 年 5 月，第 74 页，https://www.mofa.go.jp/mofaj/gaiko/oda/files/000458058.pdf。
② 日本外務省編「開発協力白書　2019 年版」，2020 年 5 月，第 90 页，https://www.mofa.go.jp/mofaj/gaiko/oda/files/100053677.pdf。

截至 2020 年 5 月，已经有多国企业共计 111 家进驻迪洛瓦经济特区，其中近一半企业为日本企业，泰国和韩国企业数量分别位居第二和第三。此外，迪洛瓦经济特区也吸引了来自欧美发达国家的投资（见表 5）。可以说迪洛瓦经济特区已经形成一定规模，发展前景可期。2019 年 5 月，丰田汽车公司也宣布要在迪洛瓦经济特区开设新工厂。2019 年 8 月，杜昂山素季首次到访迪洛瓦经济特区，并考察了铃木和养乐多公司的工厂，高度评价迪洛瓦经济特区可以比肩其他东盟国家的工业区。① 迪洛瓦经济特区为缅甸的经济特区建设树立了标杆。

表 5　迪洛瓦经济特区企业进驻现状（截至 2020 年 5 月 1 日）

企业数量	111 家
所属行业	建设资材 17 家，包装容器 11 家，食品饮料 10 家，缝制 9 家，电力电气 9 家，农业 8 家，汽车 7 家，医疗 6 家，其余企业涉及涂料、饲料、通信、鞋类、物流、租赁等相关行业
所属国家或地区	日本 55 家，泰国 16 家，韩国 8 家，中国台湾 7 家，马来西亚 4 家，中国香港 3 家，缅甸 3 家，新加坡 3 家，瑞士 2 家，另外，美国、德国、荷兰、法国、澳大利亚、中国、越南、印度、印度尼西亚和菲律宾各 1 家
出资方式	海外独资 94 家，合资 14 家，缅甸独资 3 家

资料来源：「ミャンマー・ティラワ経済特区　プロジェクト概要（2020 年 5 月 1 日現在）」，Myanmar Japan Thilawa Development Ltd. 。

三　人文交流日益密切

（一）教育合作规模扩大

为了吸引海外留学生来日本留学，日本在海外积极设立日本留学合作推进事业海外据点，并于 2014 年在缅甸开设日本留学据点，以此来积极扩招缅甸学生到日本留学。根据日本文部科学省统计，缅甸是日本第七大海外留

---

① 日本貿易振興機構編『ジェトロ世界貿易投資報告 2019、ミャンマー』，2019 年 10 月，第 4 页，https://www.jetro.go.jp/ext_ images/world/gtir/2019/12.pdf。

学生生源国，截至 2019 年 5 月，在日缅甸留学生总人数为 5383 人，其中，由日本政府提供全额奖学金的人数为 231 人，占比为 4.3%。①

"人才培养奖学金计划"是在日本政府提出招收 10 万留学生计划后，于 1999 年通过无偿援助设立的招收留学生项目，并于 2002 年开始招收缅甸留学生。自 2011 年缅甸过渡到民选政府后，日本为了积极推动缅甸进行民主化改革和经济改革，强化两国间关系，加大了对此项目援助力度，民盟执政以来，援助金额及招收人数又进一步扩大（见表 6）。

日本每年在缅甸举办日语演讲比赛，通过推广日语学习，加强缅甸国民对日本的了解。还在缅甸举行日语教师研修活动以及日本文学翻译活动等，以此来提高缅甸日语教师的教学水平。日本也通过非政府组织、草根援助、技术合作等方式，来加强和缅甸在教育方面的交流。日本和缅甸在人才培养和人员交流方面也开展积极合作，并签署了和缅甸的《青年海外协力队派遣协定》。今后，日缅两国每年要进行 1000 人规模的人员交流和培养。

表 6　日本对缅甸"人才培养奖学金计划"（2011~2019 年）

单位：亿日元，人

年度	2011	2012	2013	2014	2015	2016	2017	2018	2019
金额	2.60	2.51	4.56	4.68	4.87	5.94	6.10	6.20	6.12
接收人数	22	22	22	44	44	44	48	48	48
项目概要	2011 年，缅甸过渡到民选政府后，处理政府各个方面的人才不足问题，特别是对行政官员的培养成为亟待解决的问题，因此，日本为缅甸的人才培养和制度完善提供积极支援，该项目旨在通过在日本各大学获取硕士或博士学位，为缅甸培养年轻的行政官员等。研究领域以社会科学为中心，如行政、公共政策、经济、法律等重点领域以及和开发相关的领域								
所期效果	希望通过该项目培养的行政官员，能够为缅甸各领域的开发做出贡献，也期望能够加深日缅两国的相互理解以及构建两国友好关系								

资料来源：根据日本外务省「日本のODAプロジェクト　ミャンマー無償資金協力」和日本国際協力機構（JICA）「人材育成奨学計画　対象国及び留学生人数」整理所得。

---

① 日本文部科学省「国費外国人留学生の受入人数について」，2019 年 5 月 1 日，https://www.mext.go.jp/a_menu/koutou/ryugaku/1338568.htm。

（二）文旅合作力度加大

2011 年以来，日本去缅甸旅游的人数呈逐年增加趋势，2016 年首次突破 10 万人次，五年间增长了约四倍（见图 2）。为了加强两国旅游合作，日本观光厅抓住缅甸酒店与旅游部部长访日之机，促使两国于 2018 年 9 月 21 日在东京签署了《日本国和缅甸联邦共和国观光合作备忘录》。

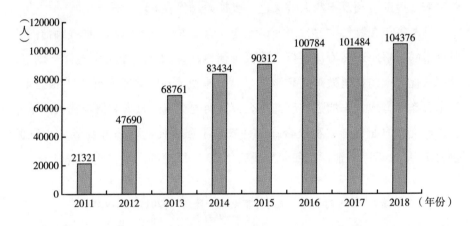

图 2　访缅日本游客的数量变化（2011～2018 年）

资料来源：根据日本国土交通省観光庁编『観光白書』（2016～2019 年版）和日本政府観光局数据整理，https：//www. jnto. go. jp/jpn/statistics/20200318_ 3. pdf。

2019 年，为庆祝日本—湄公河合作机制成立 10 周年，日本和包括缅甸在内的湄公河国家共同举办了"日本湄公河交流年 2019"庆祝活动。5 月 27 日，在东京举办的缅甸观光研讨会上，缅甸观光联盟、旅游公司、酒店和航空公司等 19 家缅甸团体参会。[①] 近年来，像这样的观光研讨会在日本各地都有举办。随着两国观光合作备忘录的签署和生效以及业界频繁交流，日缅两国间旅游观光合作或将迎来进一步的发展。

[①] 国際機関日本アセアンセンター（東南アジア諸国連合貿易投資観光促進センター）「ミャンマー観光セミナー」，2019 年 6 月 13 日，https：//www. asean. or. jp/ja/tourism – info/20190613/。

近年来，日缅两国之间的文化交流日益多样化。2016 年福冈市和仰光市结为姊妹城市，福冈亚洲美术馆为庆祝此事举办了长达数月的缅甸美术展。① 2017 年 2 月，日本东京艺术大学校长率团访问缅甸国立文化艺术大学，开展两国音乐等艺术交流。② 国际交流基金是日本进行国际文化交流的唯一专门机构，并在缅甸设立了"仰光日本文化中心"，2019 年 1 月 24 日，在国际交流基金和日本驻缅大使馆的支持下，缅甸国立交响乐团与日本和乐演奏者在仰光共同举办音乐会来庆祝"仰光日本文化中心"成立，该文化中心于 2019 年 3 月正式向公众开放。

此外，日本每年都会开展"促进对日了解项目"，文化艺术也是其中的重要内容。近年来，缅日两国青年交流活动屡见不鲜。2017 年 12 月，35 名缅甸大学生和社会人士到东京、北海道等地参加了日语及日本文化交流会。2018 年 10 月，10 名缅甸大学生和社会人士访问日本，参加电影和艺术交流活动，学习日本历史、电影和文化等。2019 年 10 月，日本政府邀请 11 名对电影和艺术感兴趣的缅甸青年访日，参观了日本的电影和艺术相关机构，并访问了东京艺术大学等。当然，缅日青年之间的交流是双向的。2019 年 11 月 26 日至 12 月 4 日，15 名日本大学生访问缅甸，参观当地学校，体验缅甸当地文化。③ 可见，青年一代正成为缅日两国文化交流和民心相通的使者。

---

① 福岡アジア美術館「福岡市・ヤンゴン市姉妹都市締結記念ようこそ、ミャンマー美術へ」，https：//faam. city. fukuoka. lg. jp/exhibition/7840/。
② 東京芸術大学「ミャンマー国立文化芸術大学訪問」，2017 年 4 月 21 日，https：//global. geidai. ac. jp/reports/116/。
③ ASEAN 日本政府代表部「日・ASEAN 文化交流」，2020 年 2 月 21 日，https：//www. asean. emb – japan. go. jp/itpr_ ja/b_ 000020. html。

中缅关系篇

China – Myanmar Relations

B.10
中缅经济走廊建设的进展与前景

姚 颖*

摘 要： 中缅经济走廊延续了自古以来两国促进地区互联互通的设想和实践，是连通"一带一路"倡议下孟中印缅经济走廊和中国—中南半岛走廊的重要纽带。两国领导的战略共识、各部委的全面协调为走廊建设奠定了良好的政策基础。近几年，两国在设施联通、贸易畅通上已获阶段性进展；在商业金融合作上收获颇丰，在政策性金融合作上还有待加强；政府和民间组织积极参与文化交流和基础民生建设，共同促进两国民心相通。然而，走廊建设仍面临缅民族宗教冲突、大国竞争加剧等多重挑战，新冠肺炎疫情更加大了推进合作的难度。今后，中缅需要加强走廊合作机制顶层设计，保证双边充分对接，形成从决策

---

* 姚颖，清华大学国际与地区研究院博士研究生。

到执行、督办的完整机制，从而实现两国携手共建中缅命运共
同体的共同目标。

关键词： "一带一路"倡议　中缅经济走廊　互联互通　大国竞争

2020 年是中国和缅甸建交 70 周年，中缅关系从"全面战略合作伙伴关
系"升级到"中缅命运共同体"，两国之间逐渐形成了相互依赖的紧密关
系，[①] 70 年来，双边合作的领域不断拓宽，而经济发展和民生是两国合作的
基础和目标。[②] 中缅经济走廊则为实现这一重要目标搭建了一个双边多领域
合作的平台。2017 年，中国国务委员兼外交部部长王毅在访缅时首次提出
构建"人字型"中缅经济走廊的设想，该想法立即得到缅甸主要政要的积
极回应。2020 年初，中国国家主席习近平访缅更加推动中缅经济走廊进入
实质建设阶段。

一　历史背景

"经济走廊"是国家发展规划的一种形式，目的在于通过投资道路、能
源、电信等基础设施创建一个区域间高效运行的交通体系。其作为描述跨区
域多边合作的经济学概念，最早见于亚洲开发银行（亚行）的"大湄公河
次区域经济合作"项目之中。1992 年，在亚行的援助下，越南、老挝、柬
埔寨、缅甸、泰国和中国广西壮族自治区及云南省之间签署了大湄公河次区
域经济合作方案，旨在加强各国之间的经济关系。《大湄公河次区域交通战

---

① Tin Maung Maung Than, "Myanmar's Relations with China: From Dependence to Interdependence?"
East Asia Facing a Rising China conference paper, East Asian Institute, Singapore, August 11 – 12,
2008.
② 祝湘辉、范宏伟：《中缅关系 70 年："胞波"关系的新陈代谢》，《南洋问题研究》2020 年
第 1 期。

略（2006—2015）》确定了九条公路走廊，构成次区域的交通运输连接网，为发展经济走廊提供了基础。1998 年，亚行开始正式采用"经济走廊"的说法，作为实现次区域连通的一种方式。[①] 2013 年，中国提出的"一带一路"倡议则进一步丰富了"经济走廊"的内涵，更加明晰设立跨区域合作的目标：政策沟通、道路和设施联通、贸易畅通、资金融通、民心相通，[②] 简称"五通"。在"一带一路"倡议框架下，中国与共建"一带一路"国家规划共同打造新亚欧大陆桥、中蒙俄、中国—中亚—西亚、中国—中南半岛、中巴、孟中印缅六大经济走廊。这六大经济走廊将依托国际大通道，以沿线中心城市为重要结点，通过重点经贸产业园区发展促进区域间经济合作。六大经济走廊共同构成了丝绸之路经济带的物质载体。[③] 中缅经济走廊就是这六大经济走廊的重要组成部分。

中缅经济走廊延续了自古以来两国促进互联互通的设想和实践。起源于汉朝"南方丝绸之路"的茶马古道早已将川滇藏与缅甸相连；[④] 二战期间，滇缅公路和史迪威公路是重要的战略通道；中国改革开放后的泛亚铁路东盟通道等规划都是建立在各国多方的共识基础之上的。[⑤] 具体而言，六大经济走廊之一的"孟中印缅经济走廊"起源于 20 世纪 90 年代云南学术界提出的孟中印缅地区经济合作构想。1999 年以上四国代表在昆明参加了第一次经济合作大会，共同签署了《昆明倡议》，并计划每年召开一次会议。但由于印度对中国意图的疑心和误解，计划最终并没有落实，孟中印缅经济走廊长时间没有实质进展。2011 年，云南省作为中国面向南亚、东南亚的西南门户"桥头堡"，正式提出构建孟中印缅"昆明—曼德勒—达卡—加尔各答"经济走廊的构想。2013 年"一带一路"倡议的提出再度为推动四国合

---

① Hans-Peter Brunner，"What Is Economic Corridor Development and What Can It Achieve in Asia's Subregions?" *Asian Development Bank Economics Working Paper Series* 117（2013），p. 20.

② 姚遥、贺先青：《孟中印缅经济走廊建设的现状及前景》，《现代国际关系》2018 年第 8 期。

③ 赵可金：《以互联互通为核心建设六大经济走廊》，《国际工程与劳务》2016 年第 10 期。

④ 姚遥、贺先青：《孟中印缅经济走廊建设的现状及前景》，《现代国际关系》2018 年第 8 期。

⑤ 李晨阳、孟姿君、罗圣荣：《"一带一路"框架下的中缅经济走廊建设：主要内容、面临挑战与推进路径》，《南亚研究》2019 年第 4 期。

作提供了契机。2013 年 12 月，孟中印缅经济走廊联合工作组首次会议在昆明举行。2014 年 12 月工作组第二次会议在孟加拉国科克斯巴扎尔召开。2017 年 4 月，孟中印缅经济走廊联合工作组第三次会议在印度加尔各答召开，会上四方决定于 2018 年上半年在缅甸召开联合工作组第四次会议。然而，两个月后发生了"洞朗事件"——印度边防人员在中印边界锡金段越过边界线进入中方境内，并阻挠中国边防部队在洞朗地区的正常活动。"洞朗事件"后，印度与中国之间的误解难消，对孟中印缅经济走廊的热情也被浇灭，经济走廊建设再度陷入停滞。

中缅经济走廊是连通"一带一路"倡议下孟中印缅经济走廊和中国—中南半岛走廊的重要纽带。① 其在孟中印缅经济走廊基础上，一方面延长了昆明—曼德勒线路一直到皎漂，一方面新增了曼德勒到仰光路线段，构成了一个以曼德勒为节点的"人字型"路线，是"一带一路"倡议的关键工程。中缅经济走廊是继中国—巴基斯坦经济走廊、中国—老挝经济走廊之后，又一个由中方提出的双边经济走廊倡议。② 从经济角度看，缅甸学者认为"一带一路"倡议、中缅经济走廊的提出，在中国是为促进西南内陆省份的经济发展，而缅甸恰好为这些内陆省份提供了通往孟加拉国、印度等市场的通道；从战略角度看，缅甸为中国提供了印度洋的出海口，破解了所谓的"马六甲海峡困局"。③

二 中缅经济走廊建设进展

尽管中国与缅甸是山水相连的紧邻，但两者互联互通程度在东盟国家中排名靠后。根据北京大学"五通指数"课题组推出的"'一带一路'

---

① 付永丽：《论中缅经济走廊建设的现状与前景》，《云南社会主义学院学报》2019 年第 1 期。
② 邹春萌：《中缅经济走廊建设的机遇、挑战及云南的参与》，载刘稚、卢光盛编《澜沧江—湄公河合作发展报告（2019）》，社会科学文献出版社，2019，第 61 页。
③ Chaw Chaw Sein, "Myanmar's Perspective of 'One Belt, One Road'," Silk Road Forum 2015, Beijing, http：//en. drc. gov. cn/DawChawChawSein. pdf.

五通指数"——2015～2017 年,缅甸与中国的五通指数综合得分在东盟十国中分别排名第八、第十和第九;在中国的三个陆上邻国中,缅甸在这三年排名均为最末。因此,着眼于加强两国互联互通的中缅经济走廊将是改善这一状况的重要合作机制。中缅经济走廊的具体规划基于两国经济发展的大政方针,一是中国提出的"一带一路"倡议框架,二是缅甸政府制定的《缅甸可持续发展计划(2018—2030)》,①体现了两国的共同需求,且涵盖的合作领域范围广泛。规划中的中缅经济走廊空间布局呈现出"两带四核四区"经济地理格局,中缅铁路经济带、伊洛瓦底江经济带为"两带",瑞丽—木姐、曼德勒、内比都、仰光四个城市为核心节点的"四核",以及辐射周边的经济合作区为"四区"。②

2020 年 1 月 17～18 日,中国国家主席习近平对缅甸进行国事访问,并见证了多个双边协议的签署。从协议内容看来,双方在目前阶段关切的重点是道路和设施联通,其次是贸易畅通(见表1)。

表1 2020 年 1 月签署的关于中缅经济走廊的双边协议

序号	五通维度	协议数量(个)	协议
1	道路和设施联通	11	《皎漂经济特区皎漂深水港项目股东协议及特许协议》《移交木姐—曼德勒铁路可行性研究报告》《关于曼德勒—梯建—木姐高速公路和皎漂—内比都高速公路可行性研究的协议》《关于开展中缅电力互联互通项目可行性研究的谅解备忘录》等
2	贸易畅通	9	《关于缅甸向中国出口屠宰牛检疫卫生证明协议》《关于加快推进协商瑞丽—木姐边境经济合作区框架协议的谅解备忘录》《关于检验向中国出口的缅甸大米除虫害协议》等

---

① "Myanmar Sustainable Development Plan (2018 – 2030) ," Ministry of Planning and Finance, The Government of the Republic of the Union of Myanmar, August 23, 2018, http: //themimu. info/ sites/themimu. info/files/documents/Core_ Doc_ Myanmar_ Sustainable_ Development_ Plan_ 2018_ – _ 2030_ Aug2018. pdf.

② 李晨阳、孟姿君、罗圣荣:《"一带一路"框架下的中缅经济走廊建设:主要内容、面临挑战与推进路径》,《南亚研究》2019 年第 4 期。

续表

序号	五通维度	协议数量(个)	协议
3	政策沟通	6	《关于缅甸商务部和中国商务部共同成立促进贸易畅通工作组的谅解备忘录》《关于加快推进协商瑞丽—木姐边境经济合作区框架协议的谅解备忘录》等
4	民心相通	6	《关于中国云南省与缅甸仰光省建立友好省份关系的谅解备忘录》《关于中国广播电视总局和缅甸宣传部合作协议》等
5	资金融通	1	《关于无息贷款购买火车车厢协议》

资料来源："State Counsellor, President Xi Jinping Hold Bilateral Talks, Witness Signing 33 Agreements," State Counsellor Office, The Government of Myanmar, Jan. 19, 2020, www.statewunsellor.gov.mm。

（一）政策沟通：高层奠基，全面协调

中缅两国关系从 2011 年缅甸开始民主转型起经历了短暂的调整适应期，在遭遇了一些挫折后又很快改善。尤其是在 2017 年若开危机爆发之后，中国在国际社会对缅甸的坚定支持使两国战略互信进一步加深，元首级别的高层交往密切、互访不断。2017 年和 2019 年，缅甸国务资政杜昂山素季分别出席了"一带一路"第一届和第二届高峰论坛，两国领导人再次就基于"和平共处五项原则"和"胞波"友谊以促进"全面战略合作伙伴关系"、促进两国多层次互利合作尤其是高层互访等达成共识。[①] 2020 年初，在中缅建交 70 周年之际，中国国家主席习近平将缅甸作为 2020 年的首站，对其进行国事访问，更是进一步将两国"胞波"情谊提升到了新的高度，是新时期中缅关系发展的重要里程碑。[②]

两国高层就中缅经济走廊等两国战略合作达成了原则上的普遍共识，缅甸政府对中国发起的"一带一路"倡议、孟中印缅经济走廊、中缅经济走

---

① 《习近平会见缅甸国务资政昂山素季》，新华网，2017 年 12 月 1 日，http：//www.xinhuanet.com/politics/2017-12/01/c_1122045014.htm。

② 《莫道君行早 是处有亲朋——国务委员兼外交部长王毅谈习近平主席对缅甸进行国事访问》，新华网，2020 年 1 月 18 日，http：//www.xinhuanet.com/politics/leaders/2020-01/18/c_1125478946.htm。

廊、澜湄合作等多个合作机制做出了积极回应。民盟政府就"一带一路"倡议和中缅经济走廊的合作已经做出了可圈可点的制度性回应，比登盛政府时期更加主动。从表2可以看到，中缅已经围绕"经济走廊建设"召开了两次会议，缅方还主动组建实施"一带一路"指导委员会，缅甸最高领袖杜昂山素季亲任委员会主席，可见缅方对经济走廊建设的重视程度。双方根据发展规划、产能与投资、交通、能源、农业、边境经济合作区、数字丝绸之路、生态环境、旅游、金融、信息及地方合作等12大重点合作领域组建了专项工作组。从工作组的多样性可以看出，中缅经济走廊为中缅各个领域（政治、军事除外）的合作提供了一个沟通协调的平台。

表2　中缅经济走廊发展中关于政策沟通的重大事件

时间	事件	意义
2017年5月14日	第一届"一带一路"国际合作高峰论坛中缅最高领导会见	习近平主席同国务资政杜昂山素季就两国在"一带一路"倡议下共建中缅经济走廊达成重要共识
2017年11月19日	中国国务委员兼外交部部长王毅访问缅甸时，提出建设"人字型"中缅经济走廊设想，得到缅甸积极响应	"经济走廊"概念首次被抛出，并获得缅甸官方支持
2018年9月9日	中缅两国正式签署《关于共建中缅经济走廊谅解备忘录》，并召开了中缅经济走廊联合委员会首次会议	正式联合协调机制建立
2018年12月7日	缅甸政府宣布组建实施"一带一路"指导委员会，杜昂山素季亲任委员会主席	缅方首次主动建立经济走廊建设的官方协调机制
2019年2月21日	中缅经济走廊联合委员会在昆明召开第二次会议	联合协调机制巩固
2019年4月26日	第二届"一带一路"国际合作高峰论坛上，中缅签署《中缅经济走廊早期收获项目清单》	为两国"一带一路"及中缅经济走廊合作走深走实奠定了坚实基础
2020年1月17日	习近平主席受邀对缅甸进行国事访问，见证中缅政府签署33个中缅经济走廊相关合作文件	双方发表的联合声明中称将"打造中缅命运共同体"，并同意推动中缅经济走廊从概念规划转向实质建设阶段

资料来源：笔者根据人民网、新华网新闻资料整理。

（二）道路和设施联通：畅通水陆道路，点亮走廊沿线

基础设施互联互通是中缅经济走廊建设的基石。缅甸国内目前仅有一条高速公路——仰光—内比都—曼德勒高速路，与周边邻国尚无一条铁路或高速公路相通。中缅经济走廊建设对实行两国道路和设施联通做出了一系列规划。早在 2006 年，联合国亚洲及太平洋经济社会委员会策划打造泛亚铁路网络，并签署相关协议，协议于 2009 年生效。泛亚铁路中缅段的规划与中缅铁路规划大部分重合。拟建的中缅铁路分成中国境内段和境外段两部分，境内段昆明—大理铁路段已于 1998 年建成通车，大理—瑞丽铁路段也已动工建设，预计于 2022 年通车。境外段包括三部分，以曼德勒为中心节点，向东连通瑞丽—木姐、向南连接内比都—仰光，向西通往面向印度洋的皎漂。曼德勒是缅甸中部重要的贸易枢纽，木姐是中缅边境最大的贸易口岸门户。预计木姐—曼德勒铁路建成后将成为中缅贸易的生命线，两地间将实现最快三小时通达。① 此外，铁路还计划穿过缅甸北部，连接印度东北部各州和孟加拉国。毋庸置疑，中缅铁路将对拉动中缅以及周边国家之间的贸易往来提供强大助力。

木姐—曼德勒铁路项目是中缅经济走廊概念下备受瞩目的第一个基建项目，中方已完成木曼段的可行性报告，且与缅方达成曼德勒—皎漂段可行性调研的协议。2018 年 10 月，中缅双方正式签署《木姐—曼德勒铁路项目可行性研究备忘录》。② 中铁是中国指定的中缅铁路项目牵头方，其已于 2019 年 1 月开始在缅甸境内进行勘测。③ 随后，缅甸交通与通信部、铁道局与中国中铁二院签署了备忘录，确认铁路工程勘测项目。2020 年初习近平主席访缅时，缅方向中铁二院颁发了《木姐—曼德勒铁路可行性研究报告》接收证书，中方提交了该铁路的环评报告。目前，缅甸铁路专家仍然在审查上

---

① 注：按照规划，木姐—曼德勒铁路全长约 421 公里，列车设计时速大约为 160 千米/时。

② 《中缅经济走廊首条高速线曼德勒—木姐铁路项目》，（缅文版）《十一新闻周刊》2019 年 10 月 13 日，https：//news‐eleven.com/article/139998。

③ 李晨阳：《滇缅铁路的前世今生》，《世界知识》2019 年第 10 期。

述可行性报告。实际上，在中缅之间修建铁路的设想早在19世纪就已经由英国人提出，但一百多年里这个想法一直由于各种原因而未能实现。[①] 若完成与中国的接轨，木姐—曼德勒铁路将成为缅甸第一条国际铁路，并成为建设完整铁路交通网络的重要纽带，能更好地连接缅甸各地区的铁路。2020年6月，中铁二院和缅甸政府就进行曼德勒—皎漂铁路可行性研究工作达成协议；7月，中缅国际铁路通道上的中国段——大（理）瑞（丽）铁路宣布即将收尾。

此外，高速公路、桥梁、港口等建设也是道路联通的重要部分。位于掸邦腊戍的滚弄大桥是中国20世纪60年代援建的项目，如今已过去半个多世纪，大桥已年久失修，承载力不足以适应沿线地区经济发展需要。2016年中方派出了专家组实地考察大桥并撰写了相关报告。2018年3月，中国和缅甸双方代表签署了滚弄大桥立项换文，标志着中国援建缅甸滚弄大桥项目正式启动。2020年1月18日，中缅双方签订了《中国商务部和缅甸建设部关于中国援助缅甸滚弄大桥项目的实施协议》。新冠肺炎疫情期间，中国驻缅甸大使馆同缅甸政府协调推动缅方特许中方专家通过"快捷通道"从清水河口岸入境缅甸，保障了项目顺利启动。6月20日，中国援助缅甸滚弄大桥项目第一批施工技术人员从中缅边境清水河口岸入境缅甸，并顺利进驻项目施工现场，标志着援助缅甸滚弄大桥项目现场建设正式启动。

皎漂深水港项目是"一带一路"倡议在缅甸备受瞩目的大型基建项目，2020年也有了突破式进展。2020年1月份，中缅两国领导人见证了皎漂深水港项目的《股东协议》和《特许协议》文本交换仪式。时任中信集团董事长常振明代表中信联合体与缅甸商务部副部长吴昂图交换了深水港项目的《股东协议》和《特许协议》文本。此前，中缅双方已于2018年11月

---

① Frances O'Morchoe, "Tracing the More Than Century-old Dream of Building a Myanmar-China Railway," *The Irrawaddy*, March 17, 2020, https：//www.irrawaddy.com/opinion/guest–column/tracing–the–more–than–century–old–dream–of–building–a–myanmar–china–railway.html.

签署了《皎漂特别行政区深水港项目框架协议》，双方规划分四个阶段实施该项目，一致同意投入 13 亿美元建设深水港项目第一阶段工程，将建设 2 个泊位。2020 年 8 月 6 日，缅甸投资与公司管理局批准皎漂经济特区深水港项目合资公司注册成立，标志着中缅合作的皎漂经济特区项目取得里程碑式重大进展。

失于缅甸解决电力紧缺的难题，中国企业以出色的技术和业务能力获得了缅甸的信任。缅甸电力能源供应不足，全国家庭通电率为 42%，处于东盟国家中的最低水平，[①] 且工业用电无法得到充分保障。而缅甸国内民众以环保为由，盲目反对水电和煤电项目，造成缅甸国内电力供应迟迟跟不上用电需求的增长。缅甸政府制定了国家电气化规划，计划在 2030 年之前实现百分之百的家庭实现通电。云南能投联合外经股份有限公司（以下简称云南"能投公司"）与缅甸电力部合资实施的仰光达基塔天然气联合循环电厂项目一期工程在 2018 年 3 月竣工，是目前缅甸正在运行的效率最高和能耗最小的天然气发电站。为了避免 2020 年热季的用电荒，缅甸电力和能源部于 2019 年 6 月发布五个应急天然气发电项目的招标书，希望在短期内快速增加 1070 兆瓦的电力。在中国香港上市的 VPower 集团与中国技术进出口合营公司赢得五个应急项目中的三个，中国能源工程集团联合体[②]赢得了第五个。[③] 中国企业在工期短、利润空间有限的情况下为缅甸解决了用电燃眉之急。此外，作为中缅经济走廊首批项目之一，云南能投公司与缅甸电力和能源部于 2020 年 1 月签署了《伊洛瓦底省米林建液化气发电项目协议》。据悉，这是缅甸第一个液化气发电项目，也是缅

---

① Peter du Pont, "Decentralizing Power: The Role of State and Region Governments in Myanmar's Energy Sector," The Asia Foundation, 2019, p. 1.

② 中国能源工程集团联合体，包括湖南电力设计院、中国智能交通系统控股公司和深圳深南电力燃气轮机工程技术公司。

③ Thomas Chau, "Myanmar's Fifth Emergency Power Tender Goes to Energy China," *The Myanmar Times*, Oct. 22, 2019, https://www.mmtimes.com/news/myanmars-fifth-emergency-power-tender-goes-energy-china.html.

甸目前最大的能源项目。①

为了满足缅甸电力需求，中缅两国政府还同时大力促进中缅联网项目。2014 年底，缅方首次提出从中国云南建设 500 千伏输电线路向缅甸仰光地区送电。2017 年，由南方电网公司领头的中缅联网项目中方工作组正式成立。中国国家能源局、缅甸计划与财政部都同时将中缅联网项目列入中缅经济走廊建设的首批电力合作项目清单。② 2020 年 1 月 18 日，在中缅两国领导人共同见证下，南方电网公司与缅甸电力和能源部交换了《关于开展中缅联网项目可行性研究的备忘录》合作文件，明确中方工作组负责中缅电力互联互通项目可行性研究。2020 年第一季度，尽管疫情之下困难重重，中国南方电网公司通过与缅方灵活配合，累计对缅甸出口电量 1.81 亿千瓦时，同比大幅增长 428.5%。③ 中缅联网项目获阶段性进展，中方工作组于 5 月 29 日正式向缅甸电力和能源部递交了中缅电力联网第一阶段 230 千伏项目的可行性研究报告，比 1 月签署的备忘录要求的时间提前了 51 天。④

（三）贸易畅通：边境经合区辐射周边，加强农林通商

2011～2012 财年，中国超过泰国成为缅甸最大贸易伙伴后，对华贸易一直是缅甸国际贸易的重要部分，自 2017 年中缅经济走廊提出后的三年里，中缅贸易额稳步增长，如图 1 所示。边境贸易是中缅贸易的主要形式，因而，通过中缅经济走廊平台加强跨境经贸合作区建设对于促进两国贸易畅通是互利共赢的利民举措。

从缅甸政府的贸易政策可以看出缅甸希望减少目前对自然资源出口的依

---

① 《集团总裁谢一华拜会缅甸能源部长并签署缅甸伊洛瓦底省 LNG 发电项目协议》，云南省能源投资集团有限公司，2020 年 1 月 17 日，http://www.cnyeig.com/xwzx/jtxw/202001/t20200117_162467.html。

② 《南方电网：共同推动中缅联网项目实施》，南方电网网站，2020 年 1 月 20 日，https://www.in-en.com/article/html/energy-2286032.shtml。

③ 《中国南方电网已输入缅甸电量 1.81 亿千瓦时》，缅甸环球国际，2020 年 4 月 14 日，http://www.sthrzs.com/?id=831。

④ 《中缅 230 千伏联网项目获阶段性进展 提前 51 天完成可研报告》，中国新闻网，2020 年 6 月 1 日，http://www.chinanews.com/cj/2020/06-01/9200289.shtml。

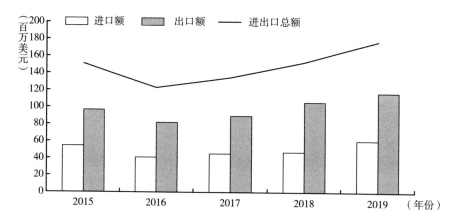

图1　2015～2019年中缅双边货物贸易额（中方统计数据）

资料来源：据联合国贸易商品统计数据库统计。

赖，增加农林产品和加工产品的出口。近年来，缅甸政府就其国际贸易制订了多个计划，涉及国际贸易的计划有"2015～2019国家出口战略计划"、"十二项国家经济政策""缅甸可持续发展计划（2018～2030）"。这三个战略计划都强调重点发展农业，并促进农产品的出口，其优先出口的商品有：豆类和油料作物、大米、鱼类等。2020年缅甸出现新冠病毒肺炎确诊案例后，民盟政府在4月出台了《新冠肺炎疫情经济纾困计划》，其中促进出口贸易政策明确提出要求商务部增加大米出口量。[①] 从现阶段的贸易数据看，如图2所示，中国对缅甸出口的商品种类繁多，主要是机械设备、车辆等工业制成品；中国自缅甸进口的商品种类则较少，如图3所示，主要是工业原材料如矿物燃料、石油、矿石等。

为了进一步促进两国贸易畅通，中国出台的新海关政策放宽了从缅甸进口农产品的限制。以水果进口为例，根据2020年5月15日中国海关总署发布的《获得我国准入的新鲜水果和冷冻水果及输出国家/地区名录》，目前中国允许从缅甸进口的水果共有8类，分别是：龙眼、山竹、红毛丹、荔

---

① "Overcoming as One：COVID－19 Economic Relief Plan，" April 27，2020，Myanmar Ministry of Information，https：//www.moi.gov.mm/moi：eng/？q＝news/28/04/2020/id－21511.

图2 2017年中国出口至缅甸的商品种类及占比

资料来源：《经济复杂性地图册》，哈佛大学增长实验室。

图3 2017年缅甸出口至中国的商品种类及占比

资料来源：《经济复杂性地图册》，哈佛大学增长实验室。

枝、杧果、西瓜、甜瓜、毛叶枣，最新的海关规定取消了2019年对上述后四种水果只能从云南瑞丽、打洛口岸入境的限制。① 在新冠肺炎疫情肆虐之下，中缅边境口岸管理机构对人员进出严格管控，尽力确保货物畅通。缅甸最为关心的大宗商品大米对华出口在2020年2月也有了新进展。根据中国

---

① 《获得我国准入的新鲜水果和冷冻水果及输出国家/地区名录》，中国海关总署，2020年5月15日，http：//news.cric.cn/cyzx/58168.html。

相关法律法规以及与缅甸协商的检验检疫相关规定，2月6日起生产的、符合检验检疫要求的缅甸大米可以合法进口至中国，① 这是在2019年第二届中缅经济走廊论坛政策协调后的成果。5月，中国已将缅甸大米（精米）进口配额从原有的10万吨增加至40万吨。②

跨境经济合作区是经济走廊起点端的重要节点，也是中缅贸易往来最繁荣的核心区，是中缅经济走廊建设的重要抓手。云南对外开放的一级陆路口岸有11个，中缅边境共有5个国家级一类口岸和6个二类口岸，其中木姐为最大的边贸口岸，其次是清水河和甘拜地口岸。中国保山市人民政府与缅甸克钦邦政府把曼德勒缪达经贸合作区、密支那经济开发区作为中缅经济走廊建设的重要支撑点，于2018年5月8日签署了《合作谅解备忘录》。密支那经开区位于历史悠久的中印雷多公路沿线，将联通中印、带动缅北经济发展。2018年8月，缅甸商务部部长丹敏在克钦邦政府考察密支那经开区，同年12月中国驻缅甸大使洪亮也参观考察了规划建设中的密支那工业园区项目。2020年2月克钦邦议会批准了位于克钦邦北部第一特区的边境小镇甘拜地的"甘拜地商务园项目"跨境经济合作区。中国瑞丽和缅甸木姐边境经济合作区基层工作组已组建，并于6月12日召开协调会，不久后将开展缅方一侧合作区定址测量工作。

此外，德宏的中缅跨境电商业务2020年以来获得快速发展。自2019年8月30日，云南自由贸易试验区挂牌成立，涵盖了昆明、德宏、红河3个片区。现阶段德宏片区跨境电商产业业态丰富，已有10家免税购物企业开展实体经营，外国商品已达1万多个品类。中缅跨境快递业务量日均突破1万件。多家翡翠网络直播平台、10个销售基地落户德宏片区，从业人员达6万余人，交易额突破百亿元。片区企业成功在缅甸木姐建厂投产并取得缅甸

---

① 《海关总署公告2020年第22号（关于进口缅甸大米检验检疫要求的公告）》，中国海关总署，2020年2月6日，http://www.customs.gov.cn//customs/302249/302266/302267/2867091/index.html。

② 《缅甸媒体：中国将缅甸大米进口配额增加三倍》，腾讯新闻网，2019年5月1日，https://news.qq.com/a/20190501/003607.htm。

原产地证明，产品已通过缅甸仰光港出口至欧美国家。缅籍人员可以办理集身份证件信息、生物识别信息、体检信息、居留务工信息于一体的"胞波卡"，为跨境产能企业提供人力资源。①

（四）资金融通：商业合作获硕果，政策性融资较保守

虽然缅甸是亚洲基础设施投资银行（亚投行）创始成员国，中缅在金融领域也有很多合作的潜力，但相对于上文的政策、道路和设施、贸易合作已有的深远根基而言，中缅的金融合作还处于起步阶段。缅甸至今未同中国银行签订《本币互换协议》，未同中国银监会签署《双边监管合作谅解备忘录》，缅甸也未有金融机构在中国设立办公室。从缅甸自身来看，其信贷基础条件差、限制条件多、发展空间窄等问题众多，无法在短期内一并得到改善。

尽管如此，近两年来中缅在商业金融合作方面还是取得了突破性的进展。值得一提的有三大成就。第一，人民币在缅的国际化有了进展。2019年初，缅甸央行将人民币正式纳入缅甸官方结算货币。此举将促进缅中边贸支付和结算，进而带动边境贸易发展。缅甸批准的其他官方结算货币包括欧元、美元、新加坡元和日元。② 第二，第二家中资银行近期获得缅甸央行批准的营业执照。2020年4月9日，缅甸中央银行宣布核准7家亚洲外资银行的营业执照申请，中国银行（香港）有限公司名列其中。截至2020年5月，获准在缅甸境内设立分行的外资银行一共有20家，除了刚获得执照的中国银行（香港）有限公司外，还有2014年10月获得执照的中国工商银行。③ 第三，阿里巴巴成为缅甸最大移动电子支付公司的三大股东之一。新冠肺炎疫情下，缅甸的移动金融支付获得政策的大力推动，很有潜力实现跨

---

① 《中缅跨境快递业务量日均突破万件》，搜狐网，2020年6月21日，https：//www.sohu. com/a/403320007_120065163？_trans_=000014_bdss_dklzxbpcgP3p：CP=。

② 《缅甸央行宣布人民币为官方结算货币》，新华网，2019年1月30日，http：//www. xinhuanet.com/2019-01/30/c_1124066814.htm。

③ 《国际监管动态：缅甸》，中国银行业监督管理委员会，2017年12月16日，http：// www.cbrc.gov.cn/chinese/home/docView/67E5DC35A97F455AB055A39D0ED88155.html。

越式发展。缅甸商务部计划在 2020 年底前实现电子支付达到目前电子商务和社交商务销售额的 30%；央行也将配合为使用移动金融支付的消费者提供折扣。2020 年 5 月 18 日，阿里巴巴旗下的蚂蚁金服宣布向缅甸移动支付金融服务商 Wave Money 投资 7359 万美元，成为后者的少数股东。Wave Money 被称为缅甸的"支付宝"，在缅甸城乡运营着 5.7 万多个网点，用户占缅甸人口的 40%。① 此外，与每位中国旅客息息相关的银行支付、取外币服务也在近些年来有一定进展。中国银联于 2012 年就在缅甸开通了业务，近年来，银联与缅甸的 AGD 银行、CB 银行、KBZ 银行、MWD 银行和 UAB 银行等建立合作关系，可以在这些银行的自动取款机上使用银联卡取款，也有不少当地商户的 POS 终端可以受理银联卡。2019 年末，中国银联又实现了与缅甸 UAB 银行合作开通了本地商户互换银联闪付。②

相较于商业金融合作，两国在政策性金融合作上成果有限，中国的政策性银行在缅甸近两年都暂时没有大型项目的借贷。这主要有两方面原因，首先是缅甸自身金融系统还处于比较落后的水平，金融政策十分保守。其次是缅甸对中国的不信任。

值得注意的是，多边金融机构执行较为严格的投资国际标准，更容易获得缅甸政府的信任。2016 年 10 月亚投行行长金立群到内比都访问，向国务资政杜昂山素季表示，亚投行正在寻求促进缅甸基础设施建设，对缅甸经济发展有信心。③ 2016 年亚投行贷款 2000 万美元，批准了在缅甸曼德勒地区的敏建项目，在湄公河流域兴建、运营一座 225 兆瓦的绿地燃气轮机，这属于联合循环电厂项目。该项目由亚投行、国际金融公司（IFC）和亚洲开发银行（ADB）联合注资，克里福特集团、新加坡发展银行等也提供了资金，由新加坡胜科工业集团和敏建能力公司合建。发电厂原料

---

① 《蚂蚁金服与缅甸移动支付企业 Wave Money 达成合作》，移动支付网，2020 年 5 月 18 日，https：//www.mpaypass.com.cn/news/202005/18105307.html。

② 《银联将增加卡的使用率》（缅文文献），*Myanmar Times*，December 5，2019，https：//myanmar.mmtimes.com/news/131955.html。

③ 庄北宁：《亚投行寻求促进缅甸基础设施建设》，新华社，2016 年 10 月 26 日，http：//www.xinhuanet.com/world/2016-10/26/c_1119793478.htm。

由中缅天然气管道供应，可以为 530 万居民供电。① 2019 年 3 月，该发电厂揭牌开幕。该项目的顺利进展展示了多边金融合作是中国资本入缅的有效途径之一。②

（五）民心相通：文化交流与民生建设齐头并进

中缅政府、民间宗教组织、公益组织、中国企业等多层次的机构组织积极参与文化交流和基础民生建设，共同促进两国民心相通。2020 年 1 月，习近平主席在缅甸国家媒体发表署名文章《续写千年胞波情谊的崭新篇章》，明确指出双方将围绕建交 70 周年举办一系列庆祝活动，扩大教育、宗教、媒体、影视等领域交流合作。③ 中缅佛教的友好往来对深化中缅友谊发挥了重要作用。应缅甸政府请求，北京灵光寺佛牙舍利先后 4 次被送去缅甸巡展，供信众瞻礼膜拜。2019 年，缅甸僧王代表团访华，表达了希望佛牙舍利再次到缅甸巡展的愿望。我国边境地区南传佛教界与缅甸佛教界联系密切，往来频繁。2018 年缅甸政府向缅甸、中国、斯里兰卡等十个国家的高僧颁发政府宗教勋章，我国南传佛教高僧、中国佛教协会副会长召祜巴等傣两次荣膺此勋章，受到杜昂山素季的亲切接见。召祜巴等傣多次受缅方邀请到缅甸内比都、曼德勒、东枝等地为缅甸信众讲经说法，深化了中缅"胞波"情谊。④

两国在影视、媒体等文化领域也有诸多促进民心相通的合作。2016 年12 月"中缅影视译制基地"成立，并陆续完成了缅甸语配音的《海上丝绸之路》《指尖上的中国》两部中国纪录片和优秀影视剧《李小龙传奇》的译

---

① 《曼德勒敏建天然气电站投产》，中国国际贸易促进委员会，2018 年 10 月 29 日，http://www.ccpit.org/Contents/Channel_ 4114/2018/1029/1078907/content_ 1078907.htm。

② 《曼德勒敏建天然气发电厂竣工投产》，〔缅甸〕《金凤凰报》2019 年 4 月 22 日，http://www.mmgpmedia.com/buz/30273 - 2019 - 04 - 22 - 08 - 39 - 43。

③ 《习近平在缅甸媒体发表署名文章》，新华网，2020 年 1 月 16 日，http://www.xinhuanet.com/politics/leaders/2020 - 01/16/c_ 1125468753.htm。

④ 熊顺清：《佛教交流：促进中缅民心相通的纽带》，《中国民族报》2020 年 1 月 21 日，http://www.mzb.com.cn/html/report/200132655 - 1.htm。

制工作，并通过缅甸天网电视台在缅甸全境进行播放。从 2017 年开始，中国大使馆在缅甸内比都、仰光等地的电影院举办"中国电影周"，增加了缅甸民众对中国文化的了解和喜爱。2018 年 7 月仰光中国文化中心正式启用，为缅甸民众了解中国文化、艺术提供了一个优良平台。作为中缅两国合作共享的新平台，将常态化向缅甸民众展示中国优秀文化，同时向中国民众介绍缅甸及其文化。中国驻缅甸大使洪亮说，缅甸仰光中国文化中心的设立将为两国民心相通搭建新的桥梁，为中缅命运共同体的建设做出积极贡献。

近年来，中缅在发展领域的合作呈现新建大型基础设施数量减少、民生类项目增加的趋势。事实证明，中缅两国的发展合作是朝着两国领导人达成共识的方向发展的，用行动践行了国家领导人作出的"中缅合作今后要向农业、水利、教育、医疗等更直接惠及民生的领域倾斜，使更多民众获益"的承诺。据初步统计，教育领域共有 69 个项目，自 2014 年来增长最快。政府和公民社会领域共有 53 个，是由于 2014 年以来开展了一系列针对政府部门、媒体、青年的能力建设项目。[①] 中国的紧急人道主义援助通常为应对自然灾害提供物资或救援，2017 年开始，中国的人道主义援助也为受到战乱和冲突影响的难民或流离失所人群提供救助，这点也体现在 2020 年 1 月签署的《关于中国援助安置缅甸克钦邦流离失所者项目的可行性研究协议》中。

此外，中国的民间组织、中国企业的企业社会责任（CSR）部门在缅甸基层民生建设中不断发挥重要作用，是两国的民心相通建设的力行实践者。他们与缅甸民间组织在缅甸开展教育、扶贫等多项民间合作，为民众提供切实的发展帮扶服务。如中国和平发展基金会在缅开展免费白内障复明手术活动（又称"光明行"），中国扶贫基金会在缅甸的扶贫、助学金公益项目等。中国扶贫基金会是第一家在缅甸注册的中国公益组织，于 2015 年 7 月在缅

---

① 《中国与缅甸的发展合作（稿）》，商务部国际贸易经济合作研究院国际发展合作研究所，2019，第 28 页。

甸当地成功注册。从注册到 2019 年，基金会缅甸办公室投入 2242 万元人民币，扶贫工作覆盖缅甸 12 个省邦，惠及 78276 人。除了执行已有的"胞波助学金项目"，还得到了中国商务部、中联部、中国驻缅甸大使馆、南南教育基金和中国经济联络中心的委托，执行"国际爱心包裹项目""中缅民心桥项目""中缅友好奖学金项目"等，为促进中缅民心相通起到了积极的助力作用，并得到了缅甸社会各界的广泛认可。① 在曾经饱受争议的莱比塘铜矿，中国企业万宝铜矿与当地村民联合组建社区社会发展团队，开展了细致的社区发展项目。其中，最引人注意的是，作为矿业公司的万宝铜矿为村民建造起了缅甸最大的自动化养鸡场，为当地的村民提供了可持续的就业和创收机会。

中国对缅甸的民生、教育、人道主义援助没有因为新冠肺炎疫情而中断，在疫情中更显珍贵。3 月，为协助缅甸纺织企业克服疫情影响，中国大使馆促成中国企业商会纺织分会与九元航空开通临时货运包机，从广州向仰光运送企业急需原材料，缓解原材料短缺问题。6 月 16 日，缅甸仰光科技大学茂比校区、仰光职业技术学院和中国四川建筑学院中缅三校联合办学的合作备忘录签约仪式在仰光举行。中缅三校签约实现强强联合办学，必将为更快满足缅甸技工人才紧缺现状做出积极贡献。7 月，中国和平发展基金会与缅甸光明基金会援建的缅甸第 17 所和第 18 所"丝路之友"小学分别举办验收暨交接仪式。两个项目都是在疫情期间动工，并在疫情期间顺利完工。中国驻缅甸大使馆、仰光中国文化中心、缅甸中国企业商会等分别向校方捐赠了图书、学习用品等。人道主义援助仍然是中国为缅提供援助的重点之一。8 月 5 日，在中缅建交 70 周年和第四次 21 世纪彬龙大会召开之际，中国政府向缅甸克钦邦流离失所者捐赠物资，帮助其实施重新安置项目，充分落实习近平主席访缅成果，共同构建中缅命运共同体。

---

① 《中国扶贫基金会缅甸办公室 2018 年度报告》，中国扶贫基础会，2019，第 1 页。

三 中缅经济走廊建设面临的挑战

（一）缅甸国内民族宗教冲突

现阶段，尤其是靠近中缅边境的缅北地区的和平进程关乎中缅两国共同利益。[①] 边境安宁和稳定是中缅经济走廊建设的基础，只有在此基础上才能实现扩大中缅边贸、兴边富民的共同目标。

自1948年独立以来，缅甸就面临着严峻的族群冲突，近几年宗教矛盾与族群冲突更是越发激烈，民族和解与和平进程举步维艰。在中缅边境线缅方一侧的掸邦、克钦邦地区存在克钦独立军等多支少数民族地方武装，与政府军缺乏互信，矛盾尖锐，经常爆发冲突，边境安全存在隐患。2019年8月15日国防科技大学突然袭击事件后，德昂民族解放军、果敢同盟军、若开军三支民族地方武装在腊戍等缅北多地持续发起袭击，炸毁了从曼德勒通往边境地区的重要道路上的桥梁，袭击、烧毁往来车辆，给往来商户造成巨大损失。且不论此次武装冲突的具体原因为何，冲突的位置就在中缅经济走廊沿线，直接威胁经济走廊建设，使得沿线经济活动陷入停滞。而在缅甸西部，若开邦的"罗兴亚人"问题近些年不断发酵，缅甸国防军与若开军之间的武装冲突有升级蔓延的趋势，对于皎漂经济特区建设有潜在威胁。

（二）美国因素的影响

皎漂深水港的重新谈判体现了缅甸如何利用地缘政治以及中美竞争来实现自身利益最大化。在重新谈判前，缅甸接受了美国的"帮助"，在美国国际开发署的支持和组织下，美国经济学家、外交官和律师团队前往缅甸对合

[①] 李晨阳：《中缅关系的脉络和逻辑》，《世界知识》2018年第2期。

同进行重新评估,并宣称为缅甸争取了更好的条件。①

随着中美竞争在新冠肺炎疫情下急剧升温,美国及其盟友将进一步加紧在中国周边国家的布局和经营。美国于 2020 年 4 月发布对华战略书,中美关系越发走向了激烈的非良性竞争。美国等竞争国家密切关注中国在缅甸行为,并通过其支持的非政府组织、媒体等歪曲、夸大中国的所作所为,对华开展舆论战,以散播"中国威胁论",毁损中国在缅形象。在缅甸也有少数反华人士借此机会散播谣言。

(三)缅甸国内政治不稳定

缅甸现在形成了军方和执政党民盟的"双头政治",军方、少数民族、民盟政府形成的"三方博弈"的变化影响缅甸对华政策,导致缅甸对华政策在"依赖"与"反依赖"之间摇摆不定。② 2020 年是缅甸的大选年,缅甸国内政治对抗和博弈将有增无减,各方势力临时选择权力阵营,使内政局势更趋复杂化。民盟在其执政尾声、2020 年大选即将到来之际,突然加快修宪进程,启动修宪程序。虽然最终只是无果而终,对军人在国家的政治地位没有造成实质性改变,但也体现了各方权力斗争的暗流涌动。③ 在修宪风波两个月后,巩发党和军方代表就提交紧急议案,要求罢免下议院议长迪昆苗,虽然 6 月 1 日的议会匿名投票结果为议案失败,但此事却在议会掀起轩然大波,④ 显示出大选年缅甸内政的不稳定。2020 年是缅甸的大选年,民盟为了保证维持其支持率,在大选年对华政策较为保守,唯恐大型项目快速推进会引起国内反弹。8 月缅甸出现了第二波新冠肺炎疫情,来势凶猛。现阶段疫情再生变数,原定于 11 月举办的大选暂时尚未宣布推迟或取消,但却可能为中缅经济走廊的建设带来新的挑战。

---

① B. Kesling, J. Emont, "U. S. Goes on the Offensive against China's Empire-building Funding Plan," *Wall Street Journal*, April 9, 2019.
② 张添:《后军人时代缅甸的"双头政治"及其外交影响》,《东南亚研究》2020 年第 1 期。
③ 姚颖、蒋霖:《缅甸修宪提案折射军政核心分歧》,《东南亚观察》2020 年第 29 期。
④ 〔缅〕 《巩发党回应这不是个人行为,而是议会民主的体现》,BBC,Jun. 1,2020,https://www.bbc.com/burmese/burma-52876135。

四 政策建议

基于上文对中缅经济走廊的前景和挑战梳理，笔者提出以下政策建议。

首先，加强中缅经济走廊合作机制顶层设计，逐步形成以论坛为引领、以双边合作机制为依托、以细分专业领域为支撑的全方位合作机制框架，保证双边相关部门的充分对接，形成从决策到执行、督办的完整机制。在中美大国竞争趋于激烈的背景下，机制能够减少不确定性，维持、深化中国与缅甸既有的合作关系，同时机制化过程将促进缅甸国内政治集团的利益分配，从而形成有利于机制维持的缅甸国内政治结构。而机制的消极激励则能够减少缅甸在中美或中日、中印竞争中采取短视的投机性行为，而更多地从长远利益角度来行事。[1] 目前阶段，中缅经济走廊已经建立了联合委员会，并确立了 12 个细分领域的工作组，也召开了两次年度论坛。今后需要进一步促进论坛的实体化和机制化，并保持联合委员会的日常沟通，进一步细化沟通机制，减少双方因为发展理念、管理理念等观念上的误解而造成经济走廊建设受阻的情况。在具体建立何种机制、如何建立机制上则可以借鉴"一带一路"国际合作的成功经验，如中巴经济走廊建立了联委会正式会议、联合工作组和其他辅助机制。[2]

同时，双方还需建立履约审查、商业纠纷解决机制，以解决未来可能的商业纠纷。完善的履约审查体系可以克服执政政党轮替对经济走廊建设的负面冲击。与此相关的争议解决机制的建立则有利于减少中缅经济走廊建设中的法律风险。

其次，密切关注缅甸国内民族宗教问题，对在冲突敏感地区的开发项目做好尽职调查，避免卷入当地矛盾。缅甸民族冲突从缅甸独立后就存在，至今持续了 70 年，要实现和平非一朝一夕之功。民族和解是困扰缅甸几十年

---

[1] 高程、王震：《中国经略周边的机制化路径探析——以中缅经济走廊为例》，《东南亚研究》2020 年第 1 期。

[2] 国务院发展研究中心国际合作局：《"一带一路"国际合作机制研究》，中国发展出版社，2019，第 171～172 页。

的重大国家议题，历届政府都没能彻底解决国家全面停火的难题。中国秉承不干涉内政的原则，作为外部力量发挥斡旋和协调作用，中国在第二次和第三次21世纪彬龙大会期间扮演了重要协调角色。但任何潜在的协议都需要由缅甸政府、军方和各民地武组织做出切实承诺和遵守执行，而不是单方面努力能够实现的。

最后，欢迎并促成经济走廊建设中的多方合作。第三方市场合作①对中缅经济走廊至关重要，因为它能够使中缅经济走廊成为一个开放、包容、多元的平台。单纯依靠中国的融资是不够的，也是不可能的，因此，调动更多的跨国公司和发达国家的投资，是"一带一路"倡议、中缅经济走廊高质量发展的必要条件。随着越来越多的发达国家参与到与中国的第三方市场合作中来，更多的第三方合作项目、机制可能会出现。特别是，主导的融资方模式将继续从"发达国家主导"向中国与发达国家"负担共担、风险共担、利益共享"过渡。②

---

① 中国企业与跨国公司（通常来自发达国家）就"一带一路"倡议项目进行合作，以拓宽共建"一带一路"国家经济的融资渠道，是促进"一带一路"倡议高质量发展的重要手段。

② Zhang Youyi，"Third-party Market Cooperation under the Belt and Road Initiative：Progress，Challenges，and Recommendations，" *China International Strategy Review* 2（2019），pp. 310 – 329.

Abstract

2020 is Myanmar's general election year and the 70th anniversary of the establishment of diplomatic relations between China and Myanmar, which also has witnessed the opening of a new chapter in China-Myanmar relations. In this situation, the Myanmar Research Institute of Yunnan University launches the *Annual Report on Myanmar's National Situation* (2020) to systematically introduce the new changes and trends in Myanmar's internal affairs and diplomacy, which also wants to provide a modest academic support for the construction of China-Myanmar community with a shared future.

In the political, the NLD government continued to try to advance transformation and reforms, promoted constitutional amendment and legislative work, initiated preparations for the 2020 general election, and adjusted the cabinet to consolidated power. Although the game on some issues has intensified, such as the procedures, the content of constitutional amendment and the political status of the military. However, because the military is still playing a major role in the national politics, Myanmar has fallen into the dilemma of "two-headed politics" of the military and the civilian government. Myanmar's economic growth is slowing down, and the situation of investment and trade is not optimistic. The government has adopted a series of measures to vigorously promote reform and optimize the investment environment. With the implementation of the new *Companies Act* and the introduction of tax and exemption measures, the business environment in Myanmar has improved and business confidence has increased. However, the depreciation of the currency, increasing inflationary pressure, widening fiscal deficit, rising energy prices and low quality of the labor force are still constraining further economic development in Myanmar. In terms of the social situation, data survey results show that the majority of people in Myanmar have slow income growth and low life satisfaction.

In terms of external relations, Myanmar has actively carried out bilateral and multilateral diplomacy in order to win an external environment conducive to its own development. On the one hand, China-Myanmar relations have been steadily improved and all-round cooperation has been elevated to a new height. The two countries have maintained close political and military high-level exchanges, jointly expressed their importance to China-Myanmar friendly relations, reached consensus on deepening the connotation of bilateral relations and improving the quality of exchanges and cooperation, and accelerated the pace of bilateral cooperation through such mechanisms as the "One Belt and One Road" initiative, China-Myanmar Economic Corridor and Lancang-Mekong Cooperation. On the other hand, Myanmar's relations with the United States and Europe met cold winter. The West wants to use the issue of "human rights" to shape Myanmar's transformation. In addition, in response to international pressure, Myanmar has continued to steadily develop relations with Russia, Japan, India and other ASEAN countries. However, armed conflicts in Myanmar occur from time to time, the security situation in Rakhine State is likely to deteriorate, which made Myanmar to face great international pressure.

Keywords: Myanmar; Domestic Situation; Foreign Relations

Contents

I General Report

B. 1 Analysis of Myanmar's Situation in 2019

Li Chenyang , Zhang Tian and Kong Peng ∕ 001

Abstract: 2019 marks the fourth year of the Democratic League of Myanmar (NLD) ruling the country. The situation in Myanmar is generally stable. In terms of political situation, the NLD led and promoted the constitutional amendment and legislation work, started the preparatory work for the 2020 general election, adjusted the cabinet and consolidated power, but the ruling effect was criticized to some extent. As the general election approaches, party politics in Myanmar revolves around the campaign. The main political opponent of NLD is the USDP, and it also faces challenges from other political parties and ethnic minority political parties. In terms of military-government relations, the game over the procedure and content of the constitutional amendment and the political status of the military is intensified. In terms of economic situation, Myanmar's economic growth is slowing down, and the investment and trade situation is not optimistic. Myanmar has taken some measures for economic development, but it still faces some problems hindering economic development. In terms of diplomacy, Myanmar's bilateral and multilateral diplomacy have achieved fruitful results in parallel. Among them, China-Myanmar relations have been steadily improved while its diplomacy with European and American countries has faced some setbacks, and its relations with ASEAN countries have continued to deepen. Due to the influence of the "Rohingya" issue, Myanmar's diplomacy is under great pressure to seek a further

缅甸蓝皮书

solution with the United Nations, especially the "genocide" case filed by the Gambia against the Myanmar on the International Court of Justice. With regard to the situation of national reconciliation, progress has been slow and the peace talks have not been interrupted, but no substantive results have been achieved. In terms of social situation, Myanmar is facing pressure from religious and nationalist aspects. Although some achievements have been made in social and cultural construction, media development and public opinion, the strict control against Rakhine still causes controversy.

Keywords: Myanmar; Military-government Relations; National Reconciliation; "Rohingya" Issue

Ⅱ   Topical Reports

B. 2   Political Analysis of Myanmar Political Parties since the NLD

Came into Power   *Zhang Tian* / 032

Abstract: After the Myanmar National League for Democracy regime came to power, the multi-party democracy continued to develop, but the party politics in Myanmar showed a state of chaos due to the weakness of institutionalization and other problems. The competition between the Democratic League and the Union Solidarity and Development Party, the differentiation, marginalization and reorganization of ethnic minority parties, and the rise of the dark horse political parties, as a whole, is a "three-body pattern". This kind of pattern followed the "Duforger Law" is the tripartite structure of military parties, elected political parties and ethnic minority parties. The chaotic situation performance specifically including the containment between the military party and the elected party, the minority party dissatisfaction and resistance and internal and external dilemma under the interaction of relative stabilization. The reasons for these phenomena are the existence of "hypocrisy representative" and the useless will to govern, as well as the national development lags behind and the lack of modernity of political party

234

system. Although the military and political game is not only the " safety wire" of the inter-party confrontation, but also the " fuse".

Keywords: Myanmar; National League for Democracy; Party Politics

B. 3　Myanmar's Economic Development in 2019

Zou Chunmeng, Xie Mulan / 062

Abstract: In the 2018 – 2019 fiscal year, the Myanmar government has actively improved the business environment and promoted sound development in all sectors of the economy. In this fiscal year, Myanmar formally implemented the new companies act, introduced new tax and exemption measures, opened the insurance industry, actively introduced foreign investment, and stimulated the economic vitality of Myanmar. Myanmar's agriculture, communications, manufacturing and tourism have developed rapidly, import and export trade has maintained growth, and domestic investment has further increased. However, in the 2018 –2019 fiscal year, Myanmar's currency depreciated, inflationary pressure increased, fiscal deficit widened, and the economic growth rate slowed down compared with the previous year. Meanwhile, due to the slowdown of global economic growth and the impact of local conflicts in Myanmar on investor confidence, Myanmar's foreign investment further declined with a large gap to the planned target in this year.

Keywords: Myanmar; Business Environment; Economic Development

B. 4　The Social Situation of Myanmar 2019 −2020

Li Tangying, Kong Jianxun / 091

Abstract: As one of the countries with the largest labor export among Southeast Asian countries, the number of newly created jobs in Myanmar from

January 2019 to March 2020 was equal to the number of newly created jobs outside of Myanmar. The epidemic in 2020 has had an impact on Myanmar's economic development. Due to the closure or layoffs of some enterprises, a considerable number of employees are facing unemployment or standby status and their income is reduced. The survey shows that only about 10 percent of the public think the current income can well meet their needs, and nearly 70 percent of the public think it is difficult. On the whole, the ethnic tolerance and religious tolerance of Myanmar people are not high, but the younger the group and the higher the education level, the higher the ethnic tolerance and religious tolerance, so it is necessary to improve the comprehensive quality of Myanmar people.

Keywords: Myanmar Society; Ethnic Tolerance; Religious Tolerance

B. 5　Balance and Confrontation: Myanmar's Diplomacy in 2019

Zhu Jingyi, Kong Peng / 105

Abstract: In 2019, the Myanmar Democratic League government actively carried out foreign exchanges and cooperation, hoping to create a favorable external environment and boost domestic economic and social development. Influenced by the Rakhine regime situation, Myanmar's relations with the United States, the European Union countries face challenges, in this case, the NLD government attaches great importance to developing with China, Japan, Russia, India and ASEAN, but also insist on contact with the west. Myanmar's foreign continue to seek a balance between the countries and regions, counter and alleviate international pressure through all-round foreign exchanges.

Keywords: Myanmar; Diplomatic Situation; China-Myanmar Relations

III Special Topics

B. 6 International Interaction of Energy Policy of Myanmar
Democratic League Government
— *Taking Energy Assistance to Myanmar as an Example*

Fan Yiyi / 120

Abstract: Over the past decade, Myanmar has made steady progress in its reform process. Under the leadership of the Democratic League government, the energy policy system has been gradually established, relevant laws and regulations have been introduced one after another, and the government leadership and management structure has been constantly adjusted and improved. The development direction of the energy field in the macro-social and economic policies has become increasingly clear, and special policies in the energy and power field have basically taken shape and coordinated with each other. The report finds that international development assistance plays an important role in Myanmar's energy planning, institution-building, platform building and project financing process. As part of Myanmar's energy policies, reform the most direct means of energy aid mainly includes supporting planning and legislation revision through technical assistance, helping ministerial and technical officials of the Myanmar Government strengthen capacity building, supporting research institutions to carry out energy-related research, as well as directly financing energy projects, improving the business environment in Myanmar, or supporting the participation of think tanks, civil society organizations, universities and the private sector in Myanmar's energy policy making process.

Keywords: Myanmar; Energy Policy; Foreign Relations; International Aid

237

缅甸蓝皮书

B. 7　Myanmar-India Relations since NLD Came to Power

Hu Xiaowen / 145

Abstract: In recent years, Myanmar-India relations take economy and trade as the forerunner, connectivity as the path, security and defense relations as the focus, and India's initiative to promote and expand its influence in Myanmar as the internal driving force. In the economic field, Myanmar and India continue to upgrade the level and increase scale of bilateral economic cooperation through efforts at all levels, but due to backward infrastructure and frequent border security problems, the economic and trade development of India and Myanmar is relatively slow. In order to improve this situation, Myanmar and India have made great efforts to promote connectivity in recent years, and continue to promote the construction of India-Myanmar-Thailand trilateral highway and railway, as well as the Kaladan multimodal transport project. Myanmar and India regard security and defense cooperation as the focus of cooperation between the two countries. Bilateral military high-level visits are frequent, military exchanges and interaction continue to be promoted and joint combat on illegal armed forces along the border is implemented, and the Indian side also helps the Myanmar military to carry out "capacity-building". Myanmar and India are also important maritime partners. In recent years, the two sides have actively carried out maritime security cooperation in the Bay of Bengal, India has accelerated its foray into the energy field of Myanmar. In recent years, India has also played active role in the peace process in Myanmar, and incorporated Myanmar into its own leading regional and international cooperation mechanisms, and promoted the in-depth development of Myanmar-India relations by constantly enhancing its influence in Myanmar.

Keywords: Myanmar-India Relations; NLD; Interconnection

B. 8 Myanmar's Relations with the European Union After Four Years of NLD Power: "Hot" and Then "Cold"

Song Qingrun / 171

Abstract: For a long time, the relationship between Myanmar and the EU has been poor. During the first year of the NLD ruling the country, the relationship between Myanmar and the EU had been good, with close exchanges and cooperation in various fields. However, from the end of August 2017, after large-scale clashes and mass exodus of refugees were triggered by attacks on police by "Rohingya" militants in Rakhine State of Myanmar, the EU again imposed pressure and sanctions on Myanmar, which Myanmar resisted. Relations between the two sides have deteriorated again, with less friendly interactions of military and political leaders. The economic and trade cooperation also affected. As of May 2020, there has been no substantial improvement. In general, the relationship between Myanmar and the EU has experienced a process of "hot" and then "cold" during the four years since the NLD government came to power. Of course, although relations have since soured, the EU has continued to provide humanitarian assistance to vulnerable groups such as Burmese refugees. The main reason why it is difficult for the EU to maintain long-term friendship with Myanmar is that there have been armed conflicts in Myanmar for a long time and a large number of refugees. However, the EU pays great attention to the above situation in Myanmar and frequently interferes in Myanmar's internal affairs, causing Myanmar's dissatisfaction and protests.

Keywords: Myanmar; The NLD Government; The European Union

B. 9 Myanmar-Japan Relations since the NLD Came to Power

Yang Xiangzhang, Yang Pengchao / 192

Abstract: Japan is an important international partner of Myanmar. Since the

NLD came to power in March 2016, the relationship between the two countries has been further developed. Politically, there have been frequent high-level interactions between the two countries. Japan actively supports Myanmar in resolving the Rakhine issue and promoting national reconciliation. Economically, Japan is facing a growing trend in the number of investment and enterprises, and has provided assistance to Myanmar through various channels. In terms of cultural exchanges, the education and tourism cooperation between Japan and Myanmar has been strengthened, and the people-to-people bond has been further enhanced.

Keywords: Myanmar; The NLD Government; Japan; Bilateral Relationship

Ⅳ China-Myanmar Relations

B. 10 Progress and Prospect of the Construction of China-Myanmar Economic Corridor *Yao Ying / 208*

Abstract: The China-Myanmar Economic Corridor is an important link between the Bangladesh-China-India-Myanmar Economic Corridor and the China-Indo-China Peninsula Corridor under the "One Belt and One Road" initiative, following the vision and practice of the two countries in promoting regional connectivity since ancient times. The strategic consensus of the leaders of the two countries and the comprehensive coordination of ministries and commissions have laid a sound policy foundation for the building of the Corridor. In recent years, the two countries have made progress in infrastructure connectivity and unimpeded trade. They have achieved a lot in commercial and financial cooperation, but still need to strengthen policy financial cooperation. The government and non-governmental organizations have taken an active part in cultural exchanges and basic livelihood improvement, and worked together to promote closer ties between the two peoples. However, the construction of the Corridor still faces multiple challenges, such as ethnic and religious conflicts in Myanmar and intensified competition among major powers. The COVID −19 epidemic has made it more difficult to promote cooperation. In the future, China and Myanmar need to strengthen the top-level design of the Corridor cooperation mechanism, ensure full coordination between the two sides, and form a complete mechanism from decision-making to implementation and supervision, so as to realize the common goal of jointly building a China-Myanmar community with a shared future.

Keywords: "One Belt and One Road" Initiative; China-Myanmar Economic Corridor; Interconnection; Great Power Competition

社会科学文献出版社

皮 书

智库报告的主要形式
同一主题智库报告的聚合

❖ 皮书定义 ❖

皮书是对中国与世界发展状况和热点问题进行年度监测，以专业的角度、专家的视野和实证研究方法，针对某一领域或区域现状与发展态势展开分析和预测，具备前沿性、原创性、实证性、连续性、时效性等特点的公开出版物，由一系列权威研究报告组成。

❖ 皮书作者 ❖

皮书系列报告作者以国内外一流研究机构、知名高校等重点智库的研究人员为主，多为相关领域一流专家学者，他们的观点代表了当下学界对中国与世界的现实和未来最高水平的解读与分析。截至2021年，皮书研创机构有近千家，报告作者累计超过7万人。

❖ 皮书荣誉 ❖

皮书系列已成为社会科学文献出版社的著名图书品牌和中国社会科学院的知名学术品牌。2016年皮书系列正式列入"十三五"国家重点出版规划项目；2013~2021年，重点皮书列入中国社会科学院承担的国家哲学社会科学创新工程项目。

中国皮书网

（网址：www.pishu.cn）

发布皮书研创资讯，传播皮书精彩内容
引领皮书出版潮流，打造皮书服务平台

栏目设置

◆ **关于皮书**
何谓皮书、皮书分类、皮书大事记、
皮书荣誉、皮书出版第一人、皮书编辑部

◆ **最新资讯**
通知公告、新闻动态、媒体聚焦、
网站专题、视频直播、下载专区

◆ **皮书研创**
皮书规范、皮书选题、皮书出版、
皮书研究、研创团队

◆ **皮书评奖评价**
指标体系、皮书评价、皮书评奖

◆ **皮书研究院理事会**
理事会章程、理事单位、个人理事、高级
研究员、理事会秘书处、入会指南

◆ **互动专区**
皮书说、社科数托邦、皮书微博、留言板

所获荣誉

◆ 2008年、2011年、2014年，中国皮书
网均在全国新闻出版业网站荣誉评选中
获得"最具商业价值网站"称号；
◆ 2012年，获得"出版业网站百强"称号。

网库合一

2014年，中国皮书网与皮书数据库端口
合一，实现资源共享。

中国皮书网

权威报告·一手数据·特色资源

皮书数据库
ANNUAL REPORT(YEARBOOK)
DATABASE

分析解读当下中国发展变迁的高端智库平台

所获荣誉

- 2019年，入围国家新闻出版署数字出版精品遴选推荐计划项目
- 2016年，入选"'十三五'国家重点电子出版物出版规划骨干工程"
- 2015年，荣获"搜索中国正能量 点赞2015""创新中国科技创新奖"
- 2013年，荣获"中国出版政府奖·网络出版物奖"提名奖
- 连续多年荣获中国数字出版博览会"数字出版·优秀品牌"奖

成为会员

通过网址www.pishu.com.cn访问皮书数据库网站或下载皮书数据库APP，进行手机号码验证或邮箱验证即可成为皮书数据库会员。

会员福利

- 已注册用户购书后可免费获赠100元皮书数据库充值卡。刮开充值卡涂层获取充值密码，登录并进入"会员中心"—"在线充值"—"充值卡充值"，充值成功即可购买和查看数据库内容。
- 会员福利最终解释权归社会科学文献出版社所有。

社会科学文献出版社 皮书系列
SOCIAL SCIENCES ACADEMIC PRESS (CHINA)

卡号：378311786737
密码：

数据库服务热线：400-008-6695
数据库服务QQ：2475522410
数据库服务邮箱：database@ssap.cn
图书销售热线：010-59367070/7028
图书服务QQ：1265056568
图书服务邮箱：duzhe@ssap.cn

S 基本子库
SUB DATABASE

中国社会发展数据库（下设 12 个子库）

整合国内外中国社会发展研究成果，汇聚独家统计数据、深度分析报告，涉及社会、人口、政治、教育、法律等 12 个领域，为了解中国社会发展动态、跟踪社会核心热点、分析社会发展趋势提供一站式资源搜索和数据服务。

中国经济发展数据库（下设 12 个子库）

围绕国内外中国经济发展主题研究报告、学术资讯、基础数据等资料构建，内容涵盖宏观经济、农业经济、工业经济、产业经济等 12 个重点经济领域，为实时掌控经济运行态势、把握经济发展规律、洞察经济形势、进行经济决策提供参考和依据。

中国行业发展数据库（下设 17 个子库）

以中国国民经济行业分类为依据，覆盖金融业、旅游、医疗卫生、交通运输、能源矿产等 100 多个行业，跟踪分析国民经济相关行业市场运行状况和政策导向，汇集行业发展前沿资讯，为投资、从业及各种经济决策提供理论基础和实践指导。

中国区域发展数据库（下设 6 个子库）

对中国特定区域内的经济、社会、文化等领域现状与发展情况进行深度分析和预测，研究层级至县及县以下行政区，涉及省份、区域经济体、城市、农村等不同维度，为地方经济社会宏观态势研究、发展经验研究、案例分析提供数据服务。

中国文化传媒数据库（下设 18 个子库）

汇聚文化传媒领域专家观点、热点资讯，梳理国内外中国文化发展相关学术研究成果、一手统计数据，涵盖文化产业、新闻传播、电影娱乐、文学艺术、群众文化等 18 个重点研究领域。为文化传媒研究提供相关数据、研究报告和综合分析服务。

世界经济与国际关系数据库（下设 6 个子库）

立足"皮书系列"世界经济、国际关系相关学术资源，整合世界经济、国际政治、世界文化与科技、全球性问题、国际组织与国际法、区域研究 6 大领域研究成果，为世界经济与国际关系研究提供全方位数据分析，为决策和形势研判提供参考。

法律声明